예수님은 티베트 스님이었다

活眼 스님 原著
恒順 法師 編撰

佛教精神文化院

역자 서문

　나는 2011년 12월 한국에 갔다가 활안 큰스님을 뵙게 되었다. 스님의 서재에는 인도, 중국, 티베트, 한국, 일본 등 동남아시아 대장경까지도 빠짐없이 진열되어 있었다. 이보다 더 놀란 것은 현재 74세 밖에 되지 않는 스님께서 180여권의 방대한 저술을 남겼다는 사실이었다.
　나의 눈이 「聖書禪解」에 이르자 "그것은 기독교 성서를 禪的으로 푼 것입니다. 新約聖書는 「예수의 구도와 전법」이라는 책으로, 인도유학시의 공부는 「예수님의 사랑과 부처님의 지혜」라는 책으로, 그리고 기독교 세계정복사는 「하늘이 무너지는 소리」로 각각 책을 내었다고 눈앞에 보여주었다.
　그런데 「예수의 구도와 전법」이라는 책 표지를 보니 바로 예수가 입고 있는 옷이 티베트 스님들의 가사와 장삼이었으므로 놀라 물으니 "예수는 티베트 스님이었다"라고 자신 있게 말씀하셨다. 나는 하루 저녁 사이에 통역을 통해 그 내용들을 대강 듣고 중국말로 번역할 것을 결심하였다. 왜냐하면 적어도 세계 인구의 5분의 1에 해당하는 중국 사람들이 까마득히 이러한 사실을 모르고 있기 때문이다.
　그리하여 이튿날 번역과 출판에 관하여 확실한 대답을 받은 뒤 그 길로 번역에 임하여 오늘 출판하게 되었다. 진실로 이 일은 나의 일생사 가운데서 가장 충격적이고 사실적인 역사요 철학이다.

예수는 기독교의 교주로서 하나님을 믿고, 그의 말씀을 펴기 위해 몸부림치다가 33세의 젊은 나이로 십자가에 못에 박혔으나 그는 신의 종으로서가 아니라 불교의 큰스님으로서 불교의 깨달음을 펴다가 순교한 순교자였다.

그가 다시 십자가에서 거듭 살아나 불란서에 가서 84세까지 살았다든지, 하나님의 아들로 거듭 나 메시아로서 활동하고 있다는 이야기는 둘째 치더라도 예수의 인도 여행이 사실이라면 그 동안 신약성서에 빠졌던 17년 예수의 역사가 복원되기 때문에 이것만으로도 인류역사를 복원한 자부심을 갖게 된다.

지구의 중심국으로 자처하고 세계 최첨단을 달리는 경제대국의 중국 국민이 이러한 역사적 사실을 모르고 산다는 것은 진실로 부끄러운 일이다. 내 자신의 깨달음과 이웃의 깨달음을 위하여 나는 이 책을 양심의 명령에 의하여 번역하고 출판하는 바이다.

그 동안 나의 공부에 큰 의지처가 되어주신 활안 큰스님께 감사드리며 이 책을 출판하여 널리 보급해 주신 태안 소림사 스님, 그리고 신도 여러 분께 감사한다.

불기 2556년 　월 　일
부처님 탄생하신 날 恒順 법사

원저자의 서문

恒順法師는 새 시대 모든 사람들이 希望하는 人物이다. 33세의 젊은 나이에 부처님께서 6년 고행 중 뼈저리게 체험하셨던 斷食閉關수행을 통해 自然의 偉大함과 物質의 所重함을 깨닫고 物質萬能 속에 퇴패해가는 現代人들을 구하기 위해 나타난 救世主나 다름없기 때문이다.

지난 해 12월 제7일 願行스님의 소개로 만나게 되었는데, 그의 눈은 살아 있었고, 意志는 眞理의 火焰 속에 훨훨 타오르고 있었다. 나의 서재에 왔다가 「예수의 구도와 전법」을 보고 특별히 관심을 가지고 飜譯流布를 희망하기에 쾌히 승낙하고 함께 求道의 隊列에서 萬衆生을 이끌어 갈 것을 다짐하였다.

원래 이 책은 「聖書禪解」를 중심으로 四部作으로 되어 있는데, 너무 길면 讀者들이 지루하게 느낄 것 같아 核心的 事實만을 뽑아 「예수는 티베트 스님이었다」로 제목을 붙였다.

신구약성서의 내용을 배경으로 예수님께서 잃어버린 세월 17년을 복원하는 뜻에서 인도 유학 중 배우고 익혔던 사실만을 역사적으로 서술하고 그것이 장차 기독교사상에 어떤 영향을 주었는가에 대한 것만을 썼다.

  실로 예수는 자신의 인격도 훌륭하였지만 대율사의 가정에 태어나 성당 간에서 순수하게 자라난 어머니 마리아의 교육이 훌륭하였기 때문에 국제교육을 통해 다문화 가정에 태어난 예수가 외국(인도) 유학까지 하여 특별한 기능을 발휘함으로써 고통중생들을 구제하였던 것이다.

  현재의 기독교는 예수님의 순수한 사랑만이 아니고 이스라엘의 선민사상과 로마교인들의 패권주의 정신이 加味되어 自己利權主義的인 사고방식으로 남의 땅을 빼앗고, 남의 사상을 정복하는 투쟁적인 종교로 발전하게 된 것이다.

  그런데 恒順法師께서 젊은 나이에 이러한 책에 큰 관심을 갖게 되었다는 것은 중국대륙이 경제부흥에만 전념하다 보면 서구의 물질주의 사상에 물들지 않을까 걱정하는 마음에서 번역을 시도한 것이 아닌가 생각된다.

  아무튼 이로 인하여 동서사상이 화해되고 세계전쟁이 종식되는 촉진제가 되었으면 하는 마음 간절하다.

서기 2012년 2월 부처님 성도재일

活眼 定變 씀

일러두기

1. 이 책은 신·구약 성서와 예수님의 인도유학 그리고 기독교 세계 전복사를 집약한 것이다.

2. 따라서 이 책을 읽는 이는 「성서선해」·「예수의 구도와 전법」·「예수님의 사랑과 부처님의 지혜」·「하늘이 무너지는 소리」를 한꺼번에 공부할 수 있는 기회를 가질 것이다.

3. 모든 것을 집약정리하였기 때문에 정독하지 아니하면 그 내용을 파악하기 어렵다.

4. 제3편 예수의 어록은 제1편과 제2편에 나오지 않는 것만을 간추려 정리한 것이다.

5. 이 책을 정리하는 데 혼혈의 힘을 기울여 주신 서무선 법사님께 감사드린다.

목 차

역자 서문 / 3
원저자 서문 / 5
일러두기 / 7
서언(緒言) / 13

제1편 예수의 탄생과 가정교육 ·················· 17

예수님의 어머니 마리아 ························· 17
성서공부 ······································ 18
  1. 천지창조 ································· 18
  2. 인간의 역사 ······························ 19
  3. 아담의 자손들 ···························· 20
  4. 장수가족 ································· 21
  5. 노아의 무지개 ···························· 23

이상한 꿈 ····································· 25
로마병정 판다바 ································ 26
예수의 탄생 ··································· 32
마니교 스님들 ·································· 34
엘리후와 살로메 ································ 35

총명예지한 예수 ··· 37
선구자 요한 ··· 38
예수의 성서공부 ··· 44
  1. 아브라함과 그 자손들 ································ 44
  2. 모세의 신통 ·· 51
    (1) 이스라엘 자손들의 번식 ······················ 51
    (2) 모세의 신통과 기적 ······························ 53
    (3) 아말렉 전쟁과 십계명 ··························· 54
    (4) 기타 여러 가지 율법 ··························· 55
  3. 레위기 ·· 57
  4. 민수기 ·· 61
    (1) 제1차 인구조사 ······································ 61
    (2) 두 번째 인구조사 ·································· 64
  5. 신명기 ·· 65
  6. 사사기 ·· 71

제2편 인도유학 ··· 123

  1. 동서문화의 뿌리 유대문화와 철학 ············ 123
  2. 인도왕자 나빈나 ·· 126
  3. 슈메르의 문명 ·· 130
  4. 이집트의 종교 ·· 132
  5. 페르시아의 조로아스터교(敎) ···················· 134
  6. 로마의 미트라신화 ···································· 137
  7. 나일강의 신 오시리스와 방랑 신 디오니소스 ········· 141
  8. 인도 이야기 ·· 144

(1) 베다문학과 우파니샤드 철학 ·············· 145
   (2) 육사외도(六師外道)와 불교 ·············· 152
9. 바라문의 비판 ·············· 156
10. 아쇼카왕의 불교보호 ·············· 157
12. 법화경의 진리 ·············· 159
13. 영혼의 강이 흐르는 베나레스 ·············· 162
   (1) 세례의식(洗禮儀式) ·············· 163
   (2) 베다 경전을 읽는 사람들 ·············· 164
   (3) 순수한 비구불교 ·············· 166
14. 우도라카의 자연의학 ·············· 168
   (1) 우주생성과 자연 ·············· 168
   (2) 인체 생리의 여러 가지 요소 ·············· 171
   (3) 여러 가지 정신작용 ·············· 176
15. 마누법전 (Manu Dharma Shastra) ············· 213
   (1) 마누법전 ·············· 214
   (2) 베다당가분 ·············· 219
16. 부친 요셉의 서거 ·············· 221
17. 평등 자유주의 불교 ·············· 224
18. 국가 민족을 초월한 불교 ·············· 225
19. 동양천당과 서양의 천국 ·············· 228
20. 티베트에서의 수행 ·············· 230
21. 길을 떠나면서 ·············· 237
22. 페르시아에서의 활동 ·············· 242
23. 앗시리아에서 ·············· 248
24. 희랍에 들어가서 ·············· 251
25. 애굽에서의 포교 ·············· 256
26. 영예의 그리스도 ·············· 262

27. 세계 칠대 성현과 종교회의 ································ 271
28. 세례요한의 예언 ··· 280
29. 예수의 봉사 ··· 286
   (1) 예비기간 ··· 286
   (2) 가나의 혼인 잔치에서 기적을 보이다 ················ 295
   (3) 진정한 봉사 ·· 298
   (4) 안식일(安息日)에 병을 고치다 ························· 302
   (5) 헤브론에서의 포교 ······································· 307
   (6) 우물가의 사마리아 여인 ································ 312
   (7) 쉬카의 악령 ·· 316
   (8) 마케루스의 감옥에 갇힌 요한 ························· 320
   (9) 열두 사도(使徒) 선정 ···································· 326

제3편 예수의 어록 ································· 335

1. 마태복음 ·· 335
2. 마가복음 ·· 337
3. 누가복음 ·· 338
4. 요한복음 ·· 340
5. 도마복음서 ·· 342
6. 보병궁복음서 ··· 344

결어(結語) ·· 346

서언(緒言)

 지난 한 세기 동안 세계를 움직인 두뇌 군단을 보면 상대성원리를 발견한 인류역사상 가장 위대한 과학자의 한 사람으로 꼽는 아인슈타인, 20세기 인간 사고에 커다란 전환을 가져온 정신분석학자 지그문드 프로이드, 사회주의사상을 태동시킨 칼 마르크스, 인류문화유산 보호를 외치고 이 운동에 앞장선 구겐하임, 세계 금융가(뉴욕 월가)를 주름잡는 재벌들, 그리고 반세기 동안 서방세계와 담을 쌓고 공산주의 이념을 굳게 믿고 있던 중국에 서구의 새 바람을 불어 넣어준 헨리 키신저 등은 묘하게도 모두가 모세의 정신을 이어 받은 유태의 후손들이다.
 미국 뉴욕에 있는 컬럼비아대학 뒤 브로드웨이에 가면 유태인 신학대학이 있는데, 그 연륜이 벌써 120세가 넘었다.
 "유태 이름은 우리들과 우리들 시대의 빛이며, 나아가 세계의 빛이 되리라."
 이것은 학교 모토로, 이 학교는 유태인 공동체를 이끌어 갈 랍비(Rabbi. 律法師)를 양성하는 곳이다. 유태인적인 정신과 예언자적 역량, 현대적 심성을 서구 과학에 잘 배합하여 현대판 모세를 길러내는 교육기관이다.

해롤드 와인스버그는 "유태인이 된다는 것은 곧 유태인 조직에 귀속되는 것이며, 그가 속한 조직과 일체감을 이루는 일 그 자체가 바로 유태인의 생활양식이다." 라고 말하였다.

어릴 적부터 예배시간에 나와 토라(Torah. 구약성서)를 외운다. 창세기서부터 신명기까지 모세 5경은 말할 것도 없지만 랍비들의 언행이 담긴 63서(書)를 전후좌우로 들어 펜다.

그들 기도서의 신앙기본은 배움에 대한 사랑이다. 그래서 취학아동은 등교 첫날부터 알파벳 모양의 사탕과자를 배급받고 배움에 대한 달콤한 맛을 직접 체험하게 된다.

부모를 잃은 자녀, 가난한 아동들의 교육은 유태인 공동체의 책임이다. 가난한 집의 우수한 자녀들은 랍비가 부잣집 사위로 인연을 맺게 해준다. 그리고 그 랍비의 재정적 뒷바라지는 유태인 부자들의 책임이다.

그래서 유태인 자녀들은 학교 교육 밖에도 교회에서 주중 "오후학교", "주말학교" 등 보조교육을 1주일에 6시간 정도 받는다. 교육 내용은 히브리어와 성경, 유태의 역사, 시사문제 등을 배우는데, 13세가 되면 교회에서 정규회원이 되어 성인 의식을 갖는다.

흔히 성경과 그리스 신화는 서양문명의 꽃이라 불려 왔다. 13세에 성경을 익힌 총명한 아이들이 학문에 매진할 경우 그들이 갖는 사물에 대한 통찰력은 상상을 초월할 수밖에 없다.

유태인들의 역사를 출간한 폴 존슨은 그들 천재의 연원을 카발라(Kabala) 즉 영지주의(靈智主義)에 두고 있다. 「카발라」는 해방 또는 거역의 뜻으로, 지상의 모든 비이성적인 것을 거부하고 지식을 통해 인간의 해방을 실현시킨다는 뜻이다.

그들은 성경 속의 신의 말씀과 영혼불멸을 믿지만 예수의 신성과 그를 통한 구원을 거부한다. 인간의 원죄와 천당과 지옥의 내세를 인정하지 아니한다. 우리 모두가 하나님의 아들이며, 구원은 개개인의 책임이고 신과 직접 대면을 주장한다.

개인의 책임, 자유의지, 보답을 의식하지 않는 선행을 주장하고, 현 세상이 그들의 책임이라 인식하고 있다.

그들의 역사는 아이러닉하게도 독일에서 완성된다. 1901년부터 시상되기 시작한 노벨상이 처음 33년 동안 거의 독일사람들이 휩쓸었는데, 그 가운데 30% 이상이 유태인이었다. 새뮤엘슨, 프리드만, 레온티에프, 구즈네츠, 틴베르헨, 구프만 등 노벨경제학상의 절반 이상은 유태인이 차지하고, 의학부분은 50%나 된다. 그래서 세상 사람들은 유태인을 가장 동경하면서도 "가장 무서운 종족"이란 말을 한다.

합리화와 근면이 집약된 유태인들의 상술은 제1차 세계대전 이후 구라파에 "로스차일드"란 부호를 낳았고, 이것이 장차 히틀러의 유태인 박해로 이어진다.

팔레스타인 땅에 유태국가를 건설하자는 시오니즘(Zionism) 운동은 1948년 이스라엘 건국으로 일단락되었지만, 아직도 수많은 존립의 위협을 받아 가면서 오늘에 이르고 있다.

한편 시오니즘을 앞세운 팔레스타인 학살, 「빈 라덴의 죽음」과 「신정일의 순교」 앞에서 반인륜적 시오니즘이란 평가를 받고 있다. 그래서 예수는 "유태인들의 의식에서 선민사상(選民思想)을 버리기 전에는 이 세상 어느 곳에서도 발붙일 곳이 없게 될 것이다."라고 예언하고 있다

그래서 요즘 서양의 기독교인들은 이스라엘의 선민사상과 로마의 패권주의를 동경하면서도 예수의 진정한 사랑을 이해

하려면 "부처님의 자비사상"에 흠뻑 젖지 않으면 아니된다." 하여 교회 안에서 명상을 하고 있다.

그런데 이 같은 교육 풍토와 정신은 하루아침에 이루어진 것이 아니다. 벌써 2천년 훨씬 전부터 그들은 전인교육의 전통 속에서 살아왔고, 예수는 물론 예수의 아버지와 어머니도 똑같은 분위기 속에서 살아오면서 교육 받아왔다.

제 1 편 예수의 탄생과 가정교육

예수님의 어머니 마리아

마리아는 갈릴리 지방 나사렛 마을 출신이다. 아우구스투스 케사르 재위시 헤롯과 안티파스가 예루살렘 마을을 지배하고 있을 때 태어났다. 나사렛 마을은 유태·사마리아·갈릴리 세 마을을 포함한 팔레스타인 종족과 함께 살아오고 있었다. 마리아의 아버지 요하킴은 팔레스타인의 율법사로 나사렛 출신이고, 어머니 안나는 유태족이다. 모처럼 귀한 딸을 얻게 된 아버지 요하킴은 어머니 안나와 의논한다.

"귀한 딸을 얻었으니 큰 잔치를 한번 벌이고 싶소."

"좋으신 생각입니다. 부자들은 부자들끼리 모여 사랑의 잔치를 많이 벌이고 있으니 우리는 가난한 사람, 장애인, 고독한 사람들을 위해서 자선 파티를 한 번 엽시다."

그리하여 수백 명의 가난한 사람과 장애인, 그리고 고독한 사람들을 초청하여 대잔치를 벌이게 되었는데, 이날 그 자리에는 최고회의 재판장을 겸하고 있는 산헤드림이 와서 보고 말했다.

"이 아이는 장차 대율법사의 어머니가 될 것이니 하나님의 성전에 살면서 교육하는 것이 좋겠소."

그리하여 마리아는 세 살 때부터 하나님의 성전에 들어가 산헤드림의 가르침을 받고 유태인 전통의 교훈을 받게 되었다.

"이 세상은 하나님께서 창조하신 것이고, 아담과 이브는 인류의 조상이며, 우리 유태인은 그 많은 종족들 가운데서 하나님의 선택을 받은 선민(選民)이다."

하며 히브리어로 쓰여진 성경을 산헤드림 힐렐이 하나하나 가르치며 빠짐없이 외우도록 하였다.

성서공부

1. 천지창조

「태초에 하나님이 천지를 창조하시니라. 땅이 혼돈하고 공허하며 흑암이 깊음 위에 있고 하나님의 신은 수면위에 운행하시니라. 빛이 있으라 하니 빛이 있고 그 빛이 보시기에 좋아 빛과 어둠을 나누어 밤과 낮을 만들었다. 물 가운데 궁창이 있어 물과 뭍으로 나누고 궁창은 하늘 뭍은 땅, 물을 바다라 하였다. 땅은 풀과 채소 과목을 내고 궁창에 광명이 있어 주야를 나누니 징조와 사시와 일자와 연한이 생겼다. 두 큰 광명으로 밤낮을 주관하게 하고 그 사이에 별들이 있어 반짝이니 하늘에서는 새가 날고 땅에서는 생물이 자라고 바다에

서는 고기가 번성하였다.」 〈창세기 1:1~25〉

마리아가 천지창조를 읽고 물었다.
"대제사장님, 하나님은 누가 창조하였습니까?"
"스스로 존재하신 분이다."
"스스로 존재한다? 스스로 존재한다! 어떻게 스스로 존재하는 것입니까?"
"그것은 그렇다는 것을 믿고 따르고 보면 저절로 알게 되니 의심할 필요가 없다."
다음은 인간의 역사에 대한 것을 공부 하였다.

2. 인간의 역사

「하나님의 형상대로 사람을 만들어 "세상을 정복하라" 하시니 땅의 짐승과 바다의 물고기, 허공의 새들이 모두 그들의 것이 되었다. 흙으로 사람을 지으시고 생기를 불어넣어 동산에 두시고 아름답고 먹기 좋은 나무들이 나게 하셨는데 거기에는 선악과도 있었다. 에덴의 물이 비손·기혼·힛데겔·유브라데를 적시자 그 모든 관리를 맡기되 단지 선악과만 따먹지 말라 하였다. 사람이 홀로 사는 것이 좋지 못하므로 그를 돕는 배필을 만들고자 아담의 갈비뼈를 취해 여자(하와)를 만들었다. 들짐승 가운데 간교한 뱀이 있어 여자를 꼬여 선악과를 따먹게 하니 눈이 밝아져 몸이 벗은 것을 알게 되므로 무화과 나뭇잎으로 치마를 만들어 입었다.

아담과 하와가 여호와의 소리를 듣고 동산나무 숲으로 숨자 뱀에겐 배로 땅을 기어 다니는 벌을 주고, 여자에겐 자식 낳는 고통을 주고, 남자에겐 종신토록 수고하다가 죽어 흙으로 돌아가는 벌을 준 뒤 가죽옷을 입혀 동산 밖으로 쫓아내고 동산에는 화염검을 둘러 영원히 들어오지 못하게 하였다.」 〈창세기 1:26, 3:8~24〉

참으로 아름다운 세계가 일시에 지옥으로 변한 것과 같은 느낌을 받았다. 마리아가 물었다.
"대제사장님이시여, 하나님은 전지전능하신 분입니까?"
"그렇지!"
"그렇다면 선악과를 심으면 사람이 따 먹을 것을 미리 아실 것 아닙니까. 그런데 그것을 알고도 심었다면 착한 신이라 할 수 없고 모르고 심었다면 전지전능한 신이라 할 수 없을 것 같습니다. 하나님께서 심으신 나무 열매를 하나님 아들과 딸이 따 먹었으니 말입니다. 또 한 가지 의심스러운 것은 뱀은 누가 만들었느냐 하는 것입니다. 뱀도 하나님께서 지은 것이라면 하나님의 마음속에 선과 악이 동시에 들어 있다 할 수 있겠습니다."
"그러한 것은 사람으로서 판단할 일이 아니다. 하나님의 일은 하나님이 알아서 하신 것이니 우리는 그렇게 믿고 따를 뿐이다."
다음은 아담의 자손들에 대하여 대제사장께서 직접 설명해 주었다.

3. 아담의 자손들

「아담이 가인과 아벨을 낳았는데 가인은 농사짓고 아벨은 양을 쳤다. 얼마 후 땅의 소산으로 재물을 삼아 여호와께 드렸는데 아벨의 것은 즐겨 받았으나 가인의 것은 받지 아니하므로 가인이 아벨을 쳐서 죽였다. 아우의 핏소리가 하늘에까지 올라가 호소하니 그는 땅의 저주를 받고 유랑자가 되었다. 그러나 "그를 죽이는 자는 7배의 벌을 받는다" 하여 하나님께서 그의 생명을 보증해 주었다.   〈창세기 4:1~15〉

가인이 에녹을 낳자 에녹은 이랏을 낳고 이랏은 므후야엘을 낳고 므후야엘은 므드사엘을 낳고 므드사엘은 라멕을 낳았다.
라멕이 두 아내(아다·씰라)를 취하여 아다에게서는 야발과 유발을 낳으니 야발은 육축의 시조가 되고 유발은 수금과 통소의 시조가 되었다. 그리고 씰라는 동철의 시조가 되는 두발가인을 낳고 누이동생 나아마를 낳았다.   <창세기 4:16~22>

라멕이 "내가 창상으로 사람을 죽였으니 가인의 벌은 7배였으나 나의 벌은 77배나 되리라" 하였다.」

4. 장수가족

「아담은 130세에 셋을 낳고 800년 동안 생산하다가 930세에 죽었고, 셋은 105세에 에노스를 낳고 807년 동안 생산하다가 912세에 죽었고, 에노스는 90세에 게난을 낳고 815년 동안 생산하다가 905세에 죽었고, 게난은 70세에 마할랄렐을 낳고 910세에 죽었고, 마할랄렐은 야렛을 895세에 죽었고, 야렛은 에녹을 낳고 962세에 죽었고, 에녹은 므두셀라를 낳고 300년 동안 하나님과 동행하다가 365세를 향유하다가 하나님께서 데려가셨다. 므두셀라는 라멕을 낳고 969세에 죽었고, 라멕은 노아를 낳고 777세에 죽었다. 노아가 500세 때에 셈과 함, 야벳을 낳으니

그때부터 사람의 딸을 취해 육체를 사랑하므로 120년 이상 살기 어렵게 되었고, 거기서 네피림(거인)과 용사가 나왔다.」
<창세기 5:32~6:1~4>

사람의 죄악이 세상에 꽉 차고 그 마음 생각이 모두 악하게 되니 여호와께서 한탄 근심하시며 "내가 지은 싸람을 내 지면 위에서 쓸어버리되 사람과 육축·공중의 새까지도 그리 하리라" 하시고 단지 의인 노아와 그 세 아들이 완전한지라 잣나무로 방주를 3층으로 만들게 하고 아내와 자부, 혈육 있는 생물 한 쌍씩을 방주로 끌어들여 생명을 보존케 한 뒤 40주야를 비를 내려 모든 생명들을 다 죽여 버렸다. 노아는 600세에 물 속에서 피난하고 그 해 2월 10일에 배에서 나와 번제를 지냈다. 이에 여호와께서 다시는 생물을 멸하지 아니할 것을 약속하였다.
<창세기 6:5~8:22>

하나님께서 노아와 그의 아들들에게 복을 주시매 "생육하고 번성하여 땅에 충만하라. 땅의 짐승과 공중의 새, 바다의 고기를 모두 그대들에게 주노라. 단지 고기를 먹되 피째 먹지 말라. 피를 먹으면 피의 과보를 받으리라" 하고, 무지개로써 증거를 보이셨다.」
<창세기 9:1~17>

마리아가 물었다.
"대제사장이시여, 하나님은 참으로 이상한 신인 것 같습니

다. 같은 아들이 올린 음식이면 평등하게 받아 잡수셨으면 세상에 살인이 나타나지 아니했을 것인데, 어찌하여 그렇게 차별심을 가지셔서 세상의 악이 나타나게 하십니까. 그리고 애초부터 사람을 만들지 아니 했다면 자신이 만든 자식들이 자손들을 심판하지 아니하여도 될 텐데요?"

"그것은 모두가 하나님의 뜻이므로 우리 사람으로서는 알 수 없는 일이다."

"그렇다면 방주에서 나온 사람들은 어찌 되었습니까?"

5. 노아의 무지개

「방주에서 나온 노아의 세 아들로부터 사람들이 온 땅에 퍼졌다. 노아가 농업을 시작하여 포도를 심고 포도주를 만들어 마시고 취하여 벌거벗고 있으니 가나안의 아비 함이 이를 보고 셈과 야벳에게 말하매 셈과 야벳이 옷을 취하여 덮어 드렸는데 노아가 술이 깨어 가나안을 저주하였다.

"그 형제의 종들의 종이 되기를 원하노라."」

<창세기 9:18~29>

여기서부터 주인과 종의 관계가 생겼다.

「함은 구스와 미스라임·붓·가나안을 낳고, 구스는 스바와 하윌라·삽다·라아마·삽드가를 낳고, 라아마는 스바와 드단을 낳고, 또 구스는 세상의 영걸 사냥꾼 니므롯을 낳았는데 그의 나라는 시날의 바벨과 에렉·악갓·갈레였고 다시 앗수르로 나아가 니느웨·르호보딜·갈라를 차지하여 레센

대성을 건축하였다. 미스라임은 루딤과 아나밈·르하빔·납두힘·바드루심·가슬루힘·갑도림을 낳았고
  가나안은 시돈과 헷을 낳고 여부스족과 아모리족·기르가스족·히위족·알가족·신족·아르왓족·스말족·하맛족의 조상을 낳았는데, 그의 영토는 시돈에서부터 그랄·가사·소돔·고모라·아드마·스보임·라사까지였다.」

<창세기 10:1~20>

「셈은 에벨 온 자손의 조상으로 야벳의 형이다. 엘람·앗수르·아르박삿·룻·아람을 낳고, 아람은 우스와 훌·게델·마스를 낳고, 아르박삿은 셀라, 셀라는 에벨, 에벨은 벨렉과 욕단, 욕단은 알모닷·셀렙·하살마웻·예라·하도람·우살·디글라와 오발·아비마엘·스바·오빌·하윌라·요밥을 낳았는데 그들의 거처는 메사에서부터 스발로 가는 동편산이었다.」

<창세기 10:21~32>

또 마리아가 물었다.
"그렇다면 어찌하여 모두가 한 하나님의 한 자손인데, 이렇게 언어가 달라지게 되었습니까?"
"그것은 이들이 동방에 하늘에 닿는 탑을 세우자 하여 큰 탑을 세우니 그 이름이 바벨이었다. 하나님께서 이를 보시고 내려와 그들의 언어를 혼잡케 하셔 그 일을 그치게 한데서 연유되었다."

이상한 꿈

마리아는 이렇게 성서교육을 받는 가운데 보첩 42대를 구구단 외우듯 하였다.
"아브라함이 이삭을 낳고 이삭은 야곱을 낳고
유다-베레스-헤스론-람-아미나답-나손-살몬-보아스-오벳-이새-다윗-솔로몬-르호보암-아비야-아사-여호사밧-요람-웃시야-요담-아하스-히스기야-므낫세-아몬-요시야-여고냐-스알디엘-스룹바벨-아비훗-엘리아김-아소르-사독-아킴-엘리웃-엘르아살-맛단-야곱"
나라에는 왕보(王譜)가 있고, 가족에는 씨보(氏譜)와 족보(族譜)가 있다는 것을 알아 그의 삶이 철저하게 이루어지자 대제사장께서 말했다.
"마리아도 이제 성숙된 낭자가 되었으니 배우자를 정해 주어야 하겠다."
하고 아버지 요하킴과 의논하여 목수 요셉과 약혼시켜 주었다.

"하늘에 계신 우리 아버지여,
 이름이 거룩히 여김을 받으시오며
 나라이 임하옵시며
 뜻이 하늘에서 이룬 것 같이
 땅에서도 이루어지이다.

오늘날 우리에게 일용할 양식을 주옵시고
우리가 우리에게 죄 지은 자를 사하여 준 것 같이
우리 죄를 사하여 주옵시고
우리를 시험에 들게 하지 마옵시고
다만 악에서 구하옵소서.

대개 나라와 권세의 영광이
아버지께 영원히 있사옵나이다.   아멘

그런데 그날 밤 요셉이 꿈을 꾸니 주의 사자가 현몽하여,
"네 아내가 될 마리아에게 잉태된 자는 성령으로 된 것이다. 아들을 낳으리니 이름을 예수라 하라. 그는 자기 백성을 그들의 죄에서 구원할 자이니라."
우리는 아직 약혼식만 하였지 동침도 하지 아니 하였는데, 어찌하여 이런 꿈을 꾸었는가 하고 마리아에게 물으니 마리아도 똑 같이 말했다.
"나도 어젯밤 꿈을 꾸니 '그대 아이는 성령으로 잉태하였으니 태어나면 이름을 예수라 하라' 하였습니다."
"그러면 이것은 예삿일이 아니니 우리는 몸을 조심하여 하나님의 귀한 아들을 낳게 합시다."
하고 서로 보살피며 사랑하였다.

로마병정 판다바

그런데 마리아가 수개월 전 성당에서 대제사장에게 배운

성경을 읽다가 환희심이 복받쳐 올라 성전 주변을 돌면서 노래하였다.

"내 영혼이 주를 찬양하며
 내 마음이 하나님 구주를 기뻐하였음은!"

꾀꼬리 같은 목소리로 조용 조용 천지를 진동하니 옆에 있던 군인 아저씨가 노래 불렀다.

"그 계집종의 비천함을
 돌아 보셨음이라.
 보라 이제 후로는 만세에
복이 있다 일컬으리도다."

마리아가 자신의 귀를 의심하며 사방을 돌아보며

"능하신 이가 큰 일을 내게 행하셨으니
 그 이름이 거룩하시며
 긍휼히 하심이 두려워하는 자에게
 대대로 이르는도다."

하니, 그 군인이 다시 노래 불렀다.

"그의 팔로 힘을 보이사
 마음의 생각이 교만한 자들을 흩으셨고
 권세 있는 자를 그 위에서 내리치셨도다."

이렇게 두 사람이 한참 동안 주고 받고 노래한 일이 있는데, 이로 인해 생긴 일인가! 그러면서도 마리아는 그 군인과 함께 끝까지 불렀던 노래를 상기하였다.

"비천한 자를 높이셨고
 주리는 자를 배불리 하셨으며
 부자들을 공수로 보내셨도다."
 그 종 이스라엘을 도우사
 긍휼히 여기시고 기억하시되
 그대 조상에게 말씀한 것과 같이
 아브라함과 그 자손에게 영원히 하시리로다."

그때 마리아가 부끄러운 얼굴을 들고 눈을 마주치니 하늘의 밝은 빛이 그 군인의 눈을 통해 그녀 가슴에 흘러들었다.

"내 마음이 여호와로 인하여 즐거워하며
 내 뿔이 여호와로 인하여 높아졌도다."

하니 군인이 말했다.

"만군의 여호와여, 만일 주의 여종의 고통을 돌아보시고
 나를 생각하시고, 주의 여종을 잊지 아니하사
 아들을 주시면 감사하겠나이다."
 이에 마리아가 부끄러움을 무릅쓰고 말했다.

"기쁘도다. 모든 딸들이 나를 기쁜 자라 하리로다."

다시 군인이 말했다.

"그는 네 찬송이시요 네 하나님이시다.
 네가 목도한 바 이 같이 크고 두려운 일을
 너를 위하여 행하였느니라.
 여호와께서 그 백성에게 구속을 베푸시며
 그 언약을 영원히 세우셨으니
 그 이름이 거룩하고 지존하도다."

다시 마리아가 고개를 숙이고

"여호와의 인자하심은
 자기를 경외하는 자에게
 영원부터 영원까지 이르러
 그 의는 자손에서 자손에게 비치리라 하였습니다."

군인이 고개를 들고 말했다.

"주께서 라합을 살육당한 자 같이 파쇄케 하시고
 주의 원수를 주의 능력의 팔로 흩으셨나이다.
 열광의 맨 것을 풀어
 그들의 허리를 동여매이며
 낮은 자를 높이 드시고, 슬퍼하는 자를 흥기시켜
 안전한 곳에 있게 하였습니다."

다시 마리아가 말했다.

"여호와는 가난하게도 하시고 부하게도 하시며
 낮추기도 하고 높이기도 하시는 자입니다.
 제가 사모하는 영혼을 만족케 하시며
 주여 영혼에게 좋은 것으로 채워주십시오."

그때 군인이 돌아서며 말했다.
"그러나 나의 종 너 이스라엘아
내가 택한 야곱아
나의 벗 아브라함의 자손아
저가 이스라엘 집에 향하신
인자의 성실을 기억하였으므로
땅의 모든 끝이 우리 하나님의 구원을 보았도다."

마리아는 그 곳에 주저앉아 무릎 꿇고 기도하였다.

"주께서 옛적에 우리 선조에게 맹세하신 대로
 야곱에게 성실을 베푸시며
 아브라함에게 인애를 더 하셨나이다.
 여호와께서 큰 왕에게 큰 구원을 주시며,
 기름부음 받은 자에게 인자를 베푸심이여,
 영원토록 다윗과 그 후손에게 가도다."

로마는 이탈리아 반도에 위치한 도시로 이탈리아에서 가장 오래된 도시국가의 하나이다. 현대 고고학의 발전으로 기원전

8세기 중엽부터 이 도시에 사람들이 정착해 왔음을 고증하고 있다.

중부 이탈리아 티레니아 해안으로 들어가는 테베레강 입구에서 30km 정도 떨어져 있는 완만한 구릉지대가 있다. 기후는 지중해식으로 연간 강우량이 650mm, 평균기온 섭씨 24.5도 이다. 원래 이곳은 에트루리아·라틴 양 종족이 살던 교통 중심지였다.

그때 테베레강 왼쪽 캄피돌리오 기슭에서부터 팔라티노, 첼리오, 아벤티노, 에스킬리노, 비미날레, 궤리날레의 일곱 언덕의 골짜기에서 일어난 시장이 기원전 4세기 주변 지역에 세력을 뻗치기 시작하여 기원전 2세기경에는 지중해 연안 전 지역에 군림하는 대제국이 되었다.

기원전 700년부터 사용하던 로마 달력이 기원전 304년에 태양력으로 바뀌면서 음력과 양력을 겸해서 쓰는 최초의 나라가 되었으며, "모든 길은 로마로"란 말이 생기면서 동·서·남·북으로 고속도로가 뚫리기 시작하였다.

처음에는 산을 허물고 다리를 놓고 하던 것이 길바닥을 돌로 깔고 그 사이를 석분으로 메우고 그 위에는 화산재를 깔아 요즘 아스팔트에 지지 않을 단단한 길을 만들었다. 넓이는 2m~3m이던 것이 나중에는 3m~5m로 넓어지면서 카피아 아프아를 관통하는 직선도로를 놓고 스페인과 연결하는 도미티아는 군용도로로 사용되었다.

또 곳곳에 물 저장소를 만들어 마을마다 편이하게 쓰고 버리게 함으로써 상수도와 하수도 시설이 크게 발달하였다. 현재 지구상에서 가장 널리 쓰이고 있는 로마 문자는 원래 페니키아의 표음문자(셈족어)를 그리스인들이 받아 들여 모음기호를 붙인 뒤 라틴문자를 만들었는데, 로마 사람들이 이를 응용하여 로마문자로 만듦으로써 프랑스·영국·독일·이탈리아·러시아·불가리아·남북 아메리카·오스트레일리아·뉴질랜드·아프리카 전역으로 퍼져 세계의 3분의 2가 사용하는 알파벳이 되었다.

또한 그들은 기원전 3세기 전부터 소도시 국가 가족 중심의 법을 만들어 소송·친족상속·소유·물건법 불법(不法)범죄·공법·신법(神法)·신분제도 등을 구분해 왔으며, 숫자에 있어서도 Ⅰ·Ⅱ·Ⅲ·Ⅳ·Ⅴ(5)·Ⅹ(10)·L(50)·C(100)·D(500)·M(1000) 등을 사용하여 계산하였다.

이렇듯 위대한 땅과 조상문화를 가진 판다바는 일찍이 로마 병정에 편입되어 로마에서 근무하다가 나이 들어 유대나라에 파견 성당을 지키는 파수군 대장이 되었던 것이다.

예수의 탄생

마리아가 요셉과 정혼하고 동거하기 전에 이와 같이 성령으로 잉태하여 아이를 낳게 되었다. 그때 사가랴와 엘리사벳은 헤브론 근처에 살고 있었는데, 사가랴는 제사장으로써 장차 예루살렘 성전의 일을 맡게 되었다.

그래서 성전에 들어가 향을 피우는데 천사 가브리엘이 나타나 말했다.

"기뻐하라. 그대의 아내가 성스러운 아들을 낳으리니 이름을 요한이라 하라"

가브리엘 천사는 집에서 명상에 잠겨있는 엘리사벳에게도 나타나 똑같이 계시하였다. 이로부터 5개월 뒤 가브리엘 천사는 나사렛의 마리아에게도 나타나 똑 같이 말 했다.

"장차 임마누엘이라 불리우게 될 아들이 탄생하리라."

마리아는 일과를 마치고 돌아온 요셉에게 이렇게 말하니,

"우리 서둘러 엘리사벳에게 가서 가브리엘 천사의 말을 전하자."

하고 가니 그들도 똑같이 이야기하여 함께 기뻐하여 90일간을 그곳에서 지내고 떠났다.

그런데 요한이 예수보다 먼저 태어났으므로 마리아는 산달이 가까워져서 요셉과 함께 엘리사벳을 찾아 가다가 도중에 베들레헴의 가축을 넣어두는 동굴에서 밤을 지내다가 한 밤중에 아이를 낳았다. 낯선 사람들이 아기를 받아 말구유에 눕혔다. 눈 같이 흰 옷을 입은 세 사람이 동굴에 들어와 말했다.

"모든 힘, 모든 지혜, 모든 사람이 그대 임마누엘의 것이로다."

하고 베들레헴 언덕에 있던 목동들에게 아기의 탄생을 알리고 떠났다. 이튿날 아침 인근에 살던 여자 양치기가 마리아와 요셉의 가족에게 방을 마련해주고 며칠 동안 그 집에서

머물게 하였다. 그때 요한과 함께 예수는 베들레헴으로 데려와 할례를 받고 이름을 예수라 정하니 마리아는 40일 후 아기를 예루살렘으로 데려가 성직수임의 성별을 받았다.

그때 마리아는 어린 양과 멧비둘기 두 마리를 희생제물로 바치니 성전에 있던 시므온이 매우 기뻐하였다. 그 성전에는 84세 된 노파과부가 있어 아기 예수를 보고 경배하려 하니 율법사가 우상숭배라고 제지하였다.

마니교 스님들

마리아는 어린 예수를 데리고 베들레헴으로 돌아왔는데, 그때 마니교 스님들이 찾아왔다.

"저희들은 조로아스터교 신자들입니다. 별들의 움직임을 보고 한 위대한 성자가 탄생할 것을 미리 알고 이 시대의 위대한 스승을 뵙고자 찾아 왔습니다. 도중에 헤롯왕, 대제사장, 서기관들을 만나 이 이야기를 하였더니 '성경에 유대 베들레헴에서 그리스도가 태어난다' 예언한 바 있는데, 진실로 그렇다면 우리도 찾아가 인사드리고자 하니 만일 그 분을 찾게 되거든 우리에게도 알려주시오 하였습니다. 만약 이들이 알면 반드시 아이를 잡아 해칠 것이니 속히 자리를 비켜 다른 곳으로 옮겨 가시오" 하고 황금과 유향, 몰약을 예물로 주고 떠났다.

그래서 요셉은 애굽에서 헤롯왕이 죽을 때까지 있었다. 헤롯왕은 두 살 이하의 아이들을 학살하였다. 헤롯왕이 죽고 그의 아들 아켈라오가 임금이 된 뒤 꿈에 지시하심을 받고 갈릴리 지방의 나사렛에서 살았다.

  BC 63년 로마 장군 폼페이가 팔레스타인을 정복하고 예루살렘에 입성한다.
  BC 37년 로마의 원로원에 의해 헤롯대왕이 유대인의 왕으로 임명된다.
  BC 31년 안토니우스와 클레오파트라가 악티움에서 옥타비아누스에게 패한다.
  그래서 이집트가 로마에게 독립을 상실하고 기원전 30년 아우구스투스가 로마 황제가 된다.
  BC 5년 예수님이 탄생하고, BC 4년 헤롯대왕이 사망하니 예수님은 바로 헤롯대왕 1년전 BC 4~5년전에 (기원전 5년 12월 30일/4년 1월 7일) 태어나셨을 것이다.

  그러니까 예수님의 탄생을 직접 목격한 사람들은 제사장 사가랴와 그의 아내 엘리사벳이고, 예수님의 탄생이 성취되었다는 복된 소식을 처음 들은 사람들은 유대지방의 언덕 위에 살고 있던 목자들이었다. 그리고 시므온과 안나에게도 알려졌다는 사실이 누가복음에 적혀있다.

엘리후와 살로메

  고도(古都) 소안(Zoan)에는 동서 사상에 밝은 예언자 엘리후와 살로메가 함께 살고 있었다. 그때 엘리후가 말했다.

"오랜 옛날부터 그대들은 우리와 함께 이 신성한 학교에서 교육을 받도록 미리 정해져 있습니다."

하고 같이 이 세상에 가지고 온 사명과 현시대의 위상, 그리고 신과 인간과의 관계, 사랑의 힘에 대하여 많은 가르침을 주었다.

"옛날 동방사람들은 하나님을 브라마라 불렀습니다. 공정한 율법 속에 평화롭게 살아가던 사람들이 육적인 욕망을 즐기는 브라만들을 보고 슬퍼하면서 위대한 봉화불이 켜지기를 기다렸습니다. 데라라는 경건한 브라만 신자가 우르국에 살고 있을 때 깊은 신앙을 가진 아들을 독립시켜 히브리족의 조상이 되게 하였습니다.

그래서 자신은 아내와 자식, 양 떼를 데리고 서방 하관으로 옮겨 이곳 모레(Moreh) 상수리 나무 앞에 천막을 치고 살았는데, 그가 바로 아브라함입니다. 그러므로 이곳은 역사가 있는 곳입니다. 다시 가나안 마므레(Mamre) 평야에 천막을 치고 살다가 죽었는데 그 뒤 이곳에서는 페르시아의 조로아스터교를 중심으로 한 갖가지 신을 섬기는 갖가지 종교가 유행하였는데, 그 중에서도 태양의 빛 속에 있는 아후라마즈다(마니교)를 섬기는 종교가 크게 성했습니다.

듣건대 인도에는 신을 믿지 않는 성자가 있다고 하는데, 그가 바로 샤카무니 붓다라 합니다. 왕자로 태어나 온갖 호화로운 가운데서도 세상의 욕락을 버리고 출가하여 도를 깨쳤는데 천지자연의 소리를 모두 마음의 눈으로 밝혀 보았다고 합니다."

이렇게 그들은 3년 동안 알렉산더 대왕이 동방을 정복한 일, 밀린다왕이 나가세나 성자를 만난 일, 아쇼카·카니시카 왕이 파키스탄 일대를 다스린 일들에 대하여 교육을 받다가 사해(死海)를 따라 서행, 엔게디 언덕에 이르러 친족 요수아의 집에서 쉬었는데, 엘리사벳과 요한은 이곳에서 머물고 요셉과 마리아는 요단강을 따라 며칠 동안 더 여행한 뒤 나사렛의 옛집에 도착하였다.

총명예지한 예수

예수는 어머니 마리아로부터 천지창조에 대한 이야기와 인간의 역사에 대해서 듣고 말했다.

"하나님은 진짜 천지창조를 하신 분입니까? 그런데 어떻게 하여 선악과를 따 먹게 되었을까요?"

"너를 시험하기 위해서다."

"사람이 하나님과 살면 되는데 무엇 때문에 여자를 만들었을까요. 남자의 갈빗대를 하나 빼서 만들었다면 남자에게는 갈빗대가 하나 없겠네요?"

하고 옷을 벗고 자신의 갈빗대를 만지자 어머니 마리아가 말했다.

"네가 별 것을 다 묻고 있구나. 성서는 절대로 신성한 글이니 의심하거나 비평하면 아니 된다."

"그래도 의심이 나는 것을 어떻게 합니까. 하나님이 선악과를 따 먹으면 인간이 타락할 줄 알고 만드셨다면 착한 하나님이라 할 수 없고, 모르고 만드셨다면 전지전능한 신이라 할 수 없을 것 같은데요."

자신도 의심했던 것을 예수도 똑같이 물었다. 그러나,

"성경은 의심하면 성경이 아니라니까. 별 소리를 다 하고 있구나. 지금까지 많은 선조들이 오랜 세월을 살아오면서 조금도 의심하지 않고 믿고 살아왔으니 무조건 외우고 그대로 믿으라."

강조하였다. 그리고 이스라엘 역사를 들은 뒤,

"참으로 놀라운 일입니다. 사람이 사람의 대를 이어간다는 것은 10대를 지키기 어렵다 하였는데……"

하니 어머니 마리아가 말했다.

"모두가 하나님의 능력으로 알고 있다. 이렇게 세상을 이끌어가다 보니 생각하지 아니하였던 일들도 더러는 생겨 하나님의 마음을 가슴 아프게 하였단다. 하나님의 마음을 위안하고 세상의 죄악을 구하는 일은 바로 우리에게 달려있다."

예수는 한참 고개를 숙이고 있다가 하늘을 우러러 보며,

"반드시 이 세상의 악을 구하도록 하겠습니다."

하고 맹세하였다.

선구자 요한

한편 헤롯왕은 근위병에게 베들레헴에 가서 두 살 이하의 사내 아이들을 모두 살해하라 하였을 때 엘리사벳은 급히 요한을 데리고 산 속에 숨었다. 근위병들은 요한을 찾을 수 없다고 보고하였다. 다른 근위병들이 사가랴에 가서 요한의 은

신처를 말하지 않자 헤롯의 명대로 기도에 열중하고 사가랴를 죽였다. 다른 사제들이 성소 안에 있는 그의 시체를 발견하고 온 나라가 깊은 수심에 잠겼다. 그때 헤롯도 옥좌에 앉아서 숨져 그의 아들이 왕위를 계승하였다. 헤롯의 아들 아켈라우스가 왕위에 즉위하자 그는 이기적이고 잔인한 성품의 소유자였기 때문에 신하들이 요한과 예수가 다 같이 죽었다고 하자 안심하였다.

엘리사벳은 세례 요한에게 엘리후와 살로메로부터 받은 교훈을 그의 아들에게 가르쳐 주었다. 요한은 그들 가정의 야생적인 생활과 그가 배운 교훈에서 기쁨을 느꼈다. 인근 언덕의 야산에는 많은 동굴이 있었는데, 그 중 다윗의 동굴에 엔게디의 은자(隱者)가 살고 있었다. 이 은자는 사카라의 궁전에서 온 스승인 맛세노라고 하는 애굽의 승려였다.

요한이 7세 때 맛세노는 그를 광야로 데리고 가서 다윗의 동굴에서 함께 살았다. 맛세노는 매일 요한에게 생명의 신비를 일깨워주는 가르침을 베풀었다. 그들의 음식은 과일과 나무열매, 벌꿀과 호콩으로 만든 빵이었다.

맛세노는 이스라엘 사람으로서 유대의 모든 축제에 참석하였는데, 요한이 9세 때 예루살렘의 대축제에 데리고 갔다. 사악한 아켈라우스는 이미 왕위에서 쫓겨나 멀리 추방되어 있었다. 맛세노는 요한에게 유대인의 제례방법과 희생제물의 의미, 의식 등을 자세히 말해주었다.

요한은 제단 앞에서 들짐승·날짐승 등을 죽이고 불태워서 어떻게 죄를 사하고 용서를 받는지 이해할 수 없었다.

맛세노가 말했다.

"천지의 하나님께서는 희생제물을 원치 않으신다. 이 끔찍스러운 의식을 행하는 제도는 다른 나라의 우상숭배자들로부터 모방하여 행하는 것이다. 일찍이 어떠한 죄도 동물이나 새, 사람들의 희생물이 지워주지 않았다. 죄란 인간이 죄의 진흙탕 속으로 뛰어든 것이며, 만일 사람이 죄로부터 벗어나려 한다면 그가 걸어온 길을 다시 원시반본(原始返本)하여 죄의 진흙탕에서 벗어날 방법을 강구해야 한다. 다시금 먼저 들어온 길로 원시반본하여 돌아가 사랑과 정의에 의하여 그대의 마음을 순수히 하라. 그리하면 그대는 용서받을 것이다. 이것이 선구자가 사람들에게 전해야할 복음의 사명이다."

"용서란 무엇입니까?"

"그것은 빚을 지불하는 것이다. 다른 사람에게 잘못을 저지른 사람은 자기가 속죄할 때까지는 결코 용서받을 수 없느니라. 베다경에서는 악을 범한 사람 외에는 아무도 속죄를 할 수가 없다고 규정하고 있다."

"만일 그것이 사실이라면 자기 자신 안에 내재된 힘 말고 용서해주는 힘이 어디에 있습니까?"

"문은 열려 있느니라. 그대는 사람들이 다시금 올바른 길로 돌아오게 되는 것과 그들의 죄 사함을 보게 될 것이다."

맛세노가 이렇게 요한에게 여러 가지 성스러운 경전과 그곳에 기록된 것들을 보여주자 요한이 감탄하였다.

"이들의 가르침은 아주 훌륭한데 다른 성전이 필요하겠습니까?"

"하나님의 성령께서는 천리에 도수를 주재하여 만사를 적당한 때에 오고 가게끔 하느니라. 태양과 달이 떴다가 지고 할 때에 자신의 때를 없애면 이들 권능의 성령들은 많은 국가를 탄생시켜서 요람에 눕혀 흔들고, 이를 길러서 최대의 힘을 가진 국가로 키우고, 또한 그들의 과업이 끝나면 그들을 수의(壽衣)로 싸서 무덤에 넣느니라."

하나님께서 다음과 같이 판단했다.

"사람들이 그 이상의 빛을 필요로 할 때면 위대한 영적인 인간이 이 땅 위에 나타나서 그 빛을 발했노라. 베다경전이 쓰여지기 이전의 시대에도 세상에는 길을 밝혀주는 많은 성전들이 있었다. 그리고 인간이 그 이상의 빛을 필요로 하자 아베스터 성전과 훌륭한 대도의 경전들이 더 한층 높은 길로 사람들을 인도하기 위해서 나타났느니라. 그리하여 적당한 곳에서 율법과 예언서와 시편을 담고 있는 히브리 성서가 인간의 진리의 광명을 위하여 나타났느니라. 그러나 세월이 지남에 따라 사람들은 더 한층 높은 진리를 필요로 하게 되었느니라.

예수는 사람들을 빛으로 인도하기 위하여 화육(化肉)된 성스러운 하느님의 화신이 될 것이다. 그리고 그대, 나의 사랑하는 제자 요한이여, 그대도 앞으로 다가오는 날을 위하여 선구자로서의 소명을 받았느니라. 그러나 그대는 지금 그대가 간직하고 있는 순결한 마음을 지켜야만 한다. 앞으로 올 시대에는 인간이 보다 높은 곳으로 도달하게 되어 보다 강렬한 빛이 나타나게 되리라. 그리고 나서 마침내 위대한 인물이 이 땅 위에 나타나 완전한 인간의 왕조로 올라가는 길을 비추게 되리라."

그런데 요한은 그의 나이 12세 때 그의 어머니 엘리사벳이 임종하였다. 이웃사람들이 그녀를 선산의 사가랴 묘지 가까이에 안장하자 요셉은 몹시 섧게 울었다.

맛세노가 말했다.

"죽음 때문에 우는 것은 좋지 못하다. 죽음은 사람의 적이 아니라 친구이니라. 생의 과업이 끝나면 세상에 연결된 인간 보트의 줄이 끊어져 보다 조용한 바다를 향하여 가게 되느니라. 어떠한 말로도 어머니의 가치를 형용할 수 없으며, 어머니께서 살아계신 동안 자신이 소임을 충분히 다했느니라. 어머니의 고귀한 생애가 그대에게 힘이 되고 영감이 되면 그것으로 충분하니라.

예언자들은 그대를 일러 '엘리아가 다시 왔다고 이르고 있다.' 이곳에서 그대의 사명은 구세자로서의 소임이니라. 그것은 그대가 그의 길을 닦기 위하여 메시아의 면전에 나아가는 일과, 사람들로 하여금 그들의 왕을 받아들일 수 있도록 준비시키는 일이다.

그대는 어렸을 적에 서약을 통하여 나사렛 사람이 되었다. 그러므로 면도날을 얼굴에 대어 수염을 깎아서는 아니 되느니라. 포도주와 독한 술을 마셔도 안 된다.

그러므로 그대는 다음과 같이 가르치라.

'그대들, 이스라엘 사람들이여, 들으라! 회개하여 물로써 세례를 받아 순결한 사람이 되어라. 그리하면 그대는 용서를 받으리라.'

실로 세례의식과 이 교회는 단지 생활 속의 순결을 통하여 영혼을 깨끗이 하는 상징이며, 영혼의 왕국의 상징이니라.

그것은 겉모습에 의하여 이루어지는 것이 아니라, 인간의 마음속에서 이루어지는 교회를 뜻하느니라.

한편 그대는 길만 가르치고 사람들에게 자기가 하지 않는 일을 시켜서는 결코 안 된다. 직접 사람들 앞에 나서서 길을 가르쳐 주어야만 한다. 사람들이 씻어야만 하는 것을 가르치려면 먼저 사람들을 인도해야 하며, 영혼을 씻는 상징으로 자신의 몸을 먼저 씻어야만 하느니라."

"제가 기다릴 필요가 있습니까? 지금 곧 가서 씻으면 안 될까요?"

"좋다. 그들은 요단강 가의 나루터로 내려가 이스라엘 백성들이 처음으로 가나안으로 건넌 곳인 여리고의 동쪽으로 가서 머무르라."

그리하여 요한은 요단강에서 씻겨지고 그들은 광야로 되돌아갔다. 이로써 엔게디의 숲속에 있던 맛세노의 사명은 끝이 나고 요한과 함께 애굽으로 갔다. 그들은 나일강 가애 계속해 있는 사카라 성전에 도착하여 몇 년 동안 머물게 되었고, 맛세노는 이 성전에 있는 모든 형제단을 지도하는 교사로 있었다.

그가 요한의 생애와 사람의 아들로서 온 사명에 대해 언급하였을 때 신비의식(神秘儀式)의 사제는 기뻐하며 선구자를 받아들여 '나사렛의 형제'로 불렀다. 요한은 8년 동안 이 성전 안에서 생활하며 일했다. 그는 이곳에서 자아를 극복했으며, 위대한 영적인 스승이 되어 선구자로서의 의무를 다하였다.

예수의 성서공부

1. 아브라함과 그 자손들

 마리아는 자신이 배운 이스라엘 역사를 예수에게 가르쳤다.
 「아브라함은 이스라엘의 조상이오. 열국의 왕이다. 처음에는 '아브람'이라 불렀으나 '열국의 아비'라는 뜻으로 '아브라함'이라 부르게 되었다. 여러 가지 시험을 겪으면서 자신과 모든 족속들을 복 받게 한다.
 네 자손들이 이방에서 객이 되어 그들을 섬기겠고, 그들은 400년 동안 네 자손들을 괴롭힐 것이니 그들이 섬기는 나라를 징벌하고 그 후에 네 자손이 큰 재물을 이끌고 나오리라.

 아브라함이 그의 아내 사래의 말을 듣고 여종 하갈과 동침하여 아이를 가진 뒤 하갈이 주인을 없인 여기다가 회개하고 아이를 낳으니 그 이름이 이스마엘이다.
 하나님께서는 아브람에게 '아브라함'이라 이름을 갈 것을 명령하시고 할례를 지시하니 이때부터 이스라엘 사람들은 태어나면서부터 8일에 양피를 베게 되었다.
 그리고 아브라함의 부인 이름을 '사라'라 고치면 아기를 주겠다고 약속한바 있는데, 과연 아브라함이 100살이 되어서 이삭을 얻었다.

 하나님의 사자 세 사람이 소돔과 고모라 사람들이 악을 짓는 것을 보고 그만 심판하고자 하였다. 아브라함이 심판의 재고를 부탁했으나 듣지 않자 의인을 구해 달라고 하였다. 그리

하여 롯의 영접을 받고 그를 헤치려 하는 사람들을 장님이 되게 한 뒤 롯의 가족들에게
 "뒤도 돌아보지 말고 도망치라"
 하였다. 그러나 롯의 부인이 뒤를 돌아보았으므로 소금기둥이 되어 지금까지 그 본을 보이고 있다.

 롯은 생명은 구했으나 딸들이 신랑감이 없었으므로 아버지에게 술을 드려 아들을 낳으니 큰 딸 아들은 모압족의 시조가 되고, 작은 딸 아들은 벤암미로 암몬족의 조상이 되었다."

 예수가 이 이야기를 듣고 물었다.
 "아무리 신랑감이 없다고 하더라도 자기 아버지와 관계하여 자식을 낳았으니 이것은 간음이 아닙니까?"
 "이것은 모세 이전의 일이라 우리로서는 어떻다 판정할 수 없는 일이다."
 그 뒤로 아브라함이 남방으로 이사하여 가데스와 술 사이 그랄에 가서도 바로왕에게서와 같이 사라를 자기누이라 속였으므로 그랄왕 아비멜렉이 사라를 취하였으나 그날 밤 하나님께서 현몽하여 양과 소·노비·아내를 돌려보내고
 "그대 좋을 대로 내 땅을 취해서 살라."
 하고, 은 천개를 아브라함께 주어 수치를 풀게 하라 하여 그렇게 하였다.

 아브라함은 그 나이 100세에 이삭을 낳으니 하갈의 자손들이 희롱하는지라 아브라함이 떡과 물 한 가죽부대를 주어 내어 쫓았다. 하갈이 브엘세바 들에서 방황하며 대성통곡하니

제1편 예수의 탄생과 가정교육

하나님의 사자가 내려와 샘물을 길러 먹게 하여 장차 커서 애굽땅에서 제일가는 사수가 되었다.

　그때 아비멜렉은 암양새끼 일곱 마리로 우물을 사 싸움 없이 권속들을 먹여 살렸다. 그때 하나님이 아브라함을 시험코자 그의 독생자 이삭을 바치라 하니 아브라함이 아침 일찍 안장을 채우고 두 사환과 번제에 쓸 나무를 가지고 모리아 땅으로 가 이삭에게 나무를 지고 산으로 올라가니 이삭이 물었다.

　"불과 나무는 있는데 번제할 양은 보이지 않습니다."
　"어린 양을 하나님께서 따로 준비하리라."
하고 산에 이르러 아들을 결박하고, 칼을 들고 아이를 잡으려 하니 하늘에서 부르는 소리가 나는지라 쳐다보니 숲속에 양 한 마리가 있어 그를 대신하여 번제를 지내 하늘로 하여금 그 마음을 이해하고 '내 네 아들로 하여금 큰 복을 주어 바닷가의 모래와 같이 번성하게 하리라.' 약속 받았다. 이때 아브라함의 동생 나흘이 아들을 낳으니 우스와 부스·그므엘·게셋·하소·빌다스·이들랍·브두엘 여덟 사람인데 이들은 다 밀가의 소생이고, 브두엘은 리브가를 낳았고 나흘의 첩 르우마라도 데바와 가함·다하스·마아가를 낳았다. 사라가 127세에 죽으니 헷족속(에브론)에게 4백 세겔을 주고 막벨라 굴을 사 장사지냈다.

　"그러면 아브라함은 거기서 그쳤습니까?"
　"아니다. 아브라함이 후처 그두라를 취하여 시므란과 욕산·므단·미디안·이스박·수아를 낳으니 욕산은 스바·드단을 낳아 드단이 앗수족과 르두시족 루움미족의 조상이 되고,

미디안 아들은 에바·에벨과 하늑, 아비다와 엘다아니를 낳았다.

아브라함은 이삭과 그의 권속들에게 골고루 재물을 나누어 주고 175세에 죽으니 막벨라 굴에 장사지냈다."

"하갈은 어찌 되었습니까?"

"사라의 여종 애굽인 하갈이 낳은 이스마엘은 느바욧·게달·앗브엘·밉삽·미스마·두마·맛사·하닷·데마·여둘·나비스·게드마니 등이 각기 이름과 같은 마을을 형성 12방백이 되어 하월라서부터 앗수르로 통하는 애굽 앞 숲까지 살았다. 이스마엘은 137세에 죽었다.

이삭은 40세에 리브가를 취하여 에서와 야곱 쌍둥이를 낳았는데, 형님이 동생에게 장자자리를 물려주었다. 에서는 사냥을 즐겨 고기 좋아하는 아버지를 섬기고 어머니는 조용히 사는 야곱을 좋아하였다.

여호와께서 이삭에게 '네 아비 아브라함이 내 말을 순종하고 명령과 계명 율례를 법답게 지켰으므로 내 너와 네 자손들이 복받을 땅을 주겠다' 하여 그랄에 살았다. 그러나 그의 아내를 그랄 사람들이 탐하므로 죽을까 두려워 누이라 하고 블레셋왕 아비멜렉에게 바쳤더니 그것을 알고 아비멜렉이 다른 사람들게 범하지 못할 것을 경계하고 땅을 주어 농사를 짓게 하였다.

이삭이 부자가 되므로 블레셋 사람들이 시기 질투하여 아버지 아브라함이 판 우물까지 메우자 그달 골짜기로 이사 갔으니 역시 괴롭혀 고민하였는데, 아비멜렉이 그의 친구 아훗삿과 함께 와 불가침조약을 맺으므로 평온해졌다.

에서가 40세에 헷족속 브에리의 딸 유딧과 엘론의 딸 바스

맛을 아내로 취하니 그들이 이삭과 리브가의 근심거리가 되었다.

이삭이 나이 많아 눈이 어두워 잘 보지 못하게 되었는데, 하루는 에서에게 고기를 먹고 싶다 하니 사냥을 나갔다. 그런데 리브가가 그 말씀을 옆에서 듣고 있다가 아들 야곱에게 그 일을 대신하게 하여 축복(재산상속)을 받았다. 이에 에서가 늦게 와 이 사실을 알고 분노하여 동생 야곱을 죽이려 하니 야곱이 야반도주하여 아버지 말씀대로 가나안 사람과 결혼하지 않고 외삼촌 라반의 딸과 결혼하였다.

한편 에서는 이스마엘에 가서 본처 외에 이스마엘의 딸 마할랏과 재혼하였다."

"야곱은 어찌 되었습니까?"

"야곱은 이삭과 리브가의 아들로 쌍둥이 형 에서의 발뒤꿈치를 잡고 태어나 팥죽 한 그릇으로 장자권을 빼앗고 형이 받을 축복까지 가로챘다가 형을 피해 도망 다니는 신세가 되었다.

벧엘에서 하늘 끝까지 닿는 사닥다리를 보고 라반의 딸 라헬을 얻기 위해 14년 동안 라반의 집에서 일하기도 하였다. 그러나 결혼식날 보니 큰딸 레아이므로 다시 라헬을 얻기 위해 7일을 더 채워 둘 다 얻게 되었다.

그러나 라헬이 아기를 낳지 못하자 종 실바를 방에 들게 하여 아기를 낳자 본인도 아기를 낳게 되므로 레아 또한 그의 종 빌하를 들여보내 아기를 낳으니 야곱은 두 명의 아내와 두 명의 몸종에게서 열셋<열 두 아들(르우벤·시므온·레위·유다·잇사갈·스불론·단·납달리·갓·아셀·요셉·베

48 예수님은 티베트 스님이었다.

냐민)과 한 명의 딸(디나)>을 낳았다. 얼룩 양을 배양하는 방법으로 부자가 되었으나 결국 라반에게 쫓겨 가나안으로 가다가 얍복 나루터에서 천사와 씨름하여 이스라엘(하나님과 겨루어 이긴 자)이란 이름을 얻었다.

한때는 헤브론에서 강간당한 딸 디나로 인하여 고민하다가 화해하였고, 임종을 당하여 사랑하는 아내 라헬을 잃고 매우 슬퍼하였으며, 그 후 말년을 편안히 지내다가 조상들의 땅에 묻혔다.

에서는 야곱의 쌍둥이 형이다. 태어났을 때 살이 붉고 온몸이 갖옷 같아서 이름을 에서라 불렀다. 40세에 유딧·오홀리바마를 아내로 취하고 이스마엘의 딸 바스맛을 취하였다. 아다는 엘리바를 에서에게서 낳고 바스맛은 르우엘을 낳고, 오홀리바마는 여우스와 얄람·고라를 낳았다. 에서는 이들 권속들을 데리고 동생 야곱을 떠나 타처(세일산)로 갔으니 두 사람의 소유가 넉넉지 못하여 함께 지낼 수 없었기 때문이다. 그는 장자권을 소홀히 여겨 팥죽 한 그릇에 동생에게 팔아버렸고 축복권도 넘겨 버려 가문의 대표로 인정받지 못했다. 교활한 방법으로 장자권을 빼앗은 동생을 죽이려 했으나 말년에 야곱을 용서하였다. 그러나 그는 에돔족의 조상이 되었다.

에돔은 "붉은"이란 뜻으로 에서의 별명이자 그의 후손들을 가리킨다. 원래 이들은 아카바인과 사해 모압의 세렛, 아바라 등지에서 살았다. 그 지역도 모두 붉은 색 흙과 바위로 이루어져 있었다. 바로 그 자리는 사해와 아라비아 이집트로 연결되는 무역로였으므로 이를 이용하여 장차 크게 번성하였다.

야곱과 에서의 싸움이 어머니 태 속에서부터 시작되어 두 사람의 화해에도 불구하고 그의 자손들은 대대로 불화를 일으켰다. 에돔은 가나안 땅으로 가겠다 길을 비켜달라는 이스라엘의 요청을 거부하고 여호수아가 가나안 땅에 입성해서는 무력충돌을 크게 일으켜 싸울 때는 크게 접전까지 했다. 에서의 후손들은 원주민 호리족을 점령, 세일 산에 살았다. 가나안의 헷족과 이스마엘 사람들 세일의 원주민 호리족과 족외 혼인을 하기도 하였다.

그러나 다윗 때는 에돔땅에 이스라엘이 수비대를 세우고 그 땅을 다스렸으며, 다윗의 군대 장관 요압은 6개월간 에돔에 살면서 에돔의 남자들을 죽였다. 그 중에서 살아남은 하닷이 후에 솔로몬과 대적하여 이스라엘을 괴롭혔다.

요람왕 때 에돔은 유다에 40년간 저항하였고 아미샤와 웃시야에 의해 정복되었다. 하지만 바벨론의 등장으로 유다뿐 아니라 에돔마저 바벨론의 속국이 되고 말았다.

신약시대 아기 예수를 죽이려 하던 헤롯왕이 에돔 출신인 것을 생각하면 그들의 인연은 은원이 상반된다.

야곱의 아들 요셉은 가나안에 되돌아오기 전 하란에서 태어났으며, 그의 어머니는 라헬이다. 12명의 형제 중 막내였으므로 유독 야곱의 사랑을 독차지하여 채색 옷을 입고 양을 길러 형들에게 미움을 받게 되었다. 그런데다가 형들의 죄를 말하고 장래에 높은 지위를 얻는 꿈(곡식단이 둘러서서 예배를 받음) 이야기를 하여 더욱 미움을 사 은 20세겔에 미디안 상인들에게 팔려갔다.

애굽으로 간 요셉은 보디발의 집에 팔려 갔고 거기서 신임을 얻어 가정 총무가 되었으나 요셉을 유혹하려던 보디발의 부인의 누명을 쓰고 죄수가 되어 감옥에 갇혀 전옥이 되었다. 그런데 거기서 바로의 술 맡은 관원장과 떡 굽는 관원장의 꿈(포도나무 세 가지에 싹이 트고 꽃이 피어 익은 포도송이로 짠 술을 바로에게 올린 꿈과 흰떡 세 광주리를 머리에 이고 있으니 새들이 모두 다 먹어버린 꿈)을 해석하여 장차 왕궁으로 불려가 애굽의 술객들이 풀지 못한 꿈(하숫가에서 살찐 소 일곱 마리가 갈밭을 뜯더니 바짝 마른 소들이 나타나 먼저 살찐 소들을 다 잡아먹는 꿈)을 해석 사부낫바네아라는 애굽 이름을 받고 하루아침에 총리가 되었다.

그리고 제사장 보디베라의 딸 아스낫과 결혼하여 장자 므낫세와 차자 에브라임을 얻었다. 과연 그의 꿈 해석처럼 7년 풍년 후에 7년 흉년이 들었을 때 형들이 가나안에서 곡식을 사러 오자 그들을 용서하고 가나안의 가족들을 애굽의 고센 땅으로 이주시켜 살렸다. 탁월한 정책으로 애굽의 대소국왕들을 빛나게 한 공덕으로 누구에게도 보복을 받지 않고 110세까지 살고 장차 이스라엘 백성들이 애굽을 벗어날 때 자기의 유골까지 가지고 가 달라고 부탁하여 가나안 세겜 땅에 묻혔다.」

2. 모세의 신통

이와 같이 예수는 모세 5경을 통하여 이스라엘의 역사를 꿰뚫었다. 애굽에서 400년간 노예생활을 하던 히브리 민족이 모세를 통해 선민의 규정을 만들고 윤리적인 생활을 복되게 하니 천하에 적이 없었다.

(1) 이스라엘 자손들의 번식

야곱이 르우벤과 시므온·레위·유다·잇사갈·스불론·베

냐민·단·납달리·갓·아셀을 데리고 애굽에 가니 먼저 와 있던 요셉까지 합해서 70인이나 되었다.

요셉과 그 형제들은 다 죽었지만 이스라엘 자손들이 번식하고 창성하다 보니 애굽왕 바로가 감독을 세워 그들에게 무거운 짐을 지워 국고성 비돔과 라암셋을 짓게 하여 괴롭게 하였다. 그러나 학대를 받을수록 더욱 창성하니 산파 십보라와 부아를 시켜 남자를 낳으면 죽이고 여자만 살려라 하였다.

그런데 레위족 가운데 한 사람이 레위에 장가들어 아들을 낳자 석달 동안 숨겼다가 갈 상자에 넣어 물에 띄웠더니 바로의 딸이 목욕 갔다가 보고 데려다가 히브리 여인을 유모로 불러 젖을 먹여 길렀다. 장차 자라매 그 이름을 모세라 하고 친아들을 삼았다.

모세가 자라 자신의 형제들이 고역하면서 매맞는 것을 보고 분하여 애굽 사람을 쳐 죽여 모래사장에 숨겼다. 이 일이 탄로되어 바로가 모세를 죽이려 하자 미디안땅으로 피신하여 갔다가 일곱 딸을 가진 사람의 딸들에게 양이 먹을 물을 줌으로써 환심을 사 그의 딸 십보라와 결혼, 아들 게르솜을 낳았다.

급기야 애굽왕은 죽었으나 이스라엘 자손들이 고역에 시달려 탄식하는지라 그 부르짖는 소리가 하나님께 전달되자 하나님께서 아브라함과 이삭·야곱에게 세운 언약을 기억하시고 이스라엘 백성들을 생각하였다.

이에 모세가 장인의 양을 몰고 호렙산에 이르러 하나님의 빛을 보고 가까이 가니 "내가 너희 족속을 구원하여 젖이 흐르는 가나안 땅으로 인도하리라" 하고, "나는 스스로 있는 자니 네가 장로들과 함께 바로에게 가서 저 광야의 3일 길을 갈 수 있도록 허락받되 여인들에겐 금은 패물과 의복 등으로 단장하도록 하라. 내 반드시 너에게 힘을 주리니 지팡이를 잘 이용하고 네 손을 품에 넣었다 빼면 알 수 있으리라. 그래도 믿지 아니하면 하수물을 땅에 부어 피를 만들라" 하였다.

이에 모세는 장인 이드로의 승낙을 받고 형 아론을 앞세우고 애굽으로 돌아가 하나님의 말씀을 전했으나 듣지 아니하므로 지팡이로 뱀이 되게 하고 하숫물을 쳐 피가 되게 하여도 듣지 않다가 개구리의 소동과 이·파리 떼가 몰려오고 백성들과 가축이 병들어 죽고 우박이 떨어지고 메뚜기 소동이 난 뒤 온 땅이 새까맣게 되자 흠 없고 1년 된 양으로 유월절을 지냈으나 바로의 장자가 죽는 등 장차 재앙을 겪도록 하였다.

다시 여기서 예수는 모세의 신통과 기적, 계명을 보고 감탄한다.

(2) 모세의 신통과 기적

여호와께서 아론에게 이르시되 "돈으로 산 종을 할례하여 먹이고 거류민과 타국물품도 마찬가지다" 하였다. 모세가 "이 날은 여호와께서 우리에게 가나안을 주신 날이니 제6일까지만 먹고 제7일에는 먹지 말라. 사람이나 짐승이나 초태생은 모두가 하나님의 것이니라" 하여 이것이 이스라엘 백성들의 규례가 되었다.

여호와께서 낮에는 구름기둥, 밤에는 불기둥으로 길을 인도하시니 마침내 홍해가 갈라져 이스라엘 백성들을 모두 건너고 바로의 군대는 모두 물속에 장사지냈다.

"여호와는 나의 힘, 노래며 구원이시로다.
그러므로 내 찬송하고 높임이로다."

모세가 쓴물을 단물로 만들어 먹이고 애굽에서 나온 후 제2일 15일 만나와 메추라기가 쏟아져 실컷 먹고 제7 안식일을 지키게 하였으며, 호렙산 반석 위에서 생수가 터지게 하였다.

다음은 아말렉과의 전쟁, 십계명에 관한 글이다.

(3) 아말렉 전쟁과 십계명

아말렉이 오니 모세가 지팡이를 들고 산봉우리에 올라가 지휘, 아말렉을 쳐부수니 모세의 장인 미디안 제사장 이드로가 와 그의 딸과 외손자(게르솜·엘리에셀)를 데리고 와 축복하고 백성 가운데 재덕이 겸전한 이들을 골라 천부장 백부장을 삼아 재판장으로 내세우니 그들이 제도 따라 백성들을 재판하였다.

이스라엘 백성들이 자기 옷을 빨아 깨끗하게 하고 시내산에 이르러 10계명을 받았다.

"나는 너를 애굽땅 종 되었던 집에서 인도하였던 너의 하나님 여호와다. 나 이외에 다른 신들을 네게 있게 하지 말고 너를 위하여 새긴 우상을 만들지 말며, 그들에게 절하지 말고, 섬기지 말라. 나는 질투하는 신이니 나를 미워하는 자에겐 죄를 갚되 아비로부터 아들에게 이르기까지 삼대까지 하리라. 반대로 나를 사랑하고 내 계명을 지키는 자에게는 천대까지 은혜를 베풀리라. 나의 이름을 망령되게 일컫지 말라. 안식일을 기억하고 지키라. 네 부모를 공경하라. 살인하지 말고 간음하지 말고 도적질하지 말고 네 이웃에 대하여 거짓 증거하지 말고 탐내지 말라. 오직 돌이나 흙으로 단을 쌓고 그 위에 너의 양과 소를 가지고 번제와 화목제를 지내라."

말만 들어도 가슴이 두근거렸다. 어머니 마리아께서는 기타 여러 가지 율법을 다음과 같이 설명해 주었다.

(4) 기타 여러 가지 율법

「종은 6년 동안 섬기되 7년 만에 자유인이 돼 단신으로 왔으면 단신으로 나가고 장가들었으면 아내와 함께 나가되 상전이 그 아내를 주었으면 그 아내와 자식들은 상전에 속하였다.

종이 처자를 사랑하여 나가기를 싫어하면 재판장에게 가 귀를 뚫고 평생을 살아야 한다.

딸을 여종으로 판 자는 남종같이 나오지 못하고 만약 상전이 달리 장가들지라도 그의 의복과 음식과 동침을 끊지 못한다.

살인자는 죽이고 과실치사상한 자는 손해 배상하라.

눈은 눈으로, 이는 이로, 손은 손으로, 발은 발로, 데운 것은 데운 것으로, 상한 것은 상한 것으로, 때린 것은 때림으로 하되 손해배상은 소 한 마리에 다섯 마리, 양 한 마리에 양 넷으로 갚으라.

무당을 죽이고 짐승과 행음하는 자도 죽이라. 다른 신에게 제사하는 자도 죽이라.

과부와 고아를 해롭게 하지 말고 뇌물을 받지 말고 이방인들을 압제하지 말라.

명절(무교절·맥추절·수장절)을 지키라.

「홍해로부터 블레셋 바다까지 광야로부터 하수까지 너희의 지경으로 정해줄 것이니 그 땅의 거민(아모리·헷·브리스·가나안·히위·여부스)들은 네가 그들을 네 앞에서 쫓아내라.」

모세가 시내산에 올라가 40일 동안 머무는 동안 이스라엘 자손들이 흰구름 속에서 하나님의 빛을 보게 하고 하나님께 드릴 예물(제·상·등대)을 준비하고 성막에 제단을 형성, 등불을 밝히고 제복을 입고 흉패를 달고 나와 제사장을 위임, 제사에 관한 여러 가지 규례(화제·요제·거제·전제 등)를 설명하고 이스라엘을 위해 기도하였다.

그러나 아론의 권속들이 우상을 숭배하여 증거판이 깨어지니 레위의 자손들 3천명이 그 자리에서 희생되었다. 모세가 다시 기도하여 새 증거판을 만들고 언약대로 모든 것을 시행하니 마침내 이스라엘 백성들이 하나님께 약속한 땅에 이르러 가나안·아모리·헷·브리스·히위·여부스 사람들을 쫓아내고 자리를 잡게 되었다.

이렇게 어린양 예수는 자신이 이스라엘 역사 가운데서 무엇을 해야 할 것인가를 인식하게 된다. "유월절 어린양"은 누구이며 "성곽 안의 황금등대"는 누구인가. 마치 모세가 바로 왕의 명령으로 죽을 뻔 하였던 시기를 넘기고 광야에서 40년간 훈련 받은 것은 장차 이 나라의 백성들을 어떻게 죄로부터 벗어나게 하고 고난을 이겨내게 할 것인가를 미리 보는듯 하였다.

다시 레위기를 읽으려 하자 어머니께서 말씀하였다,

"이 책은 구원의 완성이 어디에 있는가를 보여주는 책이다. 너는 이 책을 통해서 우리 민족이 어떻게 살아가야 할 것인가를 인식하여야 할 것이다."

하고 신정국가 이스라엘이 그 백성들을 거느리고 시내산에 거주하면서 하나님의 백성으로서 어떻게 살아가고 있었는가를 가르쳐 주었다.

3. 레위기

번제 때는 "흠 없는 수컷을 안수하여 잡고 그 피를 회막 문 앞에 뿌리고 가죽을 벗기고 각을 떠 나무 위에 놓고 불살라 제를 지낸다."

소제는 고운 가루로 예물을 삼아 그 위에 기름을 붓고 유향을 놓아 제사장들에게 가져다주라.

화목제 때는 흠 없는 양과 소를 안수하고 회목 문에서 잡아 기름을 태워 드리고, 속죄제 때는 금령을 범한 자가 수송아지를 잡아 그 피를 손가락 끝에 묻혀 일곱 번 성소에 뿌리라. 회중의 속죄나 족장, 평민의 속죄도 마찬가지다. 속건제는 부지(不知)나 소홀함으로 인한 태만의 죄, 주로 재물에 대한 죄의 보상수단으로 드리는 제사이다.

이곳은 번제와 소제, 화목제, 속죄제, 속건제를 어떻게 지낼 것인가를 가르쳐 보인 곳이고, 다음은 제사장의 위임식과 먹을 수 있는 물건들을 들어내 보인 것이다.

「여호와께서 모세에게 "아론과 그 아들들, 그 의복과 관유, 속제에 쓸 숫송아지와 무교병을 가지고 회막문으로 오라 하라." 하여 데려다가 그들의 몸을 씻기고 옷을 입히고 관을 씌워 7주야를 지내 첫 제사장 위임식을 끝냈다.

아론의 첫제사 때 아론의 아들 나답과 아비후가 각기 향로를 가져다가 여호와께서 명하시지 않은 다른 불을 담아 분향하니 갑자기 불이 일어나 타서 죽었다. 그리고 아론의 삼촌 웃시엘의 아들 미사엘과 엘사반을 불러 진 밖으로 나가 머리를 풀고 옷을 찢고 죽음을 면하게 하고 다시는 제사 때 회막 안에서 포도주와 독주를 마시지 못하게 하고 남은 음식들을 아론의 남은 아들이 엘르아살과 이다말에게 주어 먹게 하였다.

그리고 모든 짐승 가운데 굽이 갈라져 있는 것과 새김질하는 것을 먹고 굽이 없고 새김질 하지 않는 것은 먹지 말라고 했으며, 물고기 가운데에서는 비늘·지느러미가 있는 것은 먹고 없는 것은 먹지 말라 하였다. 또 독수리나 솔개, 물수리와 매·까마귀·타조·다호마스 갈매기·새매 올빼미·노자·부엉이·따오기·당아·울옹·학과 황새·대승·박쥐는 먹지 말고, 곤충 중에서도 메뚜기·베짱이·귀뚜라미·팥종이는 먹되 날개 달리고 기어다니는 것들은 가증한 것이니 먹지 말라 하였다. 쥐와 도마뱀·족제비·합개·악어·수궁·사막 도마뱀·칠면석척도 부정한 것이라 하였다.」

다음은 산모와 환자들에 대한 규례이다.

「남자아이를 낳으면 7일 동안 부정을 피해 제8일에 할례하고, 산모는 33일 동안 금기하고, 여자아이를 낳은 산모는 66일만에 부정에서 벗어난다.

문둥병 환자는 제사장이 진찰하여 확정짓고 처리하며, 남녀 부정과 전민족의 죄를 벗는 것도 아론의 두 아들처럼 되어서는 안 되니 목욕하고 세마포를 입고 제물을 마련 법답게 속죄를 올려 죄를 모아 고한 뒤 무인지경에 놓아 주라. 그리하면 염소가 너희들의 모든 불의를 지고 갈 것이다. 육체의 생명은 피에 있으므로 피는 먹지 말라. 골육지친은 성적으로 가까이 하지 말고 더군다나 짐승과의 관계는 용납하지 않는다. 부모를 경외하고 안식일을 지키고 기타 계명을 지키면 너희 백성들이 거룩하게 되리라.

특히 몰렉(사람 몸에 황소머리와 두 팔을 가지고 있는 인신공양을 받은 우상)을 섬기는 자는 누구고 죽이고, 부모를 저주하고 부모의 권속을 간음하는 자도 모두 돌로 쳐 죽이라.」

다음은 안식과 절기에 대한 규정이었다.

「일곱째 날은 안식일이고
정월 14일 저녁은 유월절이며
15일은 무교절이니
칠일 동안 무교병을 먹으며 노동하지 않는다.

추수 때는 첫 이삭을 제사장에게 가져가고
제사장은 그것을 여호와 앞에 열납되도록,
안식일 이튿날에 흔들며
흠 없는 수양으로 번제하라.

기름 섞은 고운 가루 10분의 이 에바를 화제로 올리고
전제는 포도주 4분의 일 힌을 쓰라.

안식일로부터 50일을 계산하여 여호와께 소제를 올리고
떡과 함께 일년 된 흠 없는 양 일곱 마리와
젊은 숫소 하나와 수양들을 드리라.
또 수염소 하나로 속죄제를 드리고
1년 된 어린 수양들은 화목제 희생으로 드려라.

밭모퉁이의 곡식은
가난한 자와 객을 위해 베지 말고 줍지도 말라.
7월 1일은 안식일로 나팔을 불어 기념하고
10일은 속죄일이다.
또 7월 15일은 초막절이니
아무 일도 하지 말고 7일 동안 화제를 드려라.
이외에도 성전의 등불(감람유를 회막 안 증거궤 휘장 밖에서 켜는 것), 안식년(땅을 6년 동안 경작하고 1년간 쉬는 제도), 희년(안식년을 일곱 번 보낸 다음해, 즉 50년 되는 해)에 관한 법을 지키고 십일조를 바치라 하였다.

다음은 민수기로 모세 5경이 하나로 출애굽이 끝난 곳으로부터 여행에 갖추어야 할 여러 가지 규칙과 제사장들과 레위인의 기능, 가나안 정착에 대한 이스라엘 사람들의 마음가짐을 기록한 책이었다. 말하자면 광야에서 인구조사를 통해서 지도자를 선택하고 부정방지를 위한 규칙을 만들고 제사봉헌, 성결봉사법, 제2차 유월절과 나팔 신호에 대한 이야기가 나왔다.

4. 민수기

(1) 제1차 인구조사

「이스라엘 자손들이 애굽 땅에서 나온 후 2년 2월1일에 여호와 하나님께서 모세를 시켜 인구조사를 실시하였는데, 순종치 아니한 백성들은 이미 광야에서 죽임을 당했는데도 20세 이상의 남자가 60만 3550명이었고, 처음 인구조사 당시 20세 이하이거나 아직 태어나지 아니한 자들도 약속의 땅에 들어간 사람이 60만 1730명이나 되었다. 레위인들은 숫자에 넣지 않고 증거막과 부속품을 관리하도록 하였다. <민수기 1~2>

유다에게서는 암미나답의 아들 나손,
잇사갈에서는 수알의 아들 느다넬,
스불론에서는 헬론의 아들 엘리압,
르우벤에게서는 스데울의 아들 엘리술,
시므온에서는 수리삿대의 아들 슬루미엘,
갓에서는 르우엘의 아들 엘리야삽,
에브라임에게서는 암미훗의 아들 엘리사마,
므낫세에게서는 브다술의 아들 가말리엘,
베냐민에서는 기드오니의 아들 아비단,
단에게서는 암미삿대의 아들 아히에셀,
아셀에게서는 오그란의 아들 바기엘,
납달리에게서는 에난의 아들 아히라가 뽑혀
각 지파의 족장이 되니 그들이 행군 순서의 참모들이었다.
모세의 아들들과 아론의 자식들은 모두 제사장이 되었다.」

이것이 하나님께 바쳐진 사람들이다. 그러면 이 사람들이 어떻게 행동하여야 할 것인가 하는 문제가 다음에 나왔다.

「남자나 여자가 나실인의 서원을 하고 자기 몸을 구별하여 여호와께 드리거든 포도주와 독주를 멀리하며 그 서원을 하고 구별하는 모든 날 동안은 삭도를 그 머리에 대지 말 것이라 자기 몸을 구별하여 여호와께 드리는 날이 차기까지 그는 거룩한즉 그 머리털을 길게 자라게 할 것이라고 하였다. 그리고 축수하는 방법을 여호와는 네게 복을 주시고 은혜를 베푸시며 평강을 주시기 원하노라 하라 가르쳤다.」

가는 길에는 고난이 많다는 것도 관심있게 기록하고 있다.

「애굽 땅에서 나온 다음 해 첫째달에 광야에서 두 번째 유월절을 지내고, 하나님께서는 구름으로 길을 안내하였다. 또한 나팔소리에 따라서 움직이도록 명령하셨다.

제2년 2월 20일 구름이 증거막에서 떠오르자 시내 광야에 머물렀던 이스라엘 백성들이 출발하였다.

이스라엘 백성들은 만나를 구해 연명하면서 여호와를 원망하고 모세를 불평하였다. 갑자기 바람이 불어 메추라기들이 수없이 몰려오는지라 그것을 잡아먹게 되었다.

모세에게 미리암과 아론이 시비하니 문둥병이 들어 참회하였으나 효과가 없었다. 군대들이 바란광야 가데스에 이르러 정탐꾼을 보내니 12정탐꾼들은 2가지의 상반된 보고를 하였다. 가나안땅의 거민이 강하고 이스라엘 백성들이 약하다고 보고를 들은 백성들은 하나님을 멸시하고 모세와 아론을 원망하였다.

62 예수님은 티베트 스님이었다.

이에 하나님께서는 이스라엘을 징계하시려 하자 모세가 백성들을 위해 기도하여 하나님의 용서를 구하였다. 다만 이 일로 인해 반대한 모든 백성들은 가나안에 들어가지 못하게 되었다.」

이를 보면 고난 속에서 능력이 나타난다는 것을 알 수 있다.

「이스라엘 자손들이 신광야에 이르러 미리암을 장사지냈는데, 물이 없어 모세와 아론을 공박하자 지팡이로 반석을 쳐 물이 솟아나게 하였다. 그러나 에돔왕이 길을 열어주지 않았다. 한편 아론은 므리바에서 여호와 말을 거역한 까닭에 호르산에서 죽고 그의 옷은 그의 아들 엘르아살에게 입혀지니 온 회중이 30일 동안 아론을 애곡하였다.
이때 남방 가나안 사람 아랏왕이 이스라엘 사람들을 상해하였으므로 이스라엘이 그 성읍을 다 멸하였다. 에돔땅에 이른 백성들이 여호와를 원망하자 갑자기 불뱀들이 나타나 물어 죽였다. 이에 모세가 기도하여 놋뱀을 만들어 장대에 달고 이를 바라보는 이들을 구원하였다.
모압을 지나 이예아바림에 진 쳤고, 더 나아가 세렛 골짜기에 진 쳤으며, 아르논 건너편에 진 쳤다가 브엘에 이르렀다. 다시 나할리엘, 바못을 거쳐 비스가 산 꼭대기에 이르러 아모리왕 시혼에게 길을 열어 달라 하였으나 듣지 아니하므로 이스라엘이 쳐 점령하였다. 이에 바산왕 옥을 물리치고 모압평지에 도착하였다. 이스라엘을 두려워하는 모압왕 발락이 예언자 발람을 통하여 이스라엘을 저주하려 하였으나 발람은 오히려 이스라엘을 축복하게 되었다.」

(2) 두 번째 인구조사

「그런데 싯딤에 머물러 있던 사람들이 모압 여인들과 음행하자 온 천하에 염병이 퍼져 며칠 사이에 2만 4천명이 죽었다. 이에 엘르아살의 아들 비느하스가 이스라엘 남자를 따라가는 여인을 보고 단창으로 두 사람의 등과 배를 뚫으니 염병이 그쳤다.

한편 여호와께서 모세에게 이르기를 비느하스와 그의 후손에게 영원한 제사장 직분을 언약하고, 다시 인구조사를 실시하여 전쟁에 나아갈 만한 모든 자를 계수하라고 하셨다.

그래서 레위인을 제외하고, 20세 이상된 이스라엘 자손을 계수한 결과 601730명이었다.

그리고 여호와께서는 조사한 인원수대로 땅을 나눠 주어 기업을 삼게 하라 하신 즉 제비를 뽑아 그들에게 알맞은 기업을 나누어 주었다.

모세는 여호와의 명령을 따라 여호수아를 데려다가 제사장 엘르아살과 온 회중 앞에 세워 후계자로 삼았다. 여호와께서는 날마다 드리는 번제물과 안식일·월삭·유월절·칠칠절·나팔절·속죄일·장막절에 드리는 제물을 설명하였다.」

다음은 여호와의 복수가 어떻게 나타나는가를 보여주는 장면이다.

「여호와께서 "이스라엘의 원수를 미디안에게 갚으라." 하여 이스라엘의 각 지파에서 천 명씩을 택하여 미디안의 모든 남자를 다 죽이고 에위와 레겜·수르·후르·레바와 브올의 아들 발람까지 모두 칼로 죽였다. 그리고 그 성읍을 모두 불사르고 부녀·아이·재물을 노략하였다. 그 전리품들을 제사장과 족장들과 더불어 계수하고 그 절반은 전쟁에 나갔던 군인들에게 주고 절반은 회중에게 주었다.

그리고 요단의 동편 땅, 가나안 땅을 분배하고, 레위인을 위해 성읍을 주었다. 한편 부지중에 살인한 자들을 위한 도피성을 만들게 하였으며, 피 흘린 자에 대한 규율과 여자의 재산상속법, 그리고 각기 자신의 지파 안에서 결혼할 것을 밝혔다.」

여기까지가 민수기다. 다음은 모세의 다섯 번째 책으로 신명기가 나온다. 율법이 처음 시내산에서 나오고 모압에서 죽어졌다. 신앙과 불신, 우상과 순종, 사랑과 교육, 기적과 은혜, 축복과 저주, 예배와 헌물, 죄와 벌, 정과 부정, 노예와 왕족, 전쟁과 살인, 재혼과 간음, 이혼과 헌금 등 다양한 내용이 요약되어 나왔다.

5. 신명기

모세는 이렇게 설교하였다.

「모세는 요단 건너편 숲 맞은편 아라바광야 즉 바란과 도벨·라반·하세롯·디사합에서 이스라엘 사람들에게 말했다. 호렙산에서 세일산을 지나 가데스 바네아에까지 열하룻길이다. 출애굽 40년 11월 첫째날 여호와께서 그에게 명령하신 것을 고하였다. 때는 헤스본의 아모리 왕 시혼과 에드레이에서 아스다롯에 거하는 바산 왕 옥을 쳐 죽인 후였다.
　호렙산에 계실 때 여호와께서 말했다.
"너희가 이 산에 거한 지 오래니 방향을 돌려 아모리족의 산지로 가고 아라바와 산지와 평지, 네겝과 해변과 가나안족의 땅과 레바논과 큰 강 유브라데까지 가라. 너희 열조 아브라함과 이삭, 야곱에게 주기로 약속한 땅이니 그 땅을 차지할지니라."」

　그리고 천부장. 백부장은 다음과 같이 뽑아 순종의 삶을 살 것을 가르쳤다.

「나는 홀로 너희 짐을 질 수 없으니 각 지파에서 천부장 · 백부장 등을 내어 송사를 담당하라. 쌍방간에 공정히 판결하며 낯을 두려워 말고 타국인에게까지도 평등하게 하라.
　그러나 너희들은 가데스바네아에서 여호와를 불신하여 갈렙과 여호수아를 선택하여 홍해 길로 들어가라는 것을 듣지 아니하였다. 그래서 가다가 호르마에게 패배하고 다시 에돔과 모압을 지나 요단 동편에 이르러 헤스본왕 시혼과 바산왕 옥을 정벌, 여호수아를 후계자로 내세운 것이다. 그러므로 그대들은 순종하며 살아라.
　이스라엘 백성들은 호렙산에서 10계명을 두 돌판에 친히 써 준 것을 지키지 않고 만들지 말라는 형상을 만들어 하나님을 노하게 하였다.
　하나님의 근본은 사랑에 있다. 순종하지 아니한 자가 있으므로 선별하여 결혼을 금지하고 이스라엘을 성민(聖民)으로 선택, 순종의 삶을 하시게 한 것이다.

그러나 승리는 그렇게 쉽게 이루어지는 것이 아니므로 이스라엘 백성들이 많은 시련 속에서 승리하게 된 것이니 두 번째 만든 돌판이 이를 증명한다.」

　하나님의 규례는 다음과 같았다.

「하나님의 명령과 규례는 이스라엘 백성들의 행복을 위해 만든 것이니 꼭 지키라. 마음에 할례를 행하고, 고아와 과부를 원망스럽게 하지 말고, 나그네를 사랑하라. 보고 들은 일을 가르쳐 직무와 법도에 어긋남이 없으면 반드시 약속된 땅에서 복을 받을 것이다. 그러나 이를 듣지 않는 사람들에게는 저주가 있을 것이다.
　이스라엘 백성들은 정한 장소에서 예배하게 하고, 가나안의 신들을 섬기지 말고 우상숭배를 하지 말 것이며, 깨끗한 음식을 먹고 십일조를 지키라. 매 7년 끝에는 가난한 자에게 면제해줄 것이다.」

　규례를 어겼을 때는 여지없이 재판되었다.

「유월절과 무교절, 맥추절과 초막절을 지킬 것이며, 재판에 대해서는 절대로 공정하라. 다른 민족들의 가증한 행위를 좇지 말고 그릇 살인한 자를 위한 도피성을 만들라. 이웃의 경계표를 옮기지 말고 거짓 증거하지 말라. 전쟁할 때는 상대방의 말과 병거(兵車) 민중의 숫자를 보고 놀라지 말고 애굽 땅에서 인도하여 내신 여호와 하나님을 생각하라.」

저주와 축복은 인과율에 의해 결정되었다.

「범인이 드러나지 않는 살인사건과 사로잡은 여자를 아내로 삼는 규례, 장자 상속권, 패역한 아들에게 내리는 벌 등을 명심하고, 성도덕을 지키라. 이혼과 재혼에 관한 규례와 품꾼에 관한 규례, 인간관계에 관한 규례 등을 준수하라.
 하나님 여호와의 말씀을 삼가 듣고 명령을 지켜 행하면 모든 복이 임할 것이며, 악을 행하여 불순종하면 저주와 혼란과 책망과 파멸이 있을 것이다.

 너희들이 애굽에서 나올 때 아말렉에서 겪은 고역을 생각하고 만물을 바치며 신앙을 고백하라. 저주받는 죄에는 열두 가지가 있고, 순종에서 받는 복 또한 헤아릴 수 없다.
 그러니 너희들은 이스라엘과 맺은 여호와의 언약을 지키고 회개하면 설사 포로가 되었다 하더라도 은사될 것이다.
 생명의 복 사망의 화는 불멸하니 여호수아가 후계자가 되는 것같이 하라.
 모세는 이렇게 노래 부르며 각 지파를 축복한 뒤 가나안 땅을 바라보면서 죽음을 맞이하니 여호수아가 그의 뒤를 이었다.
 하늘에 귀를 기울이고 내 입의 말을 들으라.
 나의 말은 비요 이슬이다.
 하늘은 반석이시니 공덕이 완전하여
 모든 일에 공평하시고 정직하다.
 지극히 높으신 자가 열국의 기업을 주시느니라.」

이것이 신명기의 내용이다. 초창기 주역자들이 거의 다 죽고 나니 젊은 세대를 위한 설교가 필요하게 되었다.

그래서 지금까지의 여호와 말씀을 집약하여 거듭 해설하게 된 것이다.

여호수아는 모세의 후계자로써 여호와의 구원하심을 따라 이스라엘 백성들을 가나안 땅으로 인도한 내력을 기록한 책으로 에발산에서 율법을 말하였다.

여호수아는 가나안 땅을 12지파에 분배하고 이방인들과 달리 하나님을 배반하지 아니할 것을 맹세, 110세까지 살았다.

전쟁과 승리는 하늘과 땅의 차이었다.

「여호와께서 여호수아를 안심시키고 아이를 치라 하니 정예부대로 성 뒤쪽에 매복시키고 여호수아가 백성들과 성 정문 앞으로 나아가니 아이왕이 보고 추격하였다. 도망가는 이스라엘 백성들을 따라 전 국민이 궁성을 나오니 매복한 군인들이 쳐들어가 성을 불사르고 밖에 나와 있는 아이 백성 1만2천인을 쳐죽여 몰살시켰다. 그리고 에발산에 단을 쌓고 모세가 그 자손들에게 명한 율법을 낭독하였다.

요단서편 산지와 평지, 레바논앞 바다에는 헷사람들과 아모리·가나안·브리스·히위·여부스 사람들이 살고 있었는데, 이 소식을 듣고 연합하여 대적하였다가 멸종하고 말았다. 다섯 임금들의 시체를 나무에 매달아 놓았다가 해가 지자 그들이 본래 숨었던 굴속에 내던졌다.

하솔왕 야빈을 중심으로 해서 마돈왕 요밥등 주위 10여개 나라를 이렇게 하여 모두 전멸하니 모세의 말과 같이 이 세상이 온통 이스라엘 천지가 되었다.

이렇게 이스라엘은 요단 저쪽 해돋는 곳(아르논)으로부터 헤르몬산, 아라바까지 점령할 때 쳐죽인 왕들이 헤스본의 시혼왕을 중심으로 도합 31왕이나 되었다.

이들을 죽이고 얻은 모든 재산은 여러 족장들이 제비뽑아서 나누어 가졌다.」

장군도 때가 되면 간다는 것을 알 수 있었다.

「요단강 동편은 므낫세 반 지파와 르우벤 사람 갓 사람들이 차지하였고,
요단강 서편은 엘르아살과 눈의 아들 여호수아, 즉 이스라엘 족장들이 차지하고,
에돔으로부터 신광야까지는 유다 지파가 차지하고,
헤브론 성은 여분네의 아들 갈렙이 차지했으며,
에돔의 20개 성읍은 유다 자손들이 차지하고,
예루살렘은 여부스족,
여리고 물 동편 광야는 요셉의 자손들,
아달옷 앗달에서 게셀까지는 에브라임 지파,
길르앗과 바산은 므낫세 지파,
요단에서 벧아웬까지는 베냐민 등 이렇게 스불론 잇사갈·아셀·납달리·단이 각각 자기 분깃을 나누니 이스라엘의 땅은 해뜨는 곳으로부터 해 지는 곳에까지 이르렀다.

이렇게 가나안 정복을 마치고 요단강변에 르우벤·므낫세 자손들이 제단을 차리는 것을 보고 여호수아가 나이 많아 각

지파의 장로들과 두령·재판장·유사들을 불러 모세의 율법 지킬 것을 강조하고 좌우 어떤 곳으로도 치우치지 말 것을 당부하였다. 왜냐하면 여호와는 거룩하신 하나님이고 질투하는 하나님이기 때문에 복을 내리신 후에라도 그 율법을 지키지 아니했을 때 징계를 주시기 때문이다. 그리고 여호수아는 110세로 죽어 딤낫 세라에 장사지냈다.」

다음은 사사기다. 이스라엘에 아직 왕이 생기기전 유일신 사상과 가나안 토착신앙이 배신과 징계·회개·구원·안식 속에서 어떻게 반복되고 있는가를 보여주는 경전이었다.

6. 사사기

「여호수아가 죽은 뒤 유다가 시므온과 합세하여 베섹을 점령 1만 명을 죽이고 베섹에서 아도니 베섹을 만나 가나안 사람과 브리스 사람들을 죽이니 아도니 베섹이 도망하는지라 그 수족의 엄지가락을 모두 끊었으니 아도니 베섹이 "옛날 70 왕이 그 수족 엄지가락을 찍히고 내 상 아래서 먹을 것을 줍더니 나의 행한 대로 대가 갚음을 받음이로다." 하고 예루살렘에 끌려와 죽었다.

또 유다의 자손들이 예루살렘을 치고 성을 불살랐으며 다시 산지와 남방 평지에 살고 있는 가나안 사람과 싸웠고, 헤브론의 가나안 사람들을 쳐 세새와 아히만·달매를 죽였다. 또 드빌의 거민들을 치고 그것을 취하는 자에게는 내 딸 악사를 주겠다 하니 그나스의 아들 옷니엘이 그것을 취해 밭과 위, 아래 샘을 차지하였다.

모세의 장인이 유다 자손과 함께 종려나무 성읍에 올라가 아랏 남방 황무지에서 살았는데 유다가 그 형제 시므온과 함께 스밧에 사는 가나안 사람들을 쳐 진멸하였다. 또 가사와 그 경내 아스글론 지역과 에그론을 쳐 점령하였으나 다만 골짜기의 주민들은 철병거 때문에 내쫓지 못하고 모세의 명을 받아 헤브론을 갈렙에 준 바 갈렙이 가서 아낙의 3형제를 쫓아내었다. 베냐민 자손은 여부스 사람들은 쫓아내지 못해 함께 살게 되었다.
　요셉족속(므낫세, 에브라임)·스불론·아셀·납달리도 그 거민들을 다 쫓아내지 못하여 가나안 사람들과 함께 살았다.
　단지 아모리 사람이 단자손을 산지로 쫓았다가 요셉족속들이 강성해지자 필경에는 아모리 사람들이 사역하였다.」

　언약은 결코 실천되고 만다는 것을 가르치고 있었다.

　「여호와의 사자가 길갈 보김에 이르러 "나는 그대들과 약속을 어기지 않았으나 이스라엘 백성들이 내 앞에서 악을 행하여 바알과 아스다롯을 섬기고 그들을 구원키 위해 사사들을 정했으나 그들마저 청종치 아니하니 내 마땅히 그대들을 노략하는 자의 손에 붙이리라" 하시고 8년 동안 메소보다미아 왕 구산 리사다임에 팔아 그를 섬기게 하였다.
　이에 이스라엘 자손들이 여호와께 부르짖어 몸부림치므로 갈렙의 딸 악사를 아내로 맞은 그나스의 아들 옷니엘을 보내 구원케 하였다. 이스라엘 백성들이 또 여호와 앞에서 악을 행하여 모압왕 에글론이 이스라엘을 쳐 다시 18년 동안 섬기게 하였다.

다시 회개하고 구원을 요청하자 베냐민 사람 게라의 아들 왼손잡이 에훗을 보내 치게 하니 모압왕 에글론에게 공물을 바칠 때 한 규빗이나 되는 칼을 옷속에 숨기고 들어가 왕을 찔러죽이고 이스라엘 자손들을 데리고 가 모압 사람들을 치고 한 사람도 요단강을 건너가지 못하게 하고 항복시켰다. 또 아낫의 아들 삼갈은 막대로 블레셋 사람 6백 명을 쳐 그 땅이 80년 동안은 태평하게 되었다.

에훗이 죽은 뒤는 이스라엘 자손들의 타락하므로 여호와께서는 하솔의 가나안 왕 야빈에게 그들을 넘겨 심히 학대를 받았다. 그때 랍비돗의 아내 여선지 드보라가 이스라엘 사사가 되어 아비노암의 아들 바락을 불러다가 납달리 자손과 스불론 자손 1만명을 거느리고 다볼산에 올라갔다.

한편 모세의 장인 호밥의 자손 중 겐사람 헤벨이 자기 족속을 떠나 게데스에 가까운 사아난님 상수리나무 곁에 이르러 장막을 치고 있었다. 바락이 다볼산에 올랐다는 말을 듣고 가나안왕 야빈의 군대장관 시스라는 철병거 9백승으로 치려 하였으나 여호와께서 혼란에 빠지게 하여 시스라는 대패를 하고 도망하게 되었다. 시스라가 도보로 도망하여 겐사람 헤벨의 아내 야엘의 장막에 이르러 깊이 잠에 빠지자 야엘이 그의 관자놀이에 말뚝을 박아 죽였다.」

이렇게 일곱 번을 반복 기드온·돌라·야일·입다·입산·엘론·압돈·삼손 등 열두 사람의 사사들을 보내 구원하셨으니 이것이 무왕(無王)시대 이스라엘의 역사다.

이상이 사사기다. 모세와 여호수아가 죽은 뒤 가나안 땅에 정착한 이스라엘 백성들이 장차 이방문화에 젖어 들어 범죄하자 하나님은 사사들을 보내 200여년 동안 아람, 모압, 블레셋, 가나안, 미디안, 암몬 사람들과의 관계를 이렇게 기록한 것이다.

다음은 룻기로부터 말라기까지 구약시대에 기억해야 할 만한 사건들을 모조리 기록한 것인데,

첫째, 룻기는 불행한 며느리 룻이 홀로 된 시어머니 나오미와 베들레헴에서 고생하다가 근친 보아스의 아내가 되어 다윗왕의 조상이 된 내력을 기록한 책이다.

둘째, 사무엘(上·下)은 히브리어 성경으로서는 아홉 번째 해당되는 책으로 사무엘과 사울, 다윗의 생애를 기록한 책이다. 이 책은 상과 하 양권으로 되어 있다.

엘가나의 큰 부인 한나가 자식을 낳지 못해 외롭게 살고 있었는데, 작은 부인 브닌나가 한나의 아이 없음을 격동하므로 한나가 한이 맺혀 울면서 기도하여 사무엘을 낳았다.
블레셋 사람들이 속건제를 지내고 여호와 궤를 구경하고 그 자리에서 5만 7천명이 죽은 이야기가 기록되어 있다.
또 사울이 40세에 왕이 되어 이스라엘을 다스리는 동안 병병 3천으로 블레셋 사람들을 친 이야기와 30세에 왕이 되어 40년 동안 나라를 다스린 다윗왕의 공과에 대하여 설하고, 마지막으로 솔로몬에게 왕위를 물려준 이야기가 나온다.

셋째, 열왕기도 상·하로 나오는데, 이스라엘의 역사를 역

대 왕을 중심으로 정리한 책이다. 먼저는 솔로몬의 통치가 나오고 나중에는 분열된 왕국의 역사가 나오는데 오늘날 북이스라엘과 남유다가 끊임없는 전쟁을 하는 이유가 여기에서부터 시작된다.

솔로몬은 열두 장관을 임명하여 행정체계를 세우고 여호와의 성전을 지으니 만백성이 환호하여 축복하였다. 후비가 700명이나 되고, 빈장이 300이 되었으며, 왕위 40년만에 르호보암에게 왕위를 계승케 하였다. 이에 북이스라엘은 여로보암을 왕으로 삼고 분열왕국을 이루었다.
 그 뒤 남유다와 북이스라엘은 각각의 왕조를 구성하여 계승되다가 북이스라엘은 앗수르에 의해 멸망하게 되고, 남유다는 바벨론에 의해 멸망하게 된다.

넷째, 에스라는 바벨론의 포로 생활 후 유다로 돌아 온 유대인들의 이야기가 적혀있고,

다섯째, 느헤미야는 예루살렘에 성벽을 재건하고 모세의 율법을 강론한 이야기가 나온다.

여섯째, 에스더는 바사제국의 유대인 제거음모와 에스더가 바사왕과의 결혼을 통해 유대인들을 구원하는 극적인 이야기가 들어있다. 신앙상으로 보아서는 별 의미가 없는 것으로 생각되나 하늘의 섭리 속에 이스라엘 고난의 역사가 담겨 있으므로 소홀히 할 수 없는 책이라 생각되었다.

옛날 아하수에로라는 왕이 있었는데,
인도 구스까지 127도를 거느리고 있었다.

수산궁에서 즉위하고 바사와 메대의 장수를 비롯하여
각도의 귀족 방백들을 불러 자그만치 180일 동안
잔치를 베풀고 이어서 도성의 대소인민을 위해
왕궁 후원 뜰에서 청·황·적·백의 휘장을 치고
화려한 연회를 베풀었다.

그런데 제1 왕후 와스디가 왕의 명령을 거슬려
방백들의 재판으로 폐위되고,
유다인이 모르드개가 데리고 있던
조카딸 에스더(하닷사)가 선택되어
제1 왕후의 자리에 올랐다.

그런데 모르드개가 대궐 문밖에 앉았는데
문지기 내시 빅단과 데리스 두 사람이
아하수에로왕을 원망하여 모살하려 하거든
모르드개가 이를 에스더에게 고하여
두 사람을 나무에 달고 문초하였다.

그때 왕이 아각 함므다다의 아들 하만을
높은 자리에 앉히고 모든 신복들에게 무릎 꿇고 절하라
하니 모르드개는 꿇지 않고 절을 하지 않았다.

옆에 사람들이 모르드개가 유다인임을 알고

하만에게 고하니 하만이 노하여
그와 연관이 있는 모든 민족들을 다 죽이려 하였다.

아하수에로왕 12년 하만이 대왕께 아뢰었다.
"한 민족이 온 나라에 흩어져 사는데
법률이 달라서 다스리기 어렵습니다."
하고 은 1만 달란트를 왕에게 바치니 임금님께서
"알아서 하라"
하고 다시 그 은과 손에 끼었던 반지까지 벗어주었다.

정월 13일 서기관들을 모아 조서를 꾸미고
각도 문자로 기록한 뒤 임금님의 반지로 도장 찍어 보내며
"12월 13일 유다인들을 모두 잡아 죽일 것"을 명령하였다.
모르드개가 이 모든 일을 알고 왕후 에스더에게 알리니
에스더는 모든 유다인들에게 3일 동안 금식할 것을 명하고
자신도 금식한 뒤 궁중의 규례를 어기고
임금님 앞에 나아가니 임금님께서 금홀을 내밀고
"그대의 원하는 것이 무엇이냐.
원한다면 이 나라 반이라도 주겠다"
하였다. 이에 에스더는
"제가 후궁에서 잔치를 베풀고자 하오니
하만과 함께 와 주실 수 있습니까?"
하니 폐하가 쾌히 승낙하였다.

그런데 하만은 그날도 모르드개가 일어나 절하지 않는 것을 괘씸하게 생각하고 잔치가 끝난 뒤에는 모르드개를 50규

빗이나 되는 높은 나무에 매달아 죽일 것을 예상하고 왕궁에 들어갔다.

그런데 전날 밤 왕이 친히 궁중의 문서를 읽다가 모르드개가 빅다나와 데레스의 모살사건을 고발한 것을 알고 그 대가로 무슨 상을 주었느냐 물으니 "아무것도 준 일이 없다" 하니 이튿날 하만을 불러 "이런 일을 한 사람에게는 무엇으로 보상하는 것이 좋겠느냐?" 물었다. 이에 하만이 "왕복을 입히고 말을 태워 시중을 돌면서 왕에게 존귀케 한 자는 누구나 그렇게 하겠다 발표하면 백성들이 더욱 왕을 존경할까 합니다" 하니 즉시 하만에게 모르드개를 불러 말에 태우고 그렇게 하라 명령하였다.

그래서 시키는 대로 하고 겁이 나서 집으로 돌아가니 왕의 내시가 와서 "에스더의 잔치에 속히 나오라 합니다" 하여 나가니 벌써 잔치가 벌어져 왕이 에스더에게 물었다.

"그대의 소망이 무엇인가?"

"내 생명을 내게 주시고 내 민족을 내게 주소서."

하고 상세히 아뢰니 즉시 하만을 모르드개를 달고자 했던 높이 50규빗의 나무에 달아매고 하만에게 주었던 반지를 모르드개에게 주고 하만의 집과 재산과 모든 사람들을 에스더에게 주었다. 그리고 바로 조서를 내려 유다인들의 죽임을 피하게 하였다. 여기서부터 12월13일 부림절이 생기게 된 것이다.

일곱째, 욥기는 인생고의 시작은 자기가 지은 업 때문이지만 의인도 고난을 받는 죄 때문에 받는 경우도 있고 죄를 인정하지 아니하므로 받는 경우도 있으나 어떤 면에서 보면 사탄이 죄를 경험하게 함으로써 의인을 길러내는 한 방편으로 삼기도 한다.

「우스땅에 욥이라는 사람이 있었다. 순수하고 정직하고 하늘을 받들어 섬겨 이미 악에서 떠나있는 사람이었다. 7천 마리의 양과 약대 3천, 소가 5백, 나귀가 5백 많은 종을 거느려 동방사람 가운데서는 제일가는 부자였다.
그런데 하루는 하나님께서 하나님의 아들들과 사탄을 불러놓고 물었다.
"이 세상 욥처럼 착한 사람을 보았느냐?"
"그가 스스로 그렇게 된 것이 아니라 하나님께서 주신 은덕입니다. 만일 역행하여 고통을 받게 된다면 그 마음도 변할 것입니다."
"그렇다면 내가 그를 너에게 붙이겠으니 그의 몸에는 손을 대지 말라."
욥이 자기 생일을 맞아 세 누님을 모시고 큰 잔치를 베푼 뒤 또 자제들을 위해 아들들의 죄까지도 사하는 의식을 행하였다.
하루는 욥의 자녀들이 그 맏형 집에서 포도주를 마실 때 한 사자가 와서 말했다.
"소가 밭을 갈고 있는데 스바 사람들이 갑자기 와서 그것들을 빼앗고 칼로 종들을 죽였습니다."
이 말이 끝나기도 전에 또한 사람이 와서 말했다.
"하나님의 불이 하늘에서 내려와서 양과 종을들 살라버렸습니다. 또 갈대아 사람들이 떼를 지어 와서 약대를 빼앗아 갔으며, 자제분들이 맏형 집에서 포도주를 먹다가 돌풍이 불어 죽었습니다."

욥이 이 말을 듣고 일어나 옷을 찢고 머리털을 밀고 땅에 엎드려 경배하며

"알몸으로 나왔다가 알몸으로 가는 것은 정한 이치인데 주신 이도 거두신 이도 여호와이시니 저희 찬송을 받으시옵소서."

하고 기도하였다. 이에 사탄이 여호와께 고하였다.

"가죽으로 가죽을 바꾸니 사람이 모든 소유물로 생명을 바꿉니다. 그러니 주께서 직접 저에게 뼈와 살을 치소서. 그리하면 반드시 저가 욕할 것입니다."

"그러면 그를 그대들에게 붙이겠노라."

말이 끝나기도 전에 욥은 발바닥으로 머리에 이르기까지 악창이 솟았다. 욥이 재 가운데 앉아서 기와 조각으로 몸을 긁고 있으니 그의 부인이 말했다.

"당신이 그래도 자기의 온전함을 굳게 지킵니까? 하나님을 욕하고 죽으시오."

"그런 소리 하지 마십시오. 복을 받았으니 당연히 화도 받지 않겠소."

이 소식을 들은 세 친구들이 와서 보고 옷을 찢고 먼지를 머리에 날린 뒤 7일 7야를 함께 지내자 욥이 탄식하였다.

"애초에 내가 이 세상에 태어나지 아니했다면 모든 사람들을 괴롭히지 않고 여호와 하나님께도 욕되게 하지 아니하였을텐데!"

데만 사람 엘리바스가 대답하였다.

"죄 없이 망한 자가 없고 악을 밭 갈고 독을 뿌리는 자가

그대로 거두는 것이니 하나님께 부르짖어 보라. 반드시 그대에게 응답하리라."

"나의 분한을 달고 나의 재앙을 단다면 바다의 모래보다도 무거울 것이다. 세상에 있는 모든 전쟁이 이보다 더할 수는 없을 것이다."

하고 기도하였다.

"주여, 아침마다 권징(勸懲)하고 분초마다 시험하시나이까. 눈 한 번 돌이키고 침 한 번 삼킬 동안 나를 놓지 않으시는 이여, 저희 허물을 사하여 주옵소서."

수하 사람 빌닷이 말했다.

"하나님이 어찌 심판을 굽게 하겠느냐. 네 자식들이 죄를 지었으므로 얻는 과보가 아니겠느냐?"

"글쎄. 막대기로 나에게서 떠나게 하고 위엄으로 나를 두렵게 아니하시기만을 바라노라" 하고 "주께서 주의 손으로 나를 어찌하여 이렇게 죄를 주시는지 말씀하여 주옵소서" 하고 기도하였다.

나아마 사람 소발이 말하였다.

"말이 너무 많구나. 하나님은 벌하시는 것을 좋아하지 않느니라."

"네가 자녀들에게 한 말이 오히려 이웃에게 조롱거리가 되었구나. 나의 눈으로 보고 내 귀로 들었으니 분명히 옳고 그름을 판단해 주실 것이다."

하고 또 기도하였다.

"주의 손을 내게 대지 마시옵고, 주의 위엄으로 나를 두렵게 하지 마옵소서."

다시 엘리바스가 말했다.

"지혜로운 자가 어찌 헛된 지식으로 대답하겠느냐?"

"너희는 다 나의 마음을 번뇌롭게 하는 안위자로다. 나는 이미 쇠하였고 무덤이 내 위에 예비 되었으니 나를 조롱하지 말라."

"악인의 빛은 꺼지고 그 불꽃은 더 이상 타지 않을 것이다."

"내 포학은 아무리 부르짖어도 응답이 없고 간구하여도 신원함이 없으니 이를 어찌하면 좋다는 말이냐?"

"내가 알기로는 나의 구속자가 살아계시니 후일에 그가 땅 위에 서실 것이라. 내가 친히 그를 볼 것이다."

소발이 말했다.

"이것은 그대 마음이 초급함을 나타낸 것이다. 세상에는 악인이 이기는 자랑도 잠시고 사곡자의 즐거움도 잠깐이다."

"내가 어찌하여 초급하다는 말이냐. 악인도 수하고 건강하고 부귀한데?"

엘리바스가 말했다.

"그대가 외로우면 얼마나 외롭겠느냐. 전능자에게는 별로 기쁜 일이 없을 것이다."

"내가 오늘도 혹독히 원망하니 받는 재앙이 탄식보다 큰 것이나 일거일동을 전능자가 다 보시고 계시기 때문이다. 그러나 생각건대 어찌하여 하나님은 악인을 멸망시키지 않는가."

빌닷이 대답했다.

"하나님은 권능과 위엄을 가지셨지만 지극히 높은 곳에서 화평을 베푸시는 까닭에 군대를 계수할 수 있겠는가. 사람은 여자의 몸에서 나 깨끗하다고 하여도 하늘의 눈 같지는 않다."

"네가 힘없는 자를 참 잘 도왔도다. 나의 의를 빼앗은 하나님, 나의 영혼을 괴롭게 하는 전능자에게 맹세하노니 나의 생명이 아직 내 몸속에 있고 하나님의 기운이 콧속에 있으니 두고 보겠다. 내가 만일 지난날처럼만 회복될 수 있다면 나는 결코 누구도 원망하지 않으리라."

하며 화를 내자, 부스 사람 엘리후가 충고하였다.

"사람의 속에는 심령이 있고 전능자의 기운이 총명을 주시나니 나이 많고 경험이 많다고 해서 지혜로운 것이 아니다. 하나님은 사람의 회개를 기다리시며 불의를 행하지 않나니 욥이여 의로운 하나님을 향하여 뉘우치라. 그리고 그 소리를 들으라."

그때 여호와께서 폭풍 가운데서 말씀하였다.

"무지한 말로 이치를 어둡게 하는 자 누구냐. 내가 땅의 기초를 놓을 때 너는 어디에 있었느냐. 암사슴이 새끼를 낳을 때를 너는 아느냐. 독수리가 공중을 높이 나는 것을 누가 가르쳤느냐. 네가 아무리 지혜롭다 해도 작은 낚시로 악어를 잡을 수 있겠느냐. 모든 지음은 나로 인해 있게 된 것이니 의심하지 말라."

"무소불능하신 하나님. 저는 가히 말할 수 없고 알 수 없나이다. 그러므로 내가 스스로 한탄하고 티끌과 재 가운데서 회개하나이다."

"그렇다면 너희 친구들이 너를 위해 수송아지 일곱으로 그대를 위해 번제를 드리고 욥은 너희를 위하여 기도하라."

그리하여 시키는 대로 하였더니 욥의 곤경이 돌이켜지고 그 소유가 앞의 소유보다 배나 많아졌으며, 그의 가족들이 함게 모여 즐겁게 살면서 아들 일곱과 딸 셋을 낳고 140년이나 살았다.

여덟째, 시편은 미즈모르(시)·쉬르(노래)·마스길(교훈)·믹담(황금)·나짜흐(영장)·테필라(기도)·테할라(찬양)·셀라(높임)·네기노트(현악)·네하라(관악)·스미잇(저음) 등의 명칭을 가진 시편은 창조주의 지혜와 권능·영원·거룩함·선·자비·신실과 피조물들을 살피는 의리·공의 등 다양한 내용을 담고 있다.

창세기로부터 신명기에 이르기까지 모세 5경에 나오는 인물과 말씀은 걱정·근심·질병·슬픔으로부터 연약한 인간의 고독과 좌절·실망·불의·방황을 신앙을 통해 방향을 찾고 기쁨과 즐거움 속에서 감사한 생활을 할 수 있도록 찬양과 구원의 노래가 기록되어 있다.

「복있는 사람은
악인의 꾀를 좇지 아니하며
죄인의 길에 서지 아니하며
오만한 자의 자리에 앉지 아니하느니라.　　<시편 1>

악인이 칼을 빼고 활을 당기어
가난하고 궁핍한 자를 엎드러뜨리며
행위가 정직한 자를 죽이고자 하나
그 칼은 자기의 마음을 찌르고 그 활은 부러지리로다.
　　　　　　　　　　　　　　　　<시편 37-14~15>

내 입은 지혜를 말하고
내 마음은 명철을 묵상한다.
그러니 내 비유에 귀를 기울이고
수금으로 나의 오묘한 말을 풀라.　　　　＜시편 49-3~4＞

인생은 그 날이 풀과 같으며
그 영화가 들의 꽃과 같도다.
그것은 바람이 지나면 없어지나니
그 곳을 다시 알지 못한다.　　　　＜시편 103-15~16＞

주를 경외하여 계명을 지키는 자 복이 있나니
그 후손이 땅에서 강성하고
정직한 자에게 복이 있나니
부요와 재물이 집에 있음이여,
은혜를 베풀며 꾸미는 자는 잘 되나니
그 일을 공의로 함이로다.　　　　＜시편 112-1~5＞

구름으로 하늘을 덮으시고
땅을 위하여 예비하시며
산에 풀이 자라게 하고
들짐승을 위하여 먹을 것을 주시는 이여.」　＜시편 147-8~9＞

아홉째, 잠언은 지혜로써 경계한 말씀이다. 격언·교훈·수수께끼·우화 등을 통하여 지혜와 어리석음, 의인과 악인, 생명과 죽음 등 지극히 대조적인 것들을 대비시켜 무엇이 진리인가를 보여주는 격언이요 속담이다.

솔로몬의 지혜를 통해서 르무엘과 아론 등의 깨달음을 통해서 하늘을 경외하는 사람들이 어떻게 생각하고 행동할 것인가를 우리에게 보여주신 교훈이다.

「내 아들아
네 아비의 훈계를 들으며
네 어미의 법을 떠나지 말라.
이는 네 머리의 아름다운 관(冠)이요
네 목의 금사슬이다.
악한 자가 너를 꾈지라도 좇지 말라.

그들이 네게 함께 가자 할지라도
가만히 엎드렸다가
죄없는 자를 숨어 기다리다가
음부(陰府)같이 그들을 산채로 삼키며
무덤에 내려가는 자 같게 통으로 삼키자.   <잠언 1:8~12>

네가 만일 나의 말을 받으며
나의 계명을 네게 간직하며
네 귀를 지혜에 기울이며
네 마음을 명철하게 두며
지식을 불러 구하며
명철을 얻으려고 소리를 높이며
은을 구하는 것 같이
감춰진 보배를 찾는 것 같이 그것을 찾으면
여호와의 경외를 깨달으며

하늘을 알게 될 것이다.　　　　　　　　　<잠언 2:1~5>

내 아들아 나의 법은 잊어버리지 말고
네 마음으로 나의 명령을 지키라.
그리하면 그것이 너로 하여금
장수하여 많은 해를 누리게 하여
평강을 더하리라.　　　　　　　　　　<잠언 3:1~2>

나도 내 아버지에게 아들이었으며
네 어머니 보기에 유약한 외아들이었다.
내 아버지가 내게 가르쳐 이르기를
내 말을 네 마음에 두라.
내 명령을 지키라.
그리하면 지혜를 얻어 잘 살리라 하였다.　　<잠언 4:3~4>

대저 음녀의 입술은 꿀을 떨어뜨리며
그 입은 기름보다 미끄러우나
나중에는 쑥같이 쓰고
두 날 가진 칼날같이 날카로우며
그 발은 사지로 내려가고
그 걸음은 음부로 나아가나니
그는 생명의 평탄한 길을 찾지 못하며
자기 길이 든든치 못하여도 그것을 깨닫지 못하느니라.
　　　　　　　　　　　　　　　　　<잠언 5:3~6>

네가 만일 이웃을 위하여 담보하며

타인을 위해 보증을 섰으면
네 입의 말로 네가 얽었으며
네 입의 말로 인하여 잡히게 되었느니라. <잠언 6:1~2>

게으른 자여 개미에게로 가서
그 하는 것을 보고 지혜를 얻으라.
개미는 두령도 없고 간역자도 없고
주권자도 없으되
먹을 것을 여름 동안에 예비하여
추수 때에 양식을 모으느니라. <잠언 6:6~8>

불량하고 악한 자는
그 행동에 궤휼한 입을 벌리며
눈짓을 하며 발로 뜻을 보이고
손가락질로 알게 하며
그 마음에 패역을 품어
항상 악을 꾀하여 다툼을 일으키는 자이니라.
그러므로 재앙이 갑자기 일어나면
도움을 얻지 못하고 당장에 패하느니라. <잠언 6:12~15>

하늘이 미워하는 것에 육·칠 가지가 있으니
교만한 눈과 거짓된 혀와
무죄한 자에게 피를 흘리게 하는 손과
악한 계교를 꾀하는 마음과
빨리 악으로 달려가는 발과
거짓을 말하는 망령된 증인,

형제 사이를 이간하는 자이다.　　　　　＜잠언 6:16~19＞

대저 (부모의) 명령은 등불이요
법은 빛이요
훈계와 책망은 곧 생명의 길이니
이를 지켜 너를 악과 이방에 빠지지 않게 하는 것이다.
　　　　　　　　　　　　　　　　　＜잠언 6:23~24＞」

열 번째, 전도서에 관하여 보면, 솔로몬은 가지고 싶은 것들을 모두 가졌고 누릴 만한 것들을 모두 누렸다. 그 결과 그는 그 속에서 허무와 헛됨을 깨달았다. 그러나 그것은 염세주의에 흐르지 않고 최고의 부귀와 영화·권세·지혜 속에서도 하늘이 없는 인생은 더욱 외롭고 쓸쓸하다는 것을 깨달아 그것을 온 세계에 선포함으로써 참된 복을 얻었다.

「헛되고 헛되며 헛되고 헛되니
모든 것이 헛되도다.
한 세대는 가고 한 세대는 오되
땅은 영원히 있도다.

해는 떴다가 지며
바람은 남으로 불다가 북풍으로 돌아간다.
모든 강물은 바다로 흐르되
바다를 채우지 못하나니
어디로 흐르든지 그리로 연하여 흐르나니라. ＜전도서 1:2~7＞

천하에 범사가 기한이 있나니
날 때가 있고 죽을 때가 있으며
심을 때가 있고 뽑을 때가 있고
헐 때가 있고 세울 때가 있으며
울 때가 있고 웃을 때가 있다.

일이 많으면 꿈이 생기고
말이 많으면 우매자의 소리가 나타난다.
서원하고 갚지 않는 것보다
서원하지 아니하는 것이 낫나니
네 입으로 네 육체를 범죄케 하지 말라. <전도서 3장~5장>

아름다운 이름이 보배로운 기름 보다 낫고
죽은 날이 출생하는 날보다 낳으며
초상집에 가는 것이 잔칫집에 가는 것보다 낫고
슬픔이 웃음보다 낫다.

지혜는 단순한 데 있나니
임금님의 명령을 거스르지 말고
사랑을 구별하여 차별하지 말라.
지도자가 지혜로우면 그 받는 자도 지혜로워진다.
<전도서 7장~12장>」

열한번째, 아가서다. 아가서는 아름다운 노래, 노래 가운데 노래, 최상의 노래를 무교절 기간 중 제8일에 부르는 노래이다.

풍유와 실재, 모형을 통해 하늘과 나라, 남자와 여자, 아내와 남편과의 사랑을 통해 인간의 영혼이 어떻게 흐르고 있는가를 가르쳐준 연가이다.

「나의 사랑은
내 품 가운데 몰약 향이요
나의 사랑은
엔게디 포도원의 고벨화 송이로다.   <아가 1:13~14>

내 사랑 너는 어여쁘고도 어여쁘도다.
너울 속에 있는 눈은 비둘기 같고
머리털은 길르앗산 기슭에 누운 염소 같다.

입술은 홍색실 같고
뺨은 석류쪽 같으며
목은 방패 달린 망대와 같고
유방은 백합, 꼴먹는 쌍태 노루새끼 같구나. <아가 4:1~4>

아침빛같이 뚜렷하고
달같이 아름답고
해같이 맑고
기치를 벌인 군대같이 위엄 있는 여자.

배꼽은 포도주 잔 같고
허리는 백합으로 두른 밀단 같으며
유방은 쌍태 암사슴 같고

목은 상아의 망대.　　　　　　　　　<아가 6장~7장>

그가 성벽이라면
우리는 은 망대
그이가 문이라면
우리는 백양목 판자

사랑하는 자야
너는 빨리 달려라.
향기로운 산속에서
마구 뛰노는 노루같이.　　　　　　　<아가 8장>」

열두번째, 이사야다. 남유다와 주변 국가들에 대한 심판이 이루어지는 가운데 쭉정이 속에서 알곡을 찾는 하늘의 목소리가 들려왔다. 왕족으로 태어나 엘리트 교육을 받은 이사야는 탁월한 문학 기법을 가진 시인이다. 의인·상징·비유·풍자를 대구법으로 사용하여 웃시야·요담·아하스·히스기야 시대에 예언하였다.

「소도 그 임자를 알고 나귀도 구유를 알건마는
나의 백성은 깨닫지 못하는도다.
슬프다. 범죄한 나라요 허물어진 백성이요
행악의 종자요. 부패한 자식이로다.

무수한 재물이 내게 무엇이 유익하며

나는 숫양의 번제와 살찐 짐승의 기름에 배불렀고
수송아지 어린 양, 숫염소의 피를 기뻐하지 않노라.
성회와 함께 악을 행하는 것을 견디지 못하기 때문이다.

신실하던 성읍이 어찌하여 창기가 되고
공평이 충만하고 의리가 있던 곳에 살찐 자들뿐이니
네 은은 찌꺼기가 되었고 포도주에는 물이 섞였도다.
방백들은 패역하여 도적과 짝하고
뇌물을 사랑,
고아를 돌보지 않고 과부의 송사를 뿌리치는구나.
<이사야 1장>

다시는 가지를 자르거나 붙들지 아니할 것이니
질려와 형극이 나 황무지가 될 것이다.
비는 내리지 아니할 것이니 공평이 포학이 된 까닭이다.
그들의 살은 날카롭고 활도 당겨졌으며
말발굽은 부싯돌 같고 차바퀴는 회오리바람 같도다.

그래서 이사야를 부르고
아하스에게 첫 번째 경고를 보내고
앗수르왕이 침공,
다메섹 사마리아가 멸망할 징조를 보였다.

그러나 유다에 대한 심판과
구원에 대한 약속에도 불구하고
주를 걸림돌로 앎으로 증거문서를 봉인하고

거짓종교를 경고한 것이다.   <이사야 2장~8장>

에브라임을 벌하고 앗수르를 친 뒤
이스라엘의 남은 남자들 가운데
이새의 줄기에서 한 싹을 틔우니
감사의 노래가 들려오는 가운데
바벨론이 멸망하고 앗수르가 패망하고 모압이 멸망,
다메섹과 에브라임이 멸망하였다.   <이사야 9장~17장>

구스의 강에 사자를 보내 추수 전에 꽃이 떨어지고
익기 전에 가지를 쳐 짐승들에게 줄 것을 예언하고
애굽의 멸망과 구스·바벨론의 멸망을 예고하고
어두움 속의 에돔과 아라비아난민
게달의 멸망을 눈앞에 보시며
예루살렘에 책망을 내리시고
셉나에 심판을 내리셨던 것이다.   <이사야 18장~22장>

엘리야김이 패망하고 시돈과 두로에 심판하고
땅을 비게 하여 황무지가 되게 하여 한없이 경고하니
비로소 주를 높이고 감사하는 기도가 이루어져
골수가 찬 기름진 것과
저장된 포도주를 마시며 잔치를 베풀었다.

신실한 민족에 의인이 나타나 찬양의 노래를 부르면
내 백성들은 잠깐 숨겨 포도의 노래를 부르게 하고
용서받는 사람에게 나라를 맡겨 광복의 빛을 보게 하리라.

취한 자 에브라임의 교만한 면류관을 경고하고
독주에 취해 비틀거리는 거짓 종교지도자들과
그릇된 지도자들에게 농부에게 배울 것을 가르쳤다.
<이사야 23장~28장>

다윗의 진 친 아리엘에 찾아왔으나
묵시(默示)를 깨닫지 못하는 백성들을 보고 한탄하였다.
사람의 도리는 하늘을 섬기는 일
애굽으로 가는 일은 헛일이라 가르쳐주고 기다려도
깨우치지 못하므로 앗수르를 심판하고
믿었던 애굽을 망하게 한다.

시온산 봉우리에서 싸울 것과
정의의 나라를 세울 것을 일러주었으나
듣지 않으므로 안일한 여인들을 경고하였다.
성신이 위로부터 내리실 것이니
화 있는 자는 학대하지 않고도 학대받는다고
주께서 일어나면
영광스러운 내일이 온다는 것도 알려주었다.
<이사야 29장~33장>

여호와의 보복이 에돔에 미치면
메마른 땅이 기뻐할 것을 알렸으나
앗수르왕 산헤립이 유다를 쳐 취하니 히스기야왕이 듣고
그 옷을 찢고 굵은 베를 입고
여호와 전으로 들어와 이사야께 묻자

이사야가 앗수르를 꾸짖었다.
이것은 앗수르가 격퇴될 징조였으나
산헤립은 이것을 모르고
진중에 나갔다가 그의 아들에게 칼 맞아 죽었다.

병든 히스기야가 얼굴을 벽으로 향하고 기도하니
15년을 더한 생명을 구해주자
히스기야가 감사 기도하고 바벨론의 특사를 맞아
광복의 기쁜 소식을 듣게 하였다.
누가 손바닥으로 바닷물을 헤아리고
뼘으로 하늘을 재겠는가.
믿음의 힘과 사랑이 고레스를 불러 광복의 길에 서게 하니
종들은 나태하고 승리의 찬가를 불렀으나
이스라엘은 아직도 귀와 눈이 멀어 있었다.

<이사야 34장~42장>

바벨론에서 풀려나온 이스라엘이
주를 공경하지 않고 괴롭게 하였으나
목마른 자에게 물을 주고 배고픈 사람에게 음식을 베풀듯
어리석은 자들을 배척하고
이스라엘의 재건을 고레스에게 맡기니
하늘을 간섭할 자가 따로 없어
만방의 주로 자리에 오르게 되었다.

하루아침에 바벨론은 망하고
새 일을 약속하여 고향에 돌아가게 하니

즐거운 귀향길에서 종들이 노래 불렀다.
"나 보시기에 존귀한 자라 하나님께서 나의 힘이 되어
저희 백성들을 버리지 않고
강한 팔로 저희들을 구원하셨도다." <이사야 43장~51장>

여호와의 손에서 분노의 잔을 마신 예루살렘이여 깨어나라.
백성들을 해방시키고 해방의 소리를 만방에 알려라.
"예루살렘은 다시 흥할 것이다. 영원한 평화를 언약 받았다.
무엇이고 와서 먹고 마셔라.
옛것은 지나가고 새 세상이 왔다."

이렇게 해서 악한 자를 심판하고 그릇된 자를 바로 잡으며
죄지은 자를 회개시키니 고발된 죄가 모두 없어지고
주가 몸소 나타나 시온의 기쁜 소식을 온 천하에 드날렸다.

은총이 왔으니 호소하고 기도하라.
여호와는 우리의 주이시니라.
이방인도 함께 노래 부르며 춤추고 손을 잡고 춤을 추었다.
<이사야 52장~66장>

열세 번째, 예레미야다. 힐기야의 아들 예레미야는 요시야·여호와하스·여호야김·여호야긴·시드기야 5명의 왕들이 통치하던 때 태어나 사역했던 분이다.

범죄하는 백성들과 지도자들에게 심판의 필연성을 선포하면서도 하나님이 이스라엘을 다시 회복하실 것이라는 소망과

위로의 메시지를 전한다.

「하나님의 부르심을 받은 예레미야가
이스라엘의 배신을 꾸짖고 돌아오라고 호소한다.
여호와의 성물 가운데 첫 열매가 된 이스라엘이
그를 삼키는 자를 다 벌을 받아 재앙을 만났으리라.

그러나 나는 길가에 앉아 본부인을 버리고 멀리 떠나
음란과 행악으로
이 땅을 더럽힌 자식들을 기다리고 있나니
비록 창녀가 되어 낯을 들 수 없는 수치를 가졌을지라도
나는 네 아버지며 소시적부터 애호자이니
너를 버릴 수 없나니라.   <예레미야 1장~3장>

내가 일찍이 북쪽에서 적이 올 것을 알렸고
그를 막지 못하면 마땅히 멸망하리라 예언하였다.
그런데도 너희들은 거짓 예배로 내 마음을 괴롭히고
내 말을 듣지 않으니 슬프고 슬프도다.

아무도 믿을 수 없는 이 세상, 거짓과 참이 무성한 세상
백성의 아우성 소리를 듣지 못하면 언약대로 벌을 받아
베띠가 썩어 문드러지듯 유다의 교만과
예루살렘의 교만이 이렇게 되리라.   <예레미야 4장~13장>

과연 대기근이 왔고 무서운 전쟁이 왔다.
"내 부모께서 나를 온 세계의 다툼과

침략을 당할 자를 낳았다."
고 원망하는 예레미야에게
"북방의 철과 놋을 꺾을 수 없다"
일러주시고 선지자의 삶을 예언하셨다.
"이 땅에선 아내를 취하지 말고 자녀를 두지 말라."

끌려가면 그때에야 흩어졌던 백성들이 돌아오리라.
나는 그들의 피난처며 보장이기 때문이다.
사람을 믿고 혈육으로써 권력을 삼는 사람은
저주를 받을 것이다.
안식일을 지키면 내가 저 토기장이가 하는 것 같이
파상된 그릇을 버리고 새 그릇을 만들리라.
<예레미야 14장~19장>

바스훌 제사장이 예레미야의 예언을 듣고
하나님을 불평하자
그 성에 살던 사람이 칼과 기근과 염병으로 다 죽었다.
이어서 살롬・여호야김・고니야가
모두 적에게 잡혀가 죽거나 포로가 되었다.
그러므로 메시야는 거짓 선지자가 되어서는 아니된다.

여기 무화과 두 광주리가 있나니
하나는 좋고 먹음직스러운 것이고
다른 하나는 먹을 수 없는 나쁜 무화과다.
이스라엘 백성 가운데도 두 종류가 있나니
포로로 잡혀간 사람들은

다시 회복될 수 있으나 그렇지 못한 사람은 여기서 끝이다.
과연 70년 종노릇을 하면서 진노의 잔을 마신 사람들이
예레미야가 참 선지자인 것을 깨달았다.

<예레미야 20장~26장>

바벨론의 멍에를 메고 그와 그 백성을 섬긴 사람들에게
그때 거짓 선지자 하나냐는 예레미야가
하나님의 명령을 따라 만들어 매었던 멍에를 꺾었다.
그러나 선지자 예레미야는 포로된 장로들과
선지자 백성들께
"흔들림없는 마음으로 아내와 남편을 취하여
자녀를 번성하라.
진심으로 하늘을 찾는 사람은 반드시 만나게 되어 있다."
편지하고
이스라엘과 유다는 반드시 회복된다고 장담하였다.

<예레미야 27장~31장>

바벨론 군대가 예루살렘을 에워싸고
선지자 예레미야는
유다왕의 궁중에 있는 시위대 뜰에 갇혀있을 때
"이 성을 바벨론왕에게 붙이리니
시드기야가 권고할 때까지 거기 있으라"
하여 있었더니 과연 일이 그렇게 되어
마침내 숙부의 아들 하나멜이 가지고 있는 아나돗의 밭을
은 17세겔에 사게 되었다.

이와 같이 여호와는 한번 맺은 계약을 바꾸지 않고
시드기야가 포로가 되었고
포도주를 마시지 않은 레갑족속들은
끝내 유목민으로 남게 되었다.
바룩은 예레미야의 예언을 써
여후디로 하여금 여호야김 앞에서 읽으니
왕은 그 두루마리를 불사르고 예레미야는
시드기야에 의해 구덩이에 던져졌으나 살아났다.
<예레미야 32장~42장>

시드기야 9년
바벨론왕 느부갓네살이 예루살렘을 쳐 이기니
그다랴는 암살 당하고 예레미야는 애굽으로 끌려갔다.
그때 여호와께서
"내 종 바벨론왕 느부갓네살을 불러오리니 유다사람들이 보는 앞에서 큰돌을 가져다가 바로의 집 어귀에 감추어두라"
하였다. 과연 이 일은 하나님의 예언대로 애굽땅이 무너져서 죽은 자는 죽고 사로잡은 자는 사로잡았다.

바룩은 여호야김 4년에 예레미야의 구전을 정리하니
여호와의 예언이 만방에 내린 것과 틀림이 없었다.
블레셋·모압·암몬·에돔·다메섹·
게달·하솔·엘람·바벨론에서 일어난 일이나
예루살렘이 함락된 것까지
한 가지도 맞지 않는 것이 없었다. <예레미야 43장~52장>

열네 번째, 예레미아 애가는 수도 예루살렘의 멸망에 대한 슬픈 노래다. 성전이 파괴되고 왕들이 끌려가고 백성들이 포로가 되었던 그 상황을 울면서 노래한 글이다. 죄의 결과가 어떻고 하나님의 사랑이 무엇인가를 뼈저리게 느끼게 하여 새로운 희망으로 새 세계를 꿈꾸는 이들에게 좋은 교훈이 되는 글이다.

「슬프다. 이 성이여,
본래는 거민이 많더니
이제는 어찌 그리 척박 졌는고
열국 중에 큰 자가 과부가 된 것 같고
공주가 조공이 된 것 같도다.

슬프다. 주께서 어찌 그리 진노하사
처녀 시온을 구름으로 덮으셨는고
이스라엘의 아름다운 것을 땅에 던졌으니
진노하신 날 발등상을 기억하지 아니하셨도다.

여호와의 노하신 매로 고난당한 자여,
나를 이끌어 흑암에 처넣어 빛을 보지 못하게 하셨으니
종일토록 손을 돌이켜 자주자주 나를 치시도다.

슬프다. 어찌 그리 금빛을 잃고
정금(精金)이 변하였으며
성소(聖所)의 돌이 각 거리에 쏟아졌는고
들개는 오히려 새끼를 낳아 젖을 먹이는데
우리 백성은 잔인하여 광야의 타조 같구나.

여호와여, 우리의 당한 것을 기억하시고
우리의 수욕을 감찰하소서.
우리 기업이 모두 외인에게 돌아갔으니
우리는 아비 없는 자식이요 어미 없는 과부 같습니다.

열다섯 번째, 에스겔이다. 예루살렘이 멸망하기 직전 바벨론에 있는 포로들에게 주어진 에스겔의 경고, 쓸모없는 포도나무 버려진 아이처럼 내일이면 심판 받을 죄인들 두 마리의 독수리가 포도나무를 의지하다가 두 음녀가 끓는 가마 속에서 힘없이 부서진 배 그래도 마른 뼈는 남았으니 언젠가는 회복될 수 있다는 희망을 가져본다.

「북방으로부터 폭풍과 큰 구름이 오는데
그 속에 불이 번쩍번쩍한 단쇠가 있었다.
그 속에 네 생물이 있는데 사람과 같았다.
네 얼굴에 네 날개 곧은 다리 송아지 발바닥
구리빛 날개는 일제히 곧게 행하고
얼굴은 앞은 사람, 오른편은 사자, 왼편은 독수리,
번쩍번쩍 번개처럼 빨랐다.
생물의 머리에는 수정궁 같은 궁창이 있고
날을 때 궁창 안에서 물소리,
전능자의 소리, 떠드는 소리, 군대 소리,
허리 이상은 단쇠 이하는 불과 같아 무지개빛이 쏟아졌다.

그가 에스겔에게 두루마리 하나를 주면서
"패역한 백성, 나를 배반한 자에게 보내는 것이다.

열조가 나에게 범죄하여 나에게 이르렀으나
그 자손들까지도 뻔뻔하여 강퍅하므로
내가 너를 그들에게 보내니 너는 그들에게 내 말을 이르라.
듣든지 안 듣든지 상관하지 않는다.

예루살렘이 적에게 포위되리라.
죄값에 의해 끝이 가까워졌으니
주의 영광이 성전을 떠나
벌을 내림으로써 회복할 것을 알리노라.
거짓 예언자들, 우상숭배자들,
열매없는 포도나무를 불태우듯
두 마리의 독수리(바벨론과 애굽)에 의해
저마다 자기 죄로 죽을 것이다.

그러니 방백들의 죽음을 애도하고
내 이름을 욕되게 하지 말라.
하나님의 칼에 예루살렘의 악이 무너지리라.
예루살렘과 사마리아 두 음녀가
끓는 가마솥에 던져질 것이다.
암몬·모압·에돔·블레셋·두로도
지난날 화려한 것이 불같이 사라질 것이다.
시돈·애굽의 동맹도 파멸할 것이고 백향목 같은 애굽도
큰 악어에게 먹힐 것이니 선지자의 임무는 지중하다.
내가 너희 목자가 될 것이니 이스라엘 산들아
마곡의 곡왕처럼 무너지고 말 것이다.

그러니 앞으로 세워질 성전은
동·서·남·북에 각각 문을 만들고 거기 뜰을 형성하여
번제물을 씻는 방과 상, 제사장들의 방을 만들고
성소 안에는 벽과 골방이 있게 하고
지성소 서편에는 건물을 세우고
성전의 내·외부를 장식하되
사방으로 담을 싸서 여호와의 영광을 나타내고
거기 제단을 바쳐 법대로 제사를 지내되
할례를 받지 아니한 사람은 성소에 들어오지 못하게 하고
제사장들에게 하늘의 몫과 백성·왕의 몫을 구분하여
규례대로 제사를 지내라.
안식일과 초하루 보름을 지키고 백성의 대표가 왕이 되어
일천척의 물을 건너 일곱 지파에 땅을 분배하되
성소로 삼을 땅과 레위족 제사장들의 기업을 주어
팔지도 바꾸지도 못하게 하라 하였다.」   <에스겔 1~48>

열여섯 번째, 다니엘이다. 다니엘은 유대의 왕족으로 세 친구(하나냐·미사엘·아사랴)와 함께 포로로 잡혀갔다. 바벨론 왕의 조언자로 메대국의 총리를 지냈던 분이다.

바벨론 이름으로 벨드사살이라 부르며 그 재주와 명철이 널리 알려져 느부갓네살왕의 장례일을 받아주고 벨사살왕의 교만을 꺾고 바벨론의 멸망을 예언하여 바벨론을 정복한 메대왕이 총리로 삼았다.

다리오 왕이 왕 이외에 다른 신을 섬기지 못하게 하였지만

세 친구와 함께 굽히지 않아 사자굴 속에 던져지기도 하였으나 하나님의 보호로 죽지 않고 살아났다. 그는 이 세상 모든 민족은 망해도 하나님의 나라는 망하지 않고 세상의 끝까지 살아남게 된다고 예언하여 믿음과 소망이 있는 자에게 큰 희망을 안겨준 예언자이다.

「유다왕 여호야김 3년에 바벨론왕 느부갓네살왕이 예루살렘에 이르러 하나님의 전 기구를 가지고 가 시날에 있는 자기 신묘에 놓고 환관장 아스부나스에게 이스라엘 왕족 중 흠이 없고 아름다운 지식과 학문 재주를 통달한 소년 넷을 데려오게 하여 갈대아 사람의 방언과 학문을 가르치게 하고 자신의 진미와 포도주를 비롯하여 무엇이고 마음대로 쓰게 하여 3년 후엔 왕의 시자가 되게 하였으니 그 이름이 다니엘과 세 친구였다.

느부갓네살이 위에 올라 꿈을 꾸니 국내의 박사와 술객·점쟁이를 불러 물었으나 시원한 답변을 듣지 못하자 왕의 시위대장 아리옥이 다니엘을 데리고 들어갔다.
"내가 어제 꿈을 꾸었는데 내 꿈을 알겠느냐?"
"큰 신상을 보셨나이다."
"그것은 무슨 징조인고?"
"큰 신상의 머리는 왕이요, 은으로 된 가슴과 팔은 이 왕 다음으로 이 왕만 못한 임금이 나올 징조며, 놋으로 된 배와 넓적다리는 은보다 강한 왕이 날 징조며, 철로 된 종아리는 그 나라 왕이 온 천하를 부셔버리는 것이고, 발가락에 철과 진흙이 섞인 것은 여러 나라 백성들이 한데 어울려도 피차에

합하지 못할 것입니다."

왕이 다니엘을 높여 통치자와 지혜자의 어른을 삼았다.

그런데 느부갓네살왕은 60규빗이나 되는 신상을 만들어 낙성식날 모든 방백과 수령·도백·재판관·재무·모사·법률사·관원들을 모아 악기에 맞추어 예배드리라 하였으나 다니엘 등 4인이 절을 하지 않자 뜨거운 풀무불에 던졌다.

그러나 그를 묶어 던진 사람도 타 죽었는데 네 사람은 불 속에서도 걸어다녀 임금과 백성들을 놀라게 하여 오히려 그 벼슬들을 높여주었다.

그런데 또 느부갓네살왕은 이상한 꿈을 꾸게 되었다. 즉, 큰나무가 무성하여 하늘 끝까지 닿다가 한 순찰자에 의에 베이고 거기에 모였던 새 짐승들은 모두 흩어지는 꿈을 꾸었는데 다른 사람들이 이를 해석하지 못하자 다니엘이 "이것은 왕수(王樹)요 거룩한 이는 하나님이니 하나님으로 인하여 우상의 무더기가 없어지고 그루터기만 남았다가 다시 뉘우칠 때 소생하는 꿈입니다." 하니 왕이 하나님을 찬미하였다.

후에 왕위를 계승한 벨사살왕이 왕가 귀족들을 모아 대잔치를 벌리고 있는데 손가락이 나타나 촛대 맞은편 분벽(粉壁)에 글자를 쓰는 것이었다. 왕이 즐기던 빛이 변하고 넓적다리 무릎이 녹아 으스러지매 서로 부딪치는 것을 느꼈으므로 다니엘을 불러 물으며,

"네가 만약 이를 정확히 알아 맞추면 나라의 셋째 치리자에 앉히겠다." 하였다.

다니엘이 말했다.

"상금과 권좌는 다른 사람에게 주십시오. 그럴지라도 왕을 위하여 이 글자를 해석하겠습니다. '메네 메네 데겔 우바르신'이라 한 이 글자의 '메네'는 하늘이 이 일을 끝냈다는 말이고, '데겔'은 왕이 저울대에 올랐다는 말이며, '베레스'은 왕의 나라가 나뉘어 메대와 바사에게 준 바 되었다는 말입니다."

말이 끝나자 다니엘에게 자줏빛 옷이 입혀졌으며 금사슬이 목에 드리워져 나라의 셋째 자리에 앉았다.

그러나 그날 밤 갈대아왕 벨사살이 죽임을 당하고 메대 사람 다리오가 나라를 얻게 되었으니 세 가지 꿈이 한 가지도 틀림이 없었다.

다리오왕이 120명의 방백들과 세 명의 총리를 세워 나라를 다스리게 했으나 다니엘이 워낙 빈틈없이 일을 보아 총애를 받아 총리 가운데서도 전국을 관찰하는 총리가 되었다.

이에 시기 질투가 난 다른 총리들이 다리오왕으로 하여금 다른 신을 섬기는 자에게는 사자 밥으로 주기로 하자고 다니엘을 참소하는 법을 세웠다. 그럼에도 다니엘은 하루 세 번씩 기도하여 결국 사자굴에 떨어지게 되었다. 그러나 사자의 입이 저절로 봉해져 이튿날 살아있는 다니엘을 본 왕이 도리어 참소한 자들을 사자에게 던지고 다니엘이 믿는 여호와를 두려워할 줄 알아야 한다고 백성들에게 선포하였다.

그런데 하루는 다니엘이 꿈을 꾸고 환상을 받으니 하늘에서 네 바람이 불어 바다로 나왔는데,

첫째는 사자형상에 독수리 날개를 단 짐승이 날개를 뽑고 두 발로 서는 것이었고, 둘째는 곰과 같은 짐승이 갈빗대 셋

을 물고 그 고기를 먹었으며, 셋째는 표범과 같은 것이 네 머리에 네 날개를 달고 날아다녔으며, 넷째는 철이(鐵齒)를 가진 이가 이들을 모두 잡아먹고 뿔 열개를 갖는 것이었다.

다니엘이 놀라 걱정하였으나 이는 장차 현재 임금이 무너지고 여러 나라가 일어나 마침내 철이를 가진 사람에게 통일되는 것을 의미하므로 누구에게도 말하지 않고 혼자만 알고 있었다.

또 엘람도성 을래 강변에서 두 뿔을 가진 수양이 동서를 활보하되 천하를 마음대로 돌아다니다가 다른 숫염소에게 져서 눕고, 또 다른 큰 염소에게서는 작은 뿔을 가진 여러 마리 염소들이 나타났다.

천사 가브리엘이 "두 뿔"은 메대와 바사이고, 숫염소 계승자는 헬라인인데 거기서 네 왕이 나타나니 처음 왕만은 못할 것이다. 그런 줄 알고 누구에게도 말하지 말라 하였다.

그런데 다리오가 갈대아 나라왕으로 세움을 받던 원년 다른 서책을 보다가 여호와께 예레미야 선지자에게 예루살렘이 황무하기 70년만에 마치리라 하는 말을 보고 이스라엘이 그 동안 범죄를 중보하는 기도를 하였다.

또한 다니엘은 힛대겔 강가에서도 환상을 보았는데 그 환상과 꿈이 털끝만큼도 어긋남이 없어 이스라엘 백성들이 갖가지 고난을 겪고 70년만에 해방되었던 것이다.」

열일곱 번째, 호세아에 관한 이야기다. 웃시야왕의 말년부터 사역했던 브에리의 아들 호세아는 하나님에 대한 계약관계를 결혼관계에 비교하고 이스라엘의 영적 간음을 고소한다.

신실치 못한 여자와 결혼한 남편이 그의 영향으로 다산의 신 바알을 가까이 하면서 폭력과 위선 반란 동맹으로 죄를 짓고 있다고 말이다.

 "이 나라가 나를 떠나 행음(行婬)하고 있으니 너도 음란한 아내를 얻어 음란한 자식을 낳으라."는 하나님 말씀을 듣고 디블라임의 딸 고멜을 취해 아들 이스르엘과 로암미를 낳고 이어서 또 딸 로루하마를 낳았다.

 여호와께서는 이스라엘의 회복을 위해 가출한 아내가 찾아 오듯이 먹을 것과 마실 것을 가지고 와도 그들은 행음에 빠져 고향에 돌아와 하나님을 섬길 생각이 없었다.
 원인은 지도자들에게 있나니 패역자들이 살육죄에 깊이 빠졌으니 어찌 나라가 망하지 않겠는가. 남북 양국에 똑같이 경고를 내렸으나 뿌리 깊은 죄에 빠진 이스라엘은 오히려 혼란에 빠져 남의 나라만 믿고 있었다. 배은망덕한 나라 우상을 섬기다가 망하리라.

 그러나 아버지는 자식을 버릴 수 없나니 "돌아서라" 외쳐도 다시 돌아설 힘마저 잃어버린 이스라엘을 위하여 하나님은 하루도 마음 편한 적이 없으셨다.
 그러나 그래도 다시 "이스라엘은 꽃피리라" 다짐하신다.」
<호세아 1장~14장>

 열여덟 번째, 요엘에 관한 이야기다. 메뚜기의 재앙 속에 하나님의 심판을 두렵게 생각하여 참회의 눈물로써 여호와의

날을 애타게 기다리는 요엘은 분노의 불을 끄고 그저 용서를 빌었다.

「팟종이가 남긴 것은 메뚜기가 먹고
메뚜기가 남긴 것은 늦이 먹고
늦이 남긴 것은 황충이 먹는 것같이
색다른 족들이 내 땅에 올라와
사자 같은 이로 포도나무와 무화과나무를 끊어
빨갛게 벗겨 버렸으니 어찌 울지 않겠느냐.

정신 차리라. 주가 거동하실 날이 왔다.
돌아오라. 하나님이 기도를 들어주실 것이다.
열방에 영이 내리리니 때를 기다려라.
하늘은 결코 우리를 버리지 아니할 것이다.」

열아홉 번째, 아모스에 관한 이야기다. 선지자 이사야의 아버지 아모스는 남유다의 드고아 출신으로 목자이자 뽕나무를 배양한 평민출신의 선지자다.

공의를 상실하고 가난한 자들을 핍박하면서도 감각마저 잃어버린 사람들에게 정의를 권면하여 눈물로 호소하는 아모스는 공의로써 심판했다.

「유다왕 웃시아의 시대, 이스라엘왕 여로보암이 정치하고 있을 때 아모스가 이스라엘에 대하여 묵시(默示)를 받았다.

"다메섹이 길르앗을 압박하고 벤하닷 궁궐이 타고
아웬 골짜기 벧에덴 거민들이 끊어지고
아람 백성들이 사로잡혀 갈 것이다."

아울러 가사와 블레셋·두로·에돔·
암몬·모압·유다에 내릴 심판들을 낱낱이 들었다.
두 사람이 뜻이 맞아야 동행하고
움킴 없는 사자여야 숲·굴이 조용하고
그물이 없으면 새가 허공을 날을 것이고
나팔소리가 없어야 백성들이 편안하다.

궁궐이 포학하니 사마리아가 망할 것이고
위선과 고집으로 이스라엘은 죽을 것이니
하늘을 찬양하고 죄를 참회하여
살길을 찾아야 할 것이다.

내가 환상 속에서 타는 불꽃을 보고
다림줄을 보았으며
또 아모스와 아마샤가 싸우는 것을 보았으니
지도자들은 향락에 빠지고 제사는 겉치레뿐이었다.

과일 광주리에는 빈민들의 눈물이 가득 고였고
진리에 굶주린 자들이 길가에 그득하였다.
마치 메뚜기가 익은 곡식을 다 먹어버리듯
세상은 바짝 말랐으니 누가 구제할 자인가.
그래도 이스라엘은 회생하리니 실망하지 말라."

스무 번째, 오바댜에 관한 이야기다. 오바댜는 에돔의 죄악들에 대하여 심판을 선언하는 한편 이스라엘 회복을 전하는 예언서이다.

그러나 이것은 어느 나라에 국한된 것이 아니라 하나님을 배반한 모든 나라 모든 사람들에게 해당된다.

「너희들이 미약하게 하였으므로
네가 큰 멸시를 받느니라.
문제는 교만이 너희를 속였느니라.
도적이 밤중에 오더라도
마음을 만족하게 취하면 그치나니

에돔은 형 야곱에게
행한 포학으로 인하여 멸절될 것이나
이것은 한 나라에 그치지 않고
만국에 미칠 것이다.
그러니 시온산에 피하는 자들은
야곱의 기업을 누릴 것이다.」

스물한 번째, 요나의 이야기다. 바다·물고기·넝쿨·바람을 통해서 전하는 요나의 메시지는 하늘의 보편성을 만인에게 알리는 것이다. 북왕국 여로보암시대 통제받는 이스라엘에게 여로보암의 통치는 확장될 것이니 정신 차려 분기할 것을 촉구하였다.

「요나가 여호와를 피해 다시스로 도망가고자

욥바로 내려가 배를 탔는데 태풍이 불어
배가 깨어지게 되자 그 원인이 누구에게 있는지
제비뽑아 요나가 걸렸다.

나는 히브리 사람.
바다와 육지를 지으신
하늘을 경외하는 사람이다.
여호와를 피해 다시스로 도망가려다
이런 일을 당했으니 나를 바다에 던지라.
3일3야를 물고기 뱃속에 있다가
요나의 기도소리를 듣고
물고기가 요나를 육지에다 토해냈다.

요나가 니느웨로 가며 외쳤다.
"40일이 지나면 니느웨가 무너진다."
이 소리를 들은 사람들이 금식을 선포하고 굵은 베를 입자
이 소문을 들은 나라의 왕까지 그러하였다.

요나가 성 동쪽에 초막을 치니
여호와께서 박 넝쿨을 덮어 기쁨을 주었다.
그런데 갑자기 벌레가 생겨 박잎을 다 먹으니
뜨거운 바람과 빛이 그를 곤혹하게 하여
마음에 애착을 끊게 하니
이로 인하여 20만 니느웨 백성과
수많은 축생들의 생명을 사랑하는
여호와의 마음을 이해하게 되었다.」　　<요나 1~4>

스물두 번째, 미가에 관한 이야기다. BC 8세기 미가가 활동했던 시기에는 남북 이스라엘을 배경으로 정세가 급변하고 있었다. 사마리아와 북이스라엘이 멸망하고 르신 치하 아람의 멸망을 보고 앗수르가 흥기하는 것을 목격했다. 그래서 그는 악을 심판하고 은혜를 보여주고 정의의 나라가 반드시 들어섰다는 것을 선언했다.

「사마리아에 심판이 내리면 예루살렘도 멸망하리라.
그러므로 내가 애곡, 벌거벗은 몸으로
들개같이 애곡하고 타조같이 애통한다.

베들레아브라에서 티끌이 굴 것이요
사빌 거민아 벗은 몸에 수치를 무릅쓰고 나오라.
마롯 거빈에겐 재앙이 올 것이고
라기스 주민들은 병거에 준마를 메울 것이다.
악십의 집들이 이스라엘 열왕을 속이니
이스라엘 영광이 아둘람까지 이를 것이다.
대머리처럼 머리털을 깎고
독수리처럼 무리지게 하라.

가난한 자를 억압하는 자는 망할 것이요
죄지은 자는 핍박을 당할 것이나
뉘우치는 자는 풀려 해방될 것이다.
썩은 것도 구하는 것이 하늘이니 용서를 빌어라.」

〈미가 1~7〉

스물세 번째, 나훔에 관한 이야기다. 엘고스 사람 나훔은 BC 7세기경 노아몬이 멸망하고 니느웨가 멸망하기 전으로 인식된다. 잔인하고 교만한 니느웨(앗수르)에 대하여 하늘의 심판이 가까이 온 것을 선포하였다. 당장 북이스라엘은 멸망하고 남유다 노아몬까지 함락하고 있지만 얼마 가지 않아 그 잔인과 교만이 꺾일 것을 예언했다.

「여호와는 투기하고 보복하는 자다.
그 노기가 금방 나타나는 것이 아니라
더디고 멀기 때문에 사람들은 잘 믿지 않는다.
앗수르에 벌하시고 유다를 구원하는 것도 마찬가지다.
니느웨는 저주받아 망할 것이니
이는 반드시 하늘의 진노와 보복 때문이다.」 <나훔 1~3>

스물네 번째, 하박국 이야기다. 하박국은 하나님과의 대화이다. "어찌하여?"란 물음표가 느낌표로 끝나 결국 염려는 예배로, 두려움은 신앙으로, 공포는 신뢰로, 자포자기는 희망으로, 빈민은 찬양으로 끝이 난다.

「"여호와여, 어찌하여 부르짖어도 대답이 없고
외쳐도 구원하지 않고 간악을 보게 하시며
패역을 목도하고 변론과 분쟁이 있게 하시나이까?"

"열국을 보고 놀라고 또 놀라다
너희 생전에 내가 한 일을 행하라.
고할지라도 너희가 믿지 아니했지 않느냐.

그래서 내가 갈대아 사람들을 일으켰나니
그 말은 표범보다 빠르고 이리보다 사나우며
멀리 달려오는 기병이요, 식물을 움켜쥐는 독수리다.

유다의 죄로 인한 벌, 갈대아의 탐욕과 포악
불의의 이득에 대한 재앙, 불의를 세우는 자의 화
우상숭배의 무익을 말하지 아니했느냐.
그런데도 너희들은 믿지 않고 방종했으니
이것은 마땅히 받아야 할 과보로다.

그래서 하박국은 의인의 삶을 믿음으로써 표현한다.
무화과나무가 무성치 못할지라도
포도나무가 열매가 없을지라도
감람나무에 소출이 없을지라도
우리에 양과 소가 없을지라도
우리는 여호와를 인하여 즐거워하며
기쁜 마음으로 살리로다.」 <하박국 1~3>

스물다섯 번째, 스바냐의 이야기다. 구시의 아들 스바냐는 왕가 출신으로 남유다왕 요시아 때 사람이다. 유다의 부도덕과 상류계급의 타락을 심판하면서 하나님의 규례를 지키는 자가 구원을 받는다 선언한다.

그러므로 여기서는 이스라엘의 구원만을 외치지 않고 이방인들의 구원도 시사하여 장차 기독교가 세계적인 구원의 종교로 발돋움할 것을 예시하고 있다.

「내가 사람과 짐승을 다 없애고
공중의 새와 바다의 고기
거칠게 하는 것과 악인들을 모두 다 없애리라.

지붕 위에서 해와 달을 섬기는 자
여호와께 맹세하면서 말감을 가리켜 맹세하는 자,
나를 배반하고 쫓지 않은 자, 찾고 구하지도 않는 자,
그 날이 가까워 왔으니 희생을 준비 청할 자를 구별하라.

특히 방백들과 왕자들, 이방의 옷을 입은 사람들
주인의 문턱을 뛰어넘어 광포한 사람들
내가 그들에게 고난을 내려 소경같이 할 것이니
겸손의 공의를 지키라.

특히 블레셋·모압·앗수르·예루살렘 지도자들에게
벌을 내릴 것이니 시온에서 기쁜 노래를 부르며
포로들의 귀환을 기다리라. 믿는 자는 모두 구하리라.」

〈스바냐 1~3〉

스물여섯 번째, 학개의 이야기다. 학개는 스가랴와 같이 바벨론에서 귀환한 예언자다. 예루살렘이 함락되고 이스라엘이 바벨론의 포로가 되었을 때 다리오가 성전복구를 폐하자 대제사장 여호수아를 독려, 순종과 정결의 생활을 축복 격려하였다.

「주인 없는 집은 많이 뿌려도 수입이 적고

먹을지라도 배부르지 않으며
마실지라도 흡족하지 않고
입어도 따뜻하지 않고
삯을 받아도 구멍 뚫린 전대와 같다.

그러므로 성전을 재건하라.
백성들은 고난에 빠져 있는데
너희들은 너희들의 살 집만 아름답게 꾸미고 있느냐.
비록 그것의 앞의 것만 못하다 하더라도
솔로몬의 성전보다도 더 큰 영광이 있나니
악이 만연되기 전에 성전을 건축하여
미래에 대한 약속의 말씀을 들어야 한다.」 <학개 1~2>

　스물일곱 번째, 스가랴의 이야기다. 선지자 스가랴가 바벨론에서 돌아온 유대인들을 대상으로 성전 건축에 대한 환상과 상징적인 행동으로 권면하는 내용과 메시야 왕국의 도래를 예언한 책이다.

「너희는 열조를 본받지 말고 내게로 돌아오라.
그리하면 나도 돌아가리라.
다리오왕 2년 11월 스가랴가 밤에 보니
천사가 홍마를 탄 사람이 화석류나무 옆에 섰는데
그 옆에 홍마와 자마와 백마가 있었다.

그들은 그 뿔을 이용하여
유다를 해친 열국의 뿔들을 떨어뜨릴 자였고

척량(尺量) 줄을 가지고 예루살렘 광장으로 가
대제사장 여호수아를 대적할 것이다.
그러나 이는 힘이나 능으로 되지 않고
신으로 된다는 것을 가르쳐 주느니라.
그때 날아가는 두루마리가 보였는데,
이는 온 지면에 행하는 저주라 하였고
에바 속의 한 여인이 나타났는데
네 개의 병거(兵車)가 놋산 사이에 나와
사방으로 돌아다녔다.
이에 여호수아가 머리에 금관을 씌었는데
이는 성전 재건을 상징한 것이라 하였다.

70년 동안 겪은 고난을 7일 금식으로 실천하고
새날의 언약을 듣고 메시야시대가 올 것을 기대하면
하늘이 몸소 보살피어 거짓 목자를 해치우고
예루살렘에 새날을 맞게 될 것이다 예언하였다.」

〈스가랴 1~14〉

스물여덟 번째, 말라기다. 구약의 마지막 책으로 세례 요한 이전까지 사역에 관한 예언이다. 하나님의 사랑과 공경·진실·소망·순종·경외로써 새롭게 오실 하나님에 대한 준비를 계시하고 있다. 바벨성전이 재건된 이후 수십년 지나면서 점차로 소망을 잃고 비관·회의하는 유다인들에게 형식적인 종교생활과 제사장들의 부패, 타락한 백성들의 무절제한 생활을 비판한다. 바벨성전이 재건된 이후 수십년 지나면서 점차로 소망을 잃고 비관·회의하는 유다인들에게 형식적인 종교생활과 제사장들의 부패, 타락한 백성들의 무절제한 생활을 비판한다.

「에서는 야곱의 형이지만
에서를 미워하고 야곱을 사랑하였다.
에돔은 황폐된 곳을 다시 쌓으리라 하나 나는 다시 헐리라.
마찬가지로 내 이름을 멸시한 자는
결코 흥하지 못할 것이다.
오히려 이방민족들이 나에게 깨끗한 제물을 바치리라.

나의 언약은 생명과 평강이니
경외와 두려움에서 행해야 할 것이다.
내가 여자를 하나만 만든 것은
제사를 행치 못하게 한 것이니
그대들은 이혼하고 학대하여 미움을 받지 않도록 하라.
이제 내가 특사를 보내 내 앞에 길을 예비할 것이니
나를 죽이는 자는 마땅히 그 대가를 받으리라.」

〈말라기 1~4〉

예수는 이 책들을 통하여 성경은 칼이고 망치며, 죽은 자를 거듭 살리는 씨앗이고 자기 모습을 비추어 볼 수 있는 거울이며, 불순한 것을 태워버리는 불이고 어두움을 밝히는 등이며, 배고픈 사람을 배부르게 하는 음식임을 깨달았다.

그래서 두 번 읽을 때는 온유로써 받아들이고, 세 번 읽을 때는 말씀을 믿고 사랑하였다. 그런데 읽으면 읽을수록 그 말씀이 풍성해지고 즐거워졌으며 날마다 상고할 만하였다.

읽고 또 읽고, 읽고 또 읽다가 마지막에는 묵상 속에서 성령을 조명하였고, 항상 곁에 두고 읽었다.

음독(音讀)하고 청독(聽讀)하고 심독(心讀)하며 정독(精讀)을 하다 보니 지도자로서의 면목(面目)이 살아났고, 말씀을 따라 사람들을 가르치고자 하는 마음이 용솟음쳤다. 논쟁이 아니라 유익함을 주기 위해서 말이다.

눈을 감으면 족장 아담, 야벳, 함, 셈, 아브라함, 에서가 선하고 유다의 아들들, 다윗의 아들들과 솔로몬의 자손들 그리고 요단강의 부족들, 예루살렘의 사람들이 모두 살아서 움직이고 있었다.

특히 야곱에서 유다, 이새에서 다윗에 이르는 역사는 곧 하나님께서 예수 자신과 약속하신 언약을 실천 하는 것처럼 느껴졌기 때문에 예수는 성경을 수없이 읽으며 나라와 백성들을 상기하고 사랑했다.

제 2 편 인도유학

1. 동서문화의 뿌리 유대문화와 철학

 예수는 아침부터 저녁까지 조상대대로 내려온 그라파이(grapai) 즉 성경을 수없이 읽고 외웠다. 성경은 이름 그대로 여호와의 책으로 유태인 율법 그대로였고 하나님의 말씀이었기 때문이다.
 그런데 읽으면 읽을수록 생명·진리·믿음이 샘솟고 자기 종족에 대한 애착과 사랑·은혜·복음이 쏟아져 나왔다. 특히 옛 언약과 약속이 성령 속에서 실천되는 것 같이 느껴졌으며, 그 교훈은 만인의 규례가 된다는 것을 확신할 수 있었다.
 나는 이 책을 쓰면서 여러 가지 복음서를 읽을 때마다 어찌하여 유태계 사람들 가운데서 노벨상 수상자들이 그렇게 많이 나왔는가 하는 그 이유를 알 수 있게 되었다.

 합리주의의 포문을 연 철학자 스피노자.
 진보적 지식인 상을 정립한 시성 하인리히 하이네
 하이네의 친구 칼 마르크스

20세기 인간 정신사에 혁명을 가져다 준 지그문트 프로이드
인간의 우주관을 바꿔놓은 과학의 천재 아인슈타인
20세기 모던 스프리트를 대변하는 대 음악가 말러와 아놀드
문학의 카프카와 프로스트
미술의 샤갈, 모딜리아니, 피사로 카슬링
발레의 바크스트
이들 모두가 유태인의 군단이다.

아직도 미국 뉴욕에는 뉴욕 전체 인구의 10분의 1쯤 되는 유태인들이 살고 있다. 그들은 인간이 태어날 때 두 주먹을 불끈 쥐고 나오는 이유가

"인간은 빈손으로 왔다가 빈손으로 가기 때문이다. 못 가진 자에게 베푸는 것은 가진 자의 의무이고, 배움에 대하여 사랑이 없는 인간이라면 절대로 존경의 대상이 될 수 없다." 하고

"이웃과 동료들에게 사랑 받는 자가 하나님의 사랑을 받을 수 있다. 어릴 때부터 의문을 제기하되 그릇만 보지 말고 그릇 속에 들어있는 물건을 볼 줄 알아야 한다. 모든 행동은 마음에서 우러나와야 하고, 행동 없는 마음은 잎이 없는 나무와 같아서 한 가닥 바람에도 쉽게 흔들린다.

선행을 쌓는 것은 자체의 덕을 기르는 것이니 그 보답으로 내세에 천당 갈 것이라 희망하지 말라. 내세에는 천당과 지옥이 없다."

그래서 교인들은 모이기만 하면 예배드리고, 학습하며, 그 모임을 확대시켜 나가는 것이다. 어릴 적부터 모임에 나와 토라를 외운다. 신약과 구약 총 68권의 책들이 구멍이 꿇릴 정도로 확실하게 외운다. 이 습관은 2천년이 지난 오늘날에도

하나도 바뀌지 아니했다.

　창세기로부터 신명기, 모세 5경을 중심으로 역대 랍비들의 언어와 습관이 담겨있는 60권이 넘는 탈무드를 통해 그들은 랍비의 훈련을 그렇게 받고 있다.

배움에 대한 사랑.

　이것이 유대인의 철학이요, 사랑이다. 그런데 요즈음 애들은 그 유태인의 철학과 사랑을 천재교육의 모태라 하면서 무조건 외우고 쓰고 하여 바보 철학자를 만들어 내고 있다.

　나는 대한민국이 30년도 못된 사이에 미국의 200년 역사를 따라잡고 영국의 300년 역사를 실현하게 된 동기를 다른 데 두고 있지 않다. 교회를 통해 젊은 세대들을 랍비교육으로 훈련하다가 그것을 현대교육으로 바꾸어 학교와 병원을 세우고, 고아원과 양로원을 통해 불우 이웃을 가족처럼 살핀 과보라 생각한다.

　예수도 이러한 교육을 뱃속에서부터 해 왔으니 나이 8세, 12세가 되었을 때 이방인이 볼 때는 놀랄 만큼 성장해 있었다. 그러나 그는 다른데 생각이 없었고 어떻게 하면 아버지와 어머니를 잘 모시고, 조상의 얼을 계승해 갈까 생각하면서 아버지 목수의 일을 거들고 있었다.
　그러나 예수에게는 다른 사람이 경험하지 못한 비운이 있었다. 모든 사람들은 자기의 생아버지와 함께 손을 잡고 일을 하는데 자신은 의붓아버지 밑에서 주위 사람들의 눈을 피해 가며 혼혈아적인 신세를 면치 못하고 있었으니 말이다.

그런데 공교롭게도 이 총명한 아이는 부유한 인도사람 브라우마니즘의 왕자의 눈에 띠게 되었으니 어쩌면 행운이요, 어쩌면 비운이라 아니 할 수 없다. 만약 그가 그 왕자의 눈에 띠지 아니 하였다면 훌륭한 유태인적 랍비로써 회향하였을 것인데 여기에 눈이 걸려 인도대륙이란 엄청난 세계를 구경하고 세계의 지붕 히말라야에서 신통을 배움으로써 3년이라는 짧은 세월에 남의 100년을 한꺼번에 살고 갔으니 말이다.

이것이 성경이 낳은 세계적인 두뇌요 철학이다.

2. 인도왕자 나빈나

예수는 이렇게 아브라함의 자손으로 야곱의 손자로 태어나 동방박사들의 경배를 받고 애굽으로 피난갔다가 세례 요한과 같이 엘리후와 살로메의 영향을 받지만 자신의 조상들이 그렇게 살아온 대로 아버지를 따라 목수일에 충실하면서 성현들의 가르침에 귀를 기울이고 있었다.

사람이 세속에 물이 들면 속태(俗態)를 벗어 날 수 없게 되지만 예수는 세속일을 하면서도 출세속적인 마음을 가지고 하나님을 경배하였으므로 그 모습이 하나님과 같이 빛났다. 교회에 있을 때는 저절로 그 모습이 선지자처럼 보이고, 일터에 나가면 일 잘하는 기능공으로 보였으나, 그의 모습은 항상 빛나면서도 세상을 어여삐 여기는 박애의 정신으로 꽉 차 있었다.

나사렛 회당의 랍비 바라카이가 물었다.

"너는 10계명 가운데서 어느 것을 가장 존중해야 한다고 생각하느냐?"

"저는 계명에 흐르고 있는 정신을 사랑할 뿐 계명 자체를 중요시 하지 않습니다."

"너의 말은 소금과 같구나. 누가 일러주더냐?"

"진리는 배워서 아는 것이 아닙니다."

랍비를 크게 놀라게 하였다. 저녁이 되어 어머니와 단 둘이 만나게 되자 말했다.

"유태 사람들은 자신들만이 하나님께 선택된 사람이라 착각을 가지고 있는 것 같습니다. 하나님이 어찌 그렇게 편벽된 마음을 가질 수 있겠습니까?"

"네 말에 의미가 없는 것은 아니다. 그러나 너는 그 말에 의해서 혐오를 입을 염려가 있으니 주의 하도록 하라."

그때 예수의 나이는 열 두 살이었다. 유태인의 대제전이 다가오자 요셉과 마리아 및 예수는 그의 친족들과 함께 예루살렘으로 갔다. 그런데 많은 도살자들이 양과 비둘기 등 수많은 짐승들을 살해하여 제단에 바치자 물었다.

"어찌하여 저 희생된 물건들을 제단에 바쳐야만 합니까?"

"네가 이스라엘 제사장보다 율법에 대하여 더 깊이 있게 이해하게 되면 이야기해 주리라."

"피를 흘리고 살을 태우는 잔인한 희생을 즐거워하는 것은 나의 하나님이 아닙니다."

유태인 최고 법원장이 말하였다.

"여러분, 우리는 다 같이 손에 손을 잡고 하나님께 나아갑시다."

예수가 말했다.

"사랑의 하나님은 우리 안에 있는데 어느 곳으로 하나님을 찾아 가야 합니까?"

유태 법원장은 이 아이가 이미 선택받은 예언자라 생각하고 그의 부모님의 승낙을 받아 교회 안에 있게 하여 교육을 받았다. 일년 후 인도에서 무역상들을 따라 여행 왔던 왕자 나빈나가 물었다.

"그 아이는 지금 어디에 있습니까?"

"일년 계약이 끝나 그의 고향에 돌아가 부모님을 섬기고 있을 것입니다."

"감사합니다. 그의 거처를 일러 주십시오."

나빈나가 그의 집 근처에 숙소를 정해 놓고 찾아 갔을 때 예수는 아버지께서 하시는 일을 돕기 위해 사닥다리를 타고 내려오다가 눈이 마주쳤다. 두 눈에서는 태양처럼 밝은 빛이 쏟아졌다.

"그대는 여기에서 무엇을 하는가?"

"사상의 연장들을 조립하여 인격을 높이는 마음의 공장을 짓고 있습니다."

"손에 든 것은 무엇인가?"

"우리의 행위를 재는 잣대입니다. 이것은 감정과 욕망을 억제하기 위하여 주위에 원을 그리는 컴퍼스이고요."

하며 컴퍼스를 내 보였다.

"참으로 훌륭한 집을 짓고 있구나."

"네. 저는 이 도끼로 모난 부분을 잘라내고 진리의 못을 때려 박아 표면이 매끈하게 될 때까지 대패질을 합니다."

"정과 줄, 먹통, 톱은 어디에 쓰는가?"

"정은 막힌 곳을 뚫고, 줄은 굽은 곳을 재고, 먹통은 믿음과 소망을 재는 통이며, 톱은 거꾸러지고 구부러져 쓸모없게 된 것을 잘라내는 도구입니다. 그래서 사다리가 필요합니다. 순결한 생명의 지붕에 올라가기 위해서 그리고 성전의 꼭대기로 오르기 위해 매일 이 12계단의 사다리를 오르고 있습니다."

"참으로 훌륭한 목수다."

감탄한 나빈나가 자기 소개를 하였다.

"나는 남인도 오릿사지방의 왕자이다. 유태인들의 제례에 참석하기 위해서 이스라엘에 왔다가 며칠 전 성전에서 제사장들과 이야기하는 예수를 보고 여기까지 찾아 온 것이다. 힐렌은 이 아이는 하늘에서 내려온 샛별이라 칭찬하였다. 나는 오늘 저녁 이 여관에서 마을 사람들 모두를 초대할 것이니 와 주겠는가?"

"좋습니다."

그리하여 나빈나는 수일동안 마미온 거리에 있는 요셉의 집 근처 여관에 머물며 부모님께 승낙을 받아 인도로 가게 되었다.

그런데 배 안에는 인도사람만 탄 것이 아니라 슈메르의 먼 손(遠孫)과 이집트 사람들, 페르시아의 조로아스터 교도, 로마 사람들이 함께 타고 있어 세계 각국의 여러 가지 신앙과 신화에 대하여 들을 수 있었다.

3. 슈메르의 문명

흰 돛 아래 푸른 파도를 헤치고 있는 범선 속에는 슈메르의 문명에 대해서 잘 아는 사람들이 타고 있었다. 그 모습은 얇은 입술에 뾰족한 턱, 가늘고 긴 얼굴에 높은 광대뼈를 가졌으며 대머리에 째진 타원형의 눈을 가지고 있었다. 그들은 달을 중심으로 1년을 열두 달로 나누는 점과 한 시간을 60분, 1분을 60초로 나누는 60진법을 가지고 있었다.

그의 조상들은 아무르강[松花江] 부근에서 흙으로 그릇을 만들어 1만년 전부터 살아왔다고 하였는데 이것이 일찍이 중동지방에 등장한 레반트문화가 아닌가 생각되었다.
이 이야기를 듣던 사람이 옆에 있다 말했다.
"그래? 나도 언젠가 슈메르의 구리향로 하단에 가늘고 긴 얼굴에 얇은 입술과 뾰족한 턱, 높은 광대뼈와 째진 눈을 가진 사람들이 왼 씨름 자세로 묘사되어 있는 것을 보았는데 이것은 고대 동북아시아 사람들의 모습과 흡사하다는 말을 들은 바 있다. 그들은 일찍부터 슈메르의 12궁도(宮圖)와 비슷한 12간지(干支)를 가지고 사람이 죽으면 봉황을 타고 하늘로 올라간다고 그와 함께 살던 사람들을 순장(殉葬)했다고 한다."

12궁은 천문의 춘분점을 기점으로 황도대(黃道帶)를 형성, 12구간으로 나눈 것인데 백양궁(白羊宮)·황소궁(金牛宮)·쌍자궁(雙子宮)·게자리(巨蟹宮)·사자궁(獅子宮)·처녀궁(處女宮)·천칭궁(天秤宮)·전갈궁(天蠍宮)·사수궁(人馬宮)·염소궁(磨羊宮)·물병궁(寶瓶宮)·쌍어궁(雙魚宮)을 말하고, 12간지는 자

(子), 축(丑), 인(寅), 묘(卯), 진(辰), 사(巳), 오(午), 미(未), 신(申), 유(酉), 술(戌), 해(亥)를 말한다.

"그래, 그래, 그들은 하늘에 제사를 지냈으며 높은 산 위에 지구란 첨성단(瞻星壇)을 만들어 제사를 지냈거든. 진흙으로 만든 바벨탑이 그것이 아닌지도 몰라. 메소포타미아, 사막지대에 와서는 수십 미터가 넘는 4각탑을 세우고 하늘에 제사를 지낸 피라미드도 그런 종류의 하나지."

"그래, 옛 사람들은 거기에서 화살과 창을 피하여 전쟁을 하였으며 전쟁에서 이기면 황소를 잡아 제단에 올리고 환호성을 올렸다는 말을 들었어. 사실 그 자손들은 지금도 이란, 이라크, 파키스탄 등지에 피를 뿌리어 그의 정신이 그 곳에 남아있다는 말도 들었어."

사람들은 화살과 창을 가지고 황소를 잡아 제단에 올리고 음복을 하는 시늉을 하면서 침을 꿀꺽 삼켰다. 사람들은 이렇게 수천년전의 역사를 이야기 속에 함축시켜 들려주고 나니, 사람들의 눈이 번쩍번쩍 타오르며 별빛처럼 빛이 났다.

"우리 선생님 말씀에 의하면 그들은 인류 최고의 문명권에서 살았는데 사법제도(司法制度), 학교제도(學校制度)를 가지고 후배들을 길러낼 수 있는 문자를 가지고 있었다고 하였다."

그 때 예수가 말하였다.

"예, 저도 어머니께서 그들 문자가 페니키아와 그리스를 거쳐 우리가 쓰는 알파벳이 되었다는 소문을 들었습니다."

예수는 일찍이 자기 조상들의 말을 듣고 우리의 문명은 팔레스타인 지역이었고 에덴동산도 그 어느 곳에 있을 것이라 생각하였는데 슈메르인들이 다 알고 있는 에덴동산 이야기와 남자 여자 이야기를 듣고 역시 세상은 넓고 깊다는 생각을 가지게 되었다.

4. 이집트의 종교

우리 민족은 일제 36년간 식민지 생활을 하면서 언어를 잃어 버렸고 5천년 역사를 통하여 상실한 것이 수를 헤아릴 수 없다. 그런데 유태인들은 자그마치 400년 동안 이집트의 지배를 받아오면서 많은 것을 잃었지만 그들의 좋은 점은 장차 세계를 지배할 수 있는 정신적 문명을 창조해 나가고 있었다는 것을 알 수 있다.

이집트종교가 유태교에 영향을 미친 것은, 부활, 심판, 동정녀 탄생, 유일신이라 생각되는데 예수도 이 이야기를 듣고 새삼스럽게 응하지 않을 수 없었다.

당시 이집트의 종교는 이시스교로서, 이시스라는 여신이 죽었다 살아나 인간을 심판하는 과정이 나오고, 천지창조의 신으로서는 '프타'로, 모세 5경이 바로 여기에서 영향을 받은 바가 컸다.

또 그 배에는 이집트 출신 '아톤'이라는 사람이 타고 있었는데 그는 이시스 여신으로부터 프타신의 이야기를 실감 있게 들려주었다. '옛날 옛적에 이시스라는 여신이 육체의 몸을 받아 고통을 겪다가 마침내 죽게 되었는데 다시 부활하여 인간을 심판하게 되었다.'고 들었다.

"어떻게 신이 인간으로 탄생하지?"

"그는 단성생식(單性生殖)을 하기 때문에 아버지가 없었다고 합니다. 그리고 '프타'라는 신이 있어 말씀으로 천지를 창조하였다고 하는데 우리 조상의 구약에 있는 창세기와 꼭 같았습니다. 모세의 할아버지가 모세5경을 쓸 때에는 이집트의 제19대 임금님, 아케나톤왕이 집정하고 있었는데 그 때 임금님이 보니 백성들이 여러 신을 믿어 그 정신이 해이해지므로 오직 「아톤」신만을 숭배하도록 하여 다신교(多神敎)가 일신교(一神敎)로 전환하게 되었다고 들었습니다.

내가 그 이야기를 듣고 생각해보니 우리 유태인들도 원래는 다신교 체제이었었는데 모세의 할아버지가 생각해보니 이러한 신앙을 가지고서는 국민을 정신적으로 통일시킬 수가 없어 이미 아케나톤 대왕의 영향을 받은 백성들에게 야훼신을 강조하게 되었다 하였습니다. 왜냐하면 유태인들을 이집트로부터 해방시키는 데에는 이러한 정신이 아니고서는 민족통일을 이룰 수가 없었기 때문입니다.

아케나톤 대왕은 조상 대대로 내려오던 할례(割禮)사상과 아톤신앙으로 이집트인들을 통일하게 하긴 하였으나 강제성은 없었다고 합니다.

지금 로마가 권력 강화와 부(富)의 풍요로 환락을 누리다 보니 정신이 많이 해이해져 있어 장차 로마인들을 하나로 뭉치게 하는 데에는 이 같은 정신이 필요하지 않을까 생각했던 것입니다. 나는 세상의 흐름으로 볼 때 결국 로마는 유일신이 아니면 구제할 수 없다고 봅니다. 나는 아톤으로부터 이 같은 이야기를 듣고 우리 조상들이 슈메르인들의 영향뿐 아니라 이집트인들의 영향이 얼마나 컸는가 하는 것을 새삼스럽게 느낄 수 있습니다."

"너희 남자형제들은 네가 이 같은 이론이나 학문을 가지고 조상의 지혜를 판단하는 것을 보고 거만하고 거들먹거린다고 듣지도 않고 보려 하지도 않지만 나는 네 말을 듣고 진실로 공감하는 바가 크다."

5. 페르시아의 조로아스터교(敎)

배는 순풍에 돛을 단 듯, 큰 바람 하나 없이 잔잔한 파도 속에서 멀고 먼 여행을 끝내고 남인도의 상업도시 파르시에 도착하였다. 많은 상인들이 오고 가는 가운데 조로아스터교를 믿는 아후라를 만나게 되었다.

"어떻게 여기까지 오시게 되었습니까?"

"아버지, 할아버지가 인도무역을 하시다보니, 여기까지 오게 되었습니다."

하며

"인도라는 나라는 진짜 천국과 지옥이 함께 공존하는 곳입니다."

라고 설명하였다.

예수는 고향 가까이 있는 곳에서 온 사람을 만난 것만으로도 너무 반가워 물었더니 뜻밖에 이야기를 하였다.

"우리 조로아스터교는, 선과 악, 신과 악마 등 이분대등법(二分對等法)을 가지고 있습니다. 지혜의 신 「아후라 마즈다(Ahura Mazdah)」는 우리로 하여금 정의의 신으로 인식되고 있기 때문에 그들은 스스로 아후라 마즈다를 숭배하고 있습니다. 그런데 이쪽 사람들은 전생의 업력을 숙명적으로 믿어 스스로 개척할 생각을 하지 않고 거지는 거지생활에 충실하고 부자는 부자생활에 충실하여 스스로 짓는 복이 일정하지 않다고 피차 간섭하지 않습니다. 우리나라는 지금부터 6, 7백년 전부터 조로아스터교를 믿어 페르시아 사산조 때 아베스타(Avesta)경전을 만들어 세계적인 종교로 발돋움하였습니다.

그런데 중국 사람들은 이것을 현교(祆敎)라 하여 오랑캐 나라의 종교라 받아들이고 있으면서도 그 내용이 충성되고 의협심(義俠心)이 강하므로 장차 민중의 큰 지팡이가 될 것이라 믿고 있습니다."

"그러면 이 교는 최초 누가 개창한 것입니까?"

"페르시아 말로는 「짜라투스트라」라고 부르고, 일반적인 말로는 파라하바스 교조인 조로아스터 성인께서 「아후라 마즈다신」의 계시를 받고 30세부터 포교하다가 77세에 승천했습니다.

이 세상에는 여러 가지 신이 있으나 선신(善神)으로서는 「아후라 마즈다」, 악신으로서는 「앙그라 마이뉴」가 있다고 합니다. 원래 이들은 쌍둥이였는데 뱃속에서부터 서로 대립하여 이 세상 끝까지 독립해간다고 하였습니다. 말하자면 「아후라 마즈다」는 정의의 신으로 빛, 생명, 건강, 기쁨 등을 책임지고 「앙그라 마이뉴」는 죄, 질병, 쇠퇴, 죽음, 폭력, 혼돈, 거짓, 위선의 주재자가 되었다 합니다. 그러니까 한쪽에서는 긍정적, 건설적인가 하면 한쪽에서는 파괴적, 부정적 요소가 되어 이 세상을 흑백쌍곡선(黑白雙曲線)으로 만들고 있었는데 어떤 때에는 짐승, 곤충, 인간, 괴물 등 혐오스러운 모습으로 나타나기도 하고 분노, 탐욕 등 악한 성질을 가진 짐승으로 나타내기도 하는데 밤에는 아후라 마즈다는 사랑 베품의 신으로 등장하기도 한다는 것입니다. 결국에는 선신이 이기고 마는 것이지만 이 세상 끝까지 싸우고 다투어 약육강식(弱肉強食) 생

존경쟁(生存競爭)의 세상을 만들고 있다는 것입니다. 생각하면, 흥망성쇠(興亡盛衰) 길흉화복(吉凶禍福)이 우연히 생긴 것이 아닌 것 같았습니다."

"그러면 그 최후의 심판을 무엇으로 합니까?"

"곧 「불(火)」로 한다 합니다. 그래서 조로아스터교에서는 선악 다음으로 불을 신앙의 표적으로 삼습니다. 선과 악은 이 불의 신에 이르면 모두 타버리기 때문에 조로아스터교는 결국 일신론적(一神論的)인 이원론(二元論)을 주장하는 것입니다. 불은 곧 최고의 사랑이요 지혜입니다. 그래서 조로아스터교에서는 불을 신성시하고 논리적 도덕적 순결, 순수성의 연결로 인식합니다. 여기에서 천국과 지옥이 나타납니다. 최후의 심판에 이르러서는 둘 중의 하나입니다. 그 사람이 이 세상에 살면서 착한 일을 했느냐, 악한 일을 했느냐 하는 것은 죽어서 보면 그냥 압니다. 조로아스터 교인들은 죽어 화장이나 매장을 하지 않고 조장(鳥葬)과 풍장(風葬)을 주로 치르는데 철조망 위에다 시체를 갖다 놓으면 새들이 쪼아 먹고 나머지 뼈들만 밑으로 떨어진 것을 가지고 장사를 지내는데 이렇게 뼈와 살이 잘 분리된 것은 착한 자이므로 천당에 간 사람이고 그렇지 않은 자는 악도에 떨어진 사람이라고 보는 것입니다. 그런데 교주 조로아스터는 3천년 후에 다시 살아나 최후의 심판을 하겠다고 예언하였습니다. 이것이 우리 종교의 구세주요 심판자이기 때문에 우리는 절대로 이 인과를 믿고 조로아스터의 재림을 기다리고 있는 것입니다."

예수님이 이 말씀을 듣고 보니 구약성서의 선악사상과 천당, 지옥, 재림사상이 어디에서부터 연유되었는지 가히 짐작이 갔다. 조로아스터교가 있는 이집트는 지리적으로 동서양을 연결하는 위치에 있고 국가의 강력한 지원 속에 한 동안 큰 세력을 떨쳤기 때문에 종교사적인 면에서 보면 거대한 영향을 받을 수 있기 때문이다. 죽은 사람의 부활, 최후의 심판들은 실로 유태교사상에 있어서 지대한 영향을 미치고 있었다. 유일신 사상이나 불을 섬기는 사상 또한 그 영향을 받지 않았다고 볼 수 없었다.

특히 페르시아왕조에서는 궁중 옆에 정원을 아름답게 꾸며놓고 심미하였는데 아케메네스(BC 549~330)왕 시대에 크게 발달하여 그 후 수백년 동안 전성기를 이루어 왔기 때문이다. 돌이켜보면 현재 인도사회를 지배하고 있는 아리안인들은 결국 페르시아인들로서 장차 이슬람왕국이 이루어지기 전에는 서남아시아에서 공동체들과 밀접한 관계에 있었던 것 같다.

6. 로마의 미트라신화

로마는 이스라엘과 가장 가까운 나라이면서도 먼 나라였다. 유럽에서 크게 문명이 발달하여 가장 이상적인 국가이었으나 반대로 여러 나라를 침범하여 복종시키고 세계의 모든 것을 로마로 향하게 하였기 때문이다. 일찍이 로마에서는 한 신의 아들이 제국의 보호자로 선포된 바 있다. 그는 동지(冬至) 전날 12월 25일에 기적적으로 태어났으며 신도들이 상징적인 빵과 포도주로써 죽음과 부활을 기념하는 행사를 하였다. 처녀에게서 태어나 세상의 죄를 짊어지고 12 제자를 거느린 목자(牧者)로서 살았기 때문에 어린 양으로 불렸다. 40일 동안 마귀의 시험을 거쳐 인간의 죄를 대속(代贖)하고 무덤 속에 들어갔다가 3일만에 부활하여 종말의 날에 재림하여 세상의 악을 일소하고 천국을 건설하는 신의 아들로 부각되고 있다.

사람들은 흔히 이 이야기를 하면 그것은 기독교의 성서 이야기라 하지만 그것은 성서 이전부터 내려오던 로마의 신화이다.

창조신은 빛과 어둠을 가르고 해와 달, 별들을 만들고, 식물과 동물을 만든 뒤 최후에 사람 가요마르트를 만들고 휴식을 취하였다. 암흑신이 반란을 일으키자 싸움을 해서 승리하고 대홍수로 세상을 정화시켜 지금의 세계를 완성하였다.

그가 바로 조로아스터교의 창조신 아후라마즈다였다. 예수는 이 분이 원래 유태교하고도 전혀 관련이 없지 않다는 사실을 인도 여행에서 확인하게 되었다.

자신에게 먼저 조로아스터교를 전해준 성인이 로마군대 출신을 소개하여 듣게 된 사실이다.

"암흑신 이리안이 반란을 일으키자 창조신이 이리안과의 전투에서 승리하고 대홍수로 세상을 정화시켜 현재의 땅이 드러나게 되었다."

그 신이 바로 미트라였는데 고대 아리아인들이 믿던 신이었다. 이 신이 조로아스터 교리를 흡수하여 그리스를 건너 로마로 유입되었다는 것이다. 그래서 급속도로 확산되면서 특히 로마군인들에게 인기를 끌었다는 것이다. 이 사실은 후세[3세기경] 흑해의 제방이나, 스코틀랜드의 산맥, 사하라 사막 접경지대에서 많이 발견되었는데 초창기 페르시아에서 발견된 미트라신앙과는 많은 차이가 있었다.

「아후라 마즈다」의 「아후라」는 주님의 뜻으로 미트라, 이쉬타르와 함께 「성삼위일체(聖三位一體)」를 만들고 제2의 성자격으로서 「아후라 마즈다」가 된다.

처녀에게서 탄생하여 세상의 구원자로서 죽었다 살아나 마지막 날 재림하여 최후의 심판으로 세상을 무악(無惡)하게 만들었다는 것이다. 이것이 불교의 미트라신앙과 일맥상통하는 로마의 신이다. 만일 이것을 구체적으로 말해본다면 다음과 같다.

첫째 미트라의 탄생은 동굴에서 태양이 가장 낮은 날 목자 세 사람이 지켜보는 가운데 탄생한다. 그 세 사람은 마니교의 동방박사 세 사람이고 미트라교의 사제들이다. 그들은 황금과 유향과 몰약을 예물로 가져왔다.

둘째 미트라는 천체를 마음대로 움직이는 존재로서 12궁으로 표현되는 변화의 수레바퀴에서 고요히 자리를 지키는 영적 중심이다. 이것을 역학(易學)에서는 황도(黃道)를 선회하는 중심으로 보고 있다.

셋째 미트라교는 입문식을 치르는 중앙 신인의 둘레에 12사도가 자리를 잡고 12궁을 상징하는 옷을 입고 입문자 주변을 돌며 춤을 춘다.

예수는 흔히 자신의 나라에 12부족이 있으므로 12사도가 보통 하는 것으로 인식하였는데 바빌론의 점성술에 황도상의 천구십이궁(天球十二宮)에서 비롯되었다는 것을 처음 알게 되었다.

미트라교에서는 처음 입문자에게 성체인 빵이나 십자가를 주고 포도주에 물을 타주었는데 이것은 곧 미트라가 죽인 황소의 피와 살이었다.

"네가 나와 더불어 하나가 되고
나 또한 너와 더불어 하나가 되도록
내 몸을 먹고 내 피를 마셔라.
그리하지 않는 자는 구원을 받지 못할 것이다."

이 말이 장차 요한복음[6:53~56]에는 "인자의 살과 피로" 나오는데 어떻게 하여 그렇게 구성되었는지 나도 잘 알 수 없다.

넷째 미트라는 죽을 때도 두 죄인 사이에서 죽게 된다. 그런데 그 가운데 한 사람은 하늘로 올라가고 한 사람은 지상에 떨어져 지옥으로 들어간다. 그리고 미트라도 승천한다. 그리하여 빛의 신 제2자리에 앉아 다음 종말을 기다리고 있다고 하였다. 또한 이 세상의 악을 징벌하기 위해서 말이다.

다섯째 미트라교의 안식일은 일요일이었고 유태인의 안식일은 토요일이었다. 그런데, 서기 321년 콘스탄트누스 대제가

"법정은 더 이상 유태인의 안식일이 아니라, 존엄한 태양일을 안식일로 정한다."

고 선언하고, 폐정한 이후 일요일을 안식일로 지내고 있는데 이것은 미트라교의 안식일을 그대로 채택한 것이다.

여섯째 미트라는 목자 혹은 목장주인 등으로 묘사되고 있다. 어떤 때는 어린 양을 기르는 목자로 나타나기도 하고 황소 목을 잘라 대지를 비옥하게 하는 신으로 표현되기도 한다.

일곱째 미트라는 죽은 지 3일만에 부활한다. 그가 부활한 날이 춘분으로 이스터(Easter) 봄여인(Eostre)의 축제날이었다.

예수는 어쩌면 장차 자신의 역사를 되돌려 듣는 것 같아 이상한 기분이 들었으나 이것은 일찍부터 로마사람들이 다른

종교의 교리를 흡수하여 실천하고 있는 의식이라는 것을 부정할 수 없었다.

사실 인도에도 부활사상이 있었다. 바라문교의 성자 크리슈나가 BC 700년경, 목동들이 지켜보는 가운데 동정녀의 아들로 태어나 아버지 목수의 안내로 갠지스강가에 가서 세례를 받고 역시 나무 십자가에서 못 박혀 죽었다가 부활했다는 사실이 바라문교 성전에도 전해지고 있었다.

그는 죽으면서 다음과 같은 말을 남겼다.

"나는 모든 것의 생명이며,
세상이 떠받치는 자이고
세상의 길이고 피난처다."

이 외에도 디오니소스, 아티스, 아드니스 등 많은 성자들이 죽음에서 부활하여 승천했다는 이야기도 들을 수 있었다.

7. 나일강의 신 오시리스와 방랑 신 디오니소스

옛날 그리스에는 형제끼리 싸운 이시스신과 오시리스신의 이야기와 방랑객 디오니소스 이야기가 나온다.

원래 천지가 처음 만들어졌을 때 이 세상의 날짜를 1년이 360일 밖에 되지 않았는데 이집트 사람들이 여기에 5일을 더 만들어 향락함으로써 365일이 되었다고 한다.

첫째 날의 탄생자는 오시리스이고

둘째 날은 하로메리스,

셋째 날엔 뱀의 모습을 한 세트,

넷째 날엔 여신 이시스,

다섯째 날엔 네프티스가 태어났다.

오시리스는 이집트의 지배자로서 밭을 갈아 농사짓는 법과 신들을 경배하는 방법을 가르쳤는데 자신은 여동생 이시스와 결혼하여 아들 호루스를 낳았다. 이들은 서로 부부간에 전국 방방곡곡을 돌아다니며 사람들에게 여러 가지를 가르쳤는데 동생 세트가 그것을 못마땅하게 생각하여 형님에게 꼭 맞는 관을 만들어 희망에 따라 그 속에 넣어 나일강 하구에 던져 버리니 그 관은 지중해로 흘러들어가 마침내 북쪽으로 흘러 갔다.

이 사실을 안 백성들은 지배자 세트에게 대하여 혐오하게 되었고 그의 형수 이시스는 머리칼을 잘라 슬픔을 표시한 뒤 레바논의 뷔블로스까지 가서 버드나무에 둘러싸인 관을 찾게 된다.

그런데 뷔블로스왕이 궁전을 짓기 위해 그 버드나무를 발견하고 베어서 궁전의 기둥으로 썼다. 이시스는 그 사실을 알고 그 궁전에 찾아가 어린 왕자의 유모가 되어 어린 왕자를 길렀다. 이시스는 그 어린 왕자를 영원히 살리기 위해 틈이 나는 대로 불에 쪼여 구웠는데 이 사실을 안 왕비가 놀라 왕자를 빼앗아 갔다.

이에 이시스는 자신의 남편의 관이 궁전의 기둥 나무속에 들었다고 호소하며 그 관을 빼내고 기둥을 되돌려 주어 지금은 이시스 신전에 보물처럼 모셔져 있다고 한다.

　여신 이시스는 그 관을 싣고 이집트로 돌아와 아들 호루스가 있는 부토에 가서 살았는데 사악한 세트가 이것을 알고 형의 시체를 꺼내 갈기갈기 찢어 여기저기에 던져 묻었다. 이시스가 남편의 시체를 찾아 찾는 대로 여기저기에서 장례를 치렀으므로 그의 무덤이 매우 많게 되었다고 한다. 그런데 그 가운데 한 점의 시신이 나일강의 고기에게 먹혀 그때부터 이집트 사람들은 물고기를 먹지 않게 되었다고 한다.

　그때 아버지 오시리스가 아들 호루스에게 나타나 소망을 묻자, '사악한 자에게 복수하는 것'이라 하니 오시리스의 영혼은 호루스의 몸을 단련시켜 세트의 항복을 받았으므로 호루스는 오시리스의 정당한 후계자가 되었다. 죽은 신을 애도하고 재생된 신을 기원하는 오시리스 신앙이 전국적으로 퍼져 지금은 이집트 전역에서 숭배의 대상이 되고 있다.

　이것이 이집트의 제1의 신이고 제5왕조 때부터는 파라오왕도 오시리스로 간주되어 죽은 사람은 모두 오시리스가 되었고 마침내는 메마른 땅에 작물을 키워주는 신으로 여겨지게 되었다.

　어린 예수는 여기에서 정의의 신이 죽은 뒤에도 민중의 숭배를 받고 찬양을 받으며 세상을 복되게 살고 저주의 신은 혼자 잘난 척하지만 결국에는 빈털터리로 망하게 된다는 사실을 다시 한 번 확인했으며, 술의 신은 아무리 좋아도 결국에는 미치광이 떼거리 신에 불과하게 된다는 것을 깨달아 술을 함부로 입에 대지 아니하였다.

8. 인도 이야기

 인도라는 나라는 진실로 크고 넓었다. 동서가 뱅골만과 아라비아해에 접해 있고 북쪽은 히말라야, 서쪽은 힌두쿠시산맥이 자리 잡고 있고 한 번 들어가면 나오기 어려운 큰 포대와 같은 나라였다.
 고대로부터 서구문명을 접하여 오랜 세월 종교와 정치에 있어서 많은 영향을 받고 있는 나라였다. 그래서 인도사람들이 이룩한 정신문화는 세계의 어디에서도 찾아볼 수 없는 독특한 문화를 형성하고 있었다.
 한 요가 선생에게 물어보니 '서양은 철학이 종교의 시녀 노릇을 하고 있는데 인도는 반대로 종교가 철학의 바탕 위에 건립되어 함부로 세계와 인간이 어떠한 사상이나 종교에 지배를 받지 않게 되어 있다.'고 하였다. 모든 것은 인간 속에 세계와 우주를 포함시키고 있기 때문이다.
 인도문명은 옛날부터 아리안 계통의 문명이 들어오기 전 문다(Munda)족과 드라비다(Dravida)족이 살고 있었으나 어떤 이유에서인지 매몰되고 말았는데 흔히 이 문화를 은성문화(殷盛文化)라 하고 그 모델이 모헨조다로였다고 말하고 있다.
 그들은 땅을 어머니처럼 섬기는 지모신앙(地母信仰)을 가지고 성기(性器) 명상상(冥想像)이 도처에서 발견되는 것으로 보아 요가를 즐기며 이성을 존중해 왔던 것으로 사료된다.
 그러나 갈색피부에 키가 작고 코가 납작한 원주민족과는 달리 백색 장신의 아리안족들이 인더스강 상류 편잡[Punjab 오하(五河)] 지방에 들어와 자리 잡았다.
 이들은 원래 페르시아에 있으면서 이란사람들과 같은 조상을 가지고 서구 여러 민족과 같은 혈통을 가지고 있었다. 그들은 반농반목(半農半牧) 생활을 하면서 무용에 뛰어나 서부인도로부터 점차 인더스강 중류에까지 내려와 농경생활에 적합한 종교로 문화를 발전시켰다.

이것이 저 유명한 베다사상이다.

(1) 베다문학과 우파니샤드 철학

「베다(Veda)는 지식인데 이것을 알면 신성한 종교지식을 알 수 있다.」 베다의 종류는 네 가지가 있는데,

① 리그베다(Rig-Veda): 1017편, 1028송, 10권
BC 1500 - BC 1000년까지 성립, 아리안족이 처음 인도 편잡지방을 침략하여 들어왔을 때, 인도의 장엄한 자연현상을 찬탄하여 자연신을 노래한 찬미가

② 사마베다(Sama-Veda): 1549송, 2권
신에게 제사를 드릴 때 부르는 노래를 따로 엮은 것

③ 야쥬르베다(Yajur-Veda): 제사지낼 때의 축문

④ 아타르바베다(Atharva-Veda):
제사를 지낼 때 재앙을 피하고 복을 비는 주문

한 사람의 기도주(祈禱主)가
"그 때 태초(太初)에 무(無)도 없었고, 유(有)도 없었다.
공계(空界)도 없었고 그 위를 덮은 천계(天界)도 없었다.

무엇인가가 물질에서 어디선가 그의 발아래에
깊고 헤아릴 수 없는 물은 있었던가."

하니, 다음의 가수가 가영(歌詠)을 읊었다.

"그 때엔 죽음도 없었고 죽지 않음도 없었다.
밤과 낮의 표시도 없었는데
저 유일한 것(tadekam)은 자기 힘으로 숨을 쉬었다.
이것 외에 무엇이 있었던가."

이렇게 노래가 끝나고 나니 재앙을 소멸하고 복을 부르는 소리가 나왔다.

"태초에 암흑이 암흑에 싸여 있었다.
우주의 모든 빛은 바다와 같았다.
공허에 쌓여 나타나면
유일자는 열(tapas)의 힘으로 출생한다."

다시 기도승이 노래 불렀다.

"처음엔 의욕이 유일자에게서 나타나더니
그것이 정자(精子 : 최초라는 뜻이다.)
지혜 있는 자가 고요한 선정 속에서
유(有)의 연(緣)을 무(無)에서 찾아냈다."

그들은 이렇게 노래 부르며 각기 직분에 따라 의식(儀式)을 행했다. 리그베다는 주로 찬가였고 삼마베다는 가영(歌詠)이었으며 아타르바베다는 주사(呪詞)였다. 찬가는 권청관인 호트리(hotr)가 소리 높여 음송하면 가영은 운율에 맞추어 우드카트리(Udgātr) 제관이 부르고 제사(祭詞)는 집행관 아드바르유(Adhvaryu)가 낮은 목소리로 불렀다. 그러면 아타르바베다의 주사(呪詞)를 제식을 관장하는 기도승 브라흐만(Brahman)이 불렀다.

베다는 아리안에게 있어서 가장 신성한 것으로 신의 계시로 인식되었으며 슈르티(Śruti)[天啓書]라 불렀다. 사제(司祭)의 첫째 사명은 천상계에 있는 모든 신들을 초청하여 지상제단에 모신 다음 그들의 위력을 찬양, 그 은혜를 얻기 바라는 것이므로 가사를 외우는 사이 공물을 바쳐 제단에 모인 사람들이 감응할 수 있도록 하여야 한다. 그러므로 그들은 매우 경건하면서도 경쾌 장중한 소리로 대중들의 마음을 휘어잡는다.

그 곳에 모셔지는 신은 태양신 스르야, 사위트리, 푸샨, 새벽의 붉은 태양 우샤스, 우레의 신 인드라, 비의 신 프라쟈니아, 바람의 신 바유, 폭풍의 신 루드라, 불의 신 아그니, 물의 신 아피스를 중심으로 관념적인 슈랏다, 아이티, 바쥬, 술신 소마, 무용신 인드라, 정의의 신, 악마 천적을 물리쳐주는 악신, 마군까지도 초청되니 하늘 땅 허공에 있는 모든 신들을 빠짐없이 초청했다.

이로써 보면 인도 사람들은 다신신앙이 중심이 되어 있었으며 때에 따라서는 신구교주가 교차되는 것도 있었다.

어쨌든 신은 인간 이상의 절대적인 힘을 가진 존재로 인식되었기 때문에 때로는 의인화(擬人化)되어 나타나기도 하였다.

아리안들은 지극히 현실적으로 신의 은총을 받기 위해서 갖가지 공물을 올리고 찬탄하였다.
"그들이 늘인 새끼줄이 세로 늘어졌는데
밑에 있는 것과 위에 있는 것은 무엇일까?
사정자(射精者)는 밑에 전개자(展開者)는 위에
자존력(自存力)은 밑에 충동력(衝動力)은 위에
누가 올바르게 아는 자인가?
누가 이에 서술할 수 있는가?
이 세계의 전개는 어디서부터 생겨났는가?
신들은 우주보다 뒤에 나타났다.
모름지기 세계의 시작을 아는 자는 누구인가?"

이렇게 한없이 외우며 찬탄하고 노래하였다.

올리는 제물은 양, 돼지, 소, 개 등 가축으로부터 갖가지 농산물이었으니 이스라엘 사람들의 희생제와 별로 다른 것이 없었다. 날카로운 삭도를 가진 삭발승 앞에 각기 신들에게 올리는 희생제물을 가지고 가면 그는 온 힘을 다하여 내리쳤다. 짐승들은 두 번 칠 것도 없이 목이 떨어지면 칼 저편에 있는 이가 머리를 받아 하늘 신(기도주)에게 올리고 피를 받아 그들 신들의 얼굴에 뿌렸다. 그리고 그의 몸통은 시주자에게 주어 그 가족들이 함께 잔치를 베풀도록 하였으니 이스라엘의 도한(刀漢)도 이와 같았다.

예수님은 이것을 보고 매우 잔인무도하게 느껴져 다시는 고기 먹을 생각이 나지 않았다.

"내가 만일 본국에 돌아가게 되면 세례는 성령으로 받게 하고 희생제는 금하리라."

그런데 마치 불교에 입문하니 불교에서는 애초부터 불살생계(不殺生戒)를 지켜 산 생명을 함부로 죽이지 아니하였다. 왜냐하면 하늘 사람들은 감로(甘露)를 마시지 비린내 나는 피나 털 달린 짐승의 머리를 먹지 않기 때문이다.

베다의 순서는 리그베다로부터 사마베다 야쥬르베다 본집이 편집되고 그보다 좀 늦게 아타르바베다가 나타나게 되는데 이들을 전문적으로 외우고 노래하는 전문승[司祭者]이 나타나 도제양성을 필요로 하면서 브라흐마나란 종교가 보편적으로 만들어지게 되었다. 대개 이것은 야므나강과 갠지스강 사이에 있는 도아브(Doab)에서 실시하였는데 연대를 보면 벌써 천년 전의 일로 기록되어 있다.

베다에서 시작된 제공의식은 밑으로 내려갈 때마다 크게 번성하여 복잡하고 세밀한 규칙이 정해짐으로써 다른 사람들은 따라 할 수 없는 전문적 지식인이 필요하게 되었으므로 이들이 결국 인도사회의 제도 문물 풍습에 대한 권위를 갖게 되었다. 이것이 카스트제도가 나타나게 된 직접적인 원인(原因)이었다.

따라서 신의 권위는 상당히 약해졌으니 이들의 의식이 인간의 행·불행을 좌우하고 있었기 때문이다. 이것은 어쩌면 전통 유태교의 사제들과 닮은 점이 많았다.

이들은 세상의 모든 제물을 영이적(靈異的)으로 지배하는 것이 하나님이라 보고 있었는데 그것을 브라흐만(梵)이라 부르고 있었다. 그러므로 이 브라흐만은 세계를 창조하고 만물을 만들었으며 최후로는 자기 안에 섭취되는 형이상학적 존재, 즉 아트만(Ātman·我)으로 인식되게 되었다. 그래서 샨딜리야 (Śaṇdilya)에서는 "인간의 내면적 존재인 아트만과 불같이 빛나는 푸루샤를 참된 브라흐만으로서 관상(觀想)해야 한다."는 범아일여설(梵我一如說)을 만들어냈다. 이것을 실천하고 수행하는 종교가 우파니샤드였다.

우파니샤드의 진수는 다른 신비사상과 같이 관상(觀想)의 행을 통해 주관의 깊은 곳에 빠져 들어가 거기에서 절대자와 만나 동일성을 직관함으로써 자유롭고 영원한 이상세계에 도달하는 것이다.

그래서 "나는 범(梵)이다. 그것이 너이다."라 한 것이다.

이것이 위빠사나이고 쟈나며 요가였다.

그러면 거기에서 "바로 그 나"라는 것이 무엇인가?, 브라흐만(Brahman), 아트만(Ātman), 푸루샤(Puruṣa), 프라나(Prāna), 이사(Isa), 사트(Ssat), 아사트(Asat), 아사샤(Āsaśa) 등이다.

이것이 곧 서양사상과 다른 점이다. 서양에서는 "여호와", "하나님" 하나만을 결정하여 그에 반(反)하면 공격한다. 그런데 인도에서는 그 중 어느 하나만 고집하는 것이 아니고 뉘앙스가 다른 어떤 원리도 상황에 따라 적당히 응용하여 사용할지라도 남이라는 사람이 없었다.

그러나 우파니샤드 시대에 가장 유력한 원리는 브라흐만, 아트만, 푸루샤였다.

그 가운데에서도 브라흐만은 절대자의 객관성을 표현한 것이고 아트만과 푸루샤는 인간의 주관성을 표한 것이었다. 그래서 이들이 하나 되는 것을 범아일여사상(梵我一如思想)이라 하였다. 그러니까 범아일여는 단순한 동질환원(同質還元)이 아니고 서로 다른 두 원리가 신비 속에 종합된 것이다.

푸루샤는 주체성을 표시하는 개념으로, 범아일여는 대자재신(大自在神)이라 불러 절대적인 신앙의 대상으로 삼았다.

우파니샤드 초기에는 인간실존의 주체성에 대해서 그것을 절대자로 파악하고 인간 안에 있는 신을 뜻하였으나 다음에는 인간의 제약으로부터 벗어난 초월신으로 믿게 되었다. 그것은 당시 인도의 바크티(信愛) 사상에 영향 입은 바가 크다. 그런데 중기 우파니샤드는 먼저 요가행법과 바크티를 매개로 신비사상을 심화(深化)하고자 브라흐만, 푸루샤를 연관시켜 브라흐만은 종교적 가치를 나타내는 형이상학적 개념으로 생각하고 푸루샤는 주체성을 나타내는 원리로써 초월성, 능동성을 가진 개념으로 이해되었으며, 아트만은 이 양자와 달리 내재적 주관성을 가진 것으로 이해하였다.

그래서 푸루샤는 초월성을 가진 세계의 창조주로서 요가행자들이 능동적으로 합일해야하는 대상으로 여겨졌으나 브라흐만은 세계의 포섭자, 만물의 근본으로서 요가행자의 수행의 목표, 또는 해탈의 매개체가 되었다.

이외에도 파딜리야의 범아일여사상과, 웃달라카의 실제론, 야쥬냐발캬의 아트만론이 있었으나 브라흐만이 리그베다의 기도주가 되면서 브라흐만은, 하늘과 허공, 땅, 해와 달, 불, 바람을 몸으로 하는 지고의 신으로 찬양받았다. 그리고 아트만은 생명활동의 근본이 되는 호흡 즉 영(靈)으로 영원히 죽지 않는 존재로 인식되어 윤회와 업의 주체자로서 영생하는 것으로 인식되었다. 이것이 불교시대에는 6파철학으로 발전한다.

(2) 육사외도(六師外道)와 불교

이와 같이 여러 가지 사상이 우후죽순처럼 일어난 인도는 서기전 5백년 경에는 여섯 가지 큰 외도와 부처님의 학설이 나오게 되었다. 6사외도란

① 푸라나 카싸파(Purana-Kassapa 富蘭那迦葉)
② 막칼리 고살라(Makkhali-Gosāle 未迦梨瞿舍利)
③ 아지타 케사캄발라(Ajita-Kesa·kambala 阿夷多趣舍剱婆羅)
④ 파쿠다 카짜야나(Pakudha-Kaccayana 妻浮産進指延)
⑤ 산쟈야 벨라티푸따(Sanjaya-Belattiputta 散雀吏毘羅梨沸咤)
⑥ 니칸타 나타푸타(Nigantha Nataputta 尼乾咤若堤子)
를 말한다.

「외도」란 바른 법을 등지고 되는 대로 살아가는 사람들을 말하는데,

첫째 푸라나는 도덕부정론자로 살생, 도둑질, 사음, 거짓말을 마음대로 하고 다니며 살고,

둘째 막칼리는 생물은 오직 운명과 환경, 천성에 의해서 변하는 것이고 특별히 법에 의해 결정지어지는 것이 없다 하여 무인론(無因論) 숙명론을 주장하였다.

셋째 아지타는 유물론자로서 이 세상 모든 것은 지·수·화·풍 4대의 원소에 의해서 만들어졌으며 실제 독립성이 없어 죽으면 곧 그것으로써 끝난다는 단멸론(斷滅論)을 주장하였다.

넷째 파쿠다는 인간은 지·수·화·풍 4대에 고(苦)·락·(樂)·명(命) 등 7대 요소에 의해서 구성되어 있으므로 서로 해침도 없고 변함도 없다고 하는 무생무멸론(無生無滅論)을 주장하였다.

다섯째 산쟈야는 형이상학적, 인식론을 부정하고 무엇이든지 의심하는 회의론자였다. "내세는 있을까? 있다? 없다? 있는 것도 아니고 없는 것도 아니다." 하여 불가지론(不可知論)을 주장하여 애매모호한 인생을 살았다.

끝으로 여섯째 니칸타는 자이나교의 교주로서 승자(勝者) 완성자로 부처님과 같이 베다성전의 권위를 부정하고 바라문교 제사의 가치를 부정, 계급제도를 타파하고 이 세상에는 누구나 지켜야할 법이 있다고 하는 합리주의적 사고방식을 피력하였다. 그는 이 세상을 구성하는 원리에는 담마, 아담마, 아가사, 지바, 푸드갈라가 있는데 지바는 영혼에 속하고 나머지는 비영혼적인 것이라 하였다.

담마는 운동하는 것이고, 아담마는 정지(靜止)하는 것이고, 그리고 시간에는 현재, 미래, 과거 3세를 인정하고 있었다. 특히 다섯 가지 원소 중, 푸드갈라는 원자로 구성되어 현실적인 물질[색, 미, 향]을 만들어 내고 있다. 모든 원자는 접촉점에서 결합하고 헤어지는 성품을 가지고 있으며, 그 지점은 공점(空點)을 생명의 원리로 삼고 있다.

그래서 이들은 철저히 살, 도, 음, 망의 계율과 무소유의 계율을 지켜 옷도 입지 않고 파리, 모기 하나 죽이지 않는 공의파(空衣派)와 흰 옷을 입는 백의파(白衣派)가 생겼다.

이들의 성전에는 앙가, 우팡가, 파인나, 쩨야숫타 등 45부가 있으며 그 가운데 쿤다쿤다가 있어 제한부정론(制限不定論)을 주장하였다. 그들의 해탈은 정견(正見)과 정지(正智)와 정행(正行)에 있으므로 불교의 8정도설과 같아 옷을 벗고 사는 나체생활 외에는 출가수행하는 것이나 무소유정신에는 하등의 차이가 없었다.

인도는 육사외도가 한참 흥행할 당시에는 많은 사람들이 집을 나가 출가생활을 하고 있었으며 무소유정신으로 돌아가고자 하는 성자적인 기질이 크게 성행하고 있었다.
따라서 바라문교의 권위는 무너지고 종교적으로도 사회평등의 원리가 크게 풍미하고 있었다.
이때에 싯다르타(Siddhartha)가 세속생활을 청산하고 히말라야에 이르러 알라라칼라마와 웃드라카라마풋트라(＝웃다카라마풋타)를 만나 요가수행과 수론(數論)의 학문을 공부하고 선정을 닦았다.
그리하여 모든 희론이 적멸한 열반적정(涅槃寂靜)의 경지를 증득하고 대립 상쟁(相諍)속에서 사는 세계는 모두가 고통투성이로 세상 사람들은 변해가는 시간 속에서 만남과 헤어짐의 고통을 겪고 있다 하고 제행무상(諸行無常)과 제법무아(諸法無我)의 원리를 설파하였다.
그리고 그것을 인과원리에 의하여 고(苦), 집(集), 멸(滅), 도(道) 사성제법(四聖諦法)으로써 설명하였다.

① 세상의 모든 것은 고통투성이다.〔고제(苦諦)〕
② 그의 원인은 번뇌망상에 있다.〔집제(集諦)〕
③ 번뇌가 없어지면 열반을 증득하나니.〔멸제(滅諦)〕
④ 번뇌를 없애려면 8정도의 도를 닦아야 한다.〔도제(道諦)〕

8정도는 정견(正見), 정사(正思), 정어(正語), 정업(正業), 정명(正命), 정진(正進), 정념(正念), 정정(正定)으로, 이것은 먼저 말한 자이나교의 원리와 근사한 점이 있다.

이것을 공간적인 배경을 중심으로 색(色), 수(受), 상(想), 행(行), 식(識) 다섯 가지로 나누어 설명한 것이 오온(五蘊)의 원리이고 만남과 헤어짐의 원리를 배경으로 설명한 것이 인연(因緣) 또는 연기법이고 시간 속에서 무지무명을 배경으로 설명한 것이 무명(無明), 행(行), 식(識), 명색(名色), 육입(六入), 촉(觸), 수(受), 애(愛), 취(取), 유(有), 생(生), 노사우비고뇌(老死憂悲苦惱)의 연기법이다.

참으로 부처님의 가르침은 간단명료하였다. 그는 왕자로서 뛰어난 인격을 가지고 남을 헐뜯지 않는 덕이 있었으므로 많은 제자들이 모여와 큰 교단을 형성하게 되었고 여러 나라 임금님들이 귀의하여 그의 재가제자가 됨으로써 불교를 보호하여 오랜 세월을 두고 크게 번성하게 되었다.

이것이 있으므로 저것이 있고,
저것이 있으므로 이것이 있다.
이것이 멸하면 저것도 멸하고

저것이 멸하면 이것도 멸한다.

이들 모든 철학과 문학 사상은 오직 한 마음에서 이루어졌다.

9. 바라문의 비판

예수가 불교사상을 접하면서는 생각이 달라졌다.
'브라만이 사람을 만들 때 여호와처럼 신 앞에 평등한 인간을 만들어야지 어떻게 브라만의 머리로 태어난 사람은 바라문이라 하고, 옆구리로 태어난 사람은 왕자가 되며, 배로 태어난 사람은 농사 짓고 장사하는 평민이 되고, 발뒤꿈치로 태어난 사람은 노예가 된다는 말인가. 이것은 직업을 분화시키는 것은 될 수 있으나 창조주로서는 옳지 않는 일이다.'
그래서 그날부터는 바라문교의 계급사상에 대하여 맹렬히 비난하였다.
"브라흐만은 차별 많은 신이다. 똑같이 한 몸에서 탄생시킨 인간을 어떻게 그렇게 차별할 수 있는가."
인도사람들은 수천년전부터 그렇게 알고 살아왔기 때문에 그에 대하여 비평을 가하는 사람이 있으면 종교재판에 붙여 사형집행을 하게 되어 있다. 이것은 국가적인 측면에서 행하는 것이 아니라 가정재판이나 종교재판으로써 자기 집이나 자기 절(寺院)에서 집행하게 되어 있다.
예를 들어 말하면 한 여인이 남편을 배반한다든지 부인들끼리 싸운다든지 하면 가정재판을 통해 마당 한 가운데 앉혀 놓고 식구들이 다 같이 돌을 던져 깨어 죽이고, 발로 밟아 피한 방울 남기지 않고 깡그리 없애 버린다.

종교에 대한 것도 마찬가지다. 그래서 이 소식을 들은 나빈나가 즉시 사람을 보내 예수를 불교사찰에 숨겨 목숨을 구하고 마침내는 불교스님이 되게 하여 불교를 체계 있게 배우도록 하였다.

불교역사 가운데서 배울 만한 것은 아쇼카왕의 불교보호정책이었다.

10. 아쇼카왕의 불교보호

부처님의 가르침은 형이상학적 논리보다도 이 몸에 대한 고통을 이 몸속에서 해소하여 누구나 간편하게 깨달을 수 있는 철학이요 종교였다.

사람들은 "탐욕을 버려라." 하면서도 더욱 탐욕하였고 "사견(邪見)은 나쁜 것이다." 하면서도 나쁜 짓을 더욱 잘 했다.

그런데 부처님은 옷을 벗지 않고 입으면서도 자이나교도보다도 더 철저한 무소유의 생활을 실천하고 거기에서 얻어지는 모든 이득은 먹지 못하고 입지 못하는 사람들에게 나누어주고 평화스럽게 화합하며 살았다.

그러니까 눈, 귀, 코, 혀, 몸, 뜻이 빛, 소리, 냄새, 맛, 감촉, 법을 통해 얻어진 지식과 상식을 바르게 가짐으로써 번뇌망상은 지식(止息)되었으며, 번뇌와 먼지가 끼어있던 마음이 빛을 내면서 지혜의 빛이 온 우주를 덮었다. 탐욕과 진에, 우치로써 형제, 친척들을 죽이고 온 천하를 통일했던 아쇼카는 전쟁후 만신창이가 되어 그 몸 자체가 고름 덩어리로 변했다.

어떤 스님이 "너는 법유(法乳)를 마셔야 병이 낫는다."라는 말을 듣고 룸비니에 가서 일보일배(一步一拜)를 하여 병이 나아 빛으로써 세상을 다스리는 임금님이 되어 100년전 살다가신 싯다르타의 자비정신을 받들어 정법정치를 하였다.
① 불법승 삼보를 공경하고
② 부처님의 사리를 꺼내어서 세계 각국에 8만 4천탑을 세우고
③ 부처님의 경전을 편집하여
④ 스님들로 하여금 도덕적인 생활을 하도록 강조하였고
⑤ 가난한 사람들과 고독한 사람들과 무지한 사람들을 위하여 고아원, 양로원을 세우고 누구나 절간에 들어가 무지를 깨닫는 공부를 하도록 격려하고
⑥ 아들, 딸들을 출가시켜 해외까지 불교를 포교할 수 있도록 길을 열었다.

그런데 나라의 임금님들은 어떠한 종교나 사상에도 제압을 하지 않아 불교는 도시의 상공인이나 왕가나 귀족들의 귀의를 받아 크게 번창하였으나 바라문교와 육사외도들은 농민들의 보호 아래 꾸준히 발전하고 있었다.
① 베다의 경전들을 간소히 하여 초제 때마다 읽는 천계서(**天啓書** : Srauta Sutra)와
② 바라문교인들이 집에서 제사를 지낼 때 읽는 가정경(**家庭經** : Grhya-Sutra)이 크게 성행하였는데 그들이 제단을 설치할 때마다 제장의 선택, 제단의 설치, 제화(祭火)를 피우는 규칙을 기록하여 널리 유행하였다.
③ 그래서 제단경(祭壇經 : Śulva-Sūtra)이 거의 대중화되고 있었다.

그러나 부처님은 제사를 본위로 하는 경전보다는 삶의 지혜를 계발하는 아함경, 방등경, 반야경을 읽게 하였으니 인과, 인연을 소중히 여기면서도 밝은 지혜 속에서 어리석고 삿된 것만 제치(除治)하게 한 것이었다.

그러므로 불교신자들의 생활을 보면 마음에 때가 다 벗겨진 사람들처럼 밝고 명랑하였으나 바라문 교인들이나 육사외도들의 신도들을 보면 원시적인 삶의 테두리를 벗어나지 못하고 있는 것 같았다.

12. 법화경의 진리

법화경의 진리는 방편과 진실을 밝히는 데 목적이 있었다.

부처님이 이 세상에 태어난 것은 여래의 지견(知見)을 열어 보여(開示) 깨달아 들게(悟入) 하는 데 목적이 있었다.

이 세상 모든 존재는 그 모습(相)과 성격(性), 체력(體力)과 작용(作用)에 의해서 그 가치를 창조하고 있는데 그것은 오랜 세월 쌓아 온 인연(因緣)에 의해서 과보(果報)를 받아 근본과 끝(本末)이 꼭 맞게(究竟)되어 있다 하는 것이었다.

그러므로 이것은 그 모습 하나만 보아도 성격과 체력과 작용을 다 알 수 있고 성품 하나만 보고도 다 알 수 있어 한 생각이 3천세계를 그대로 창조하고 있다는 것이었다.

여시상(如是相) 여시성(如是性)
여시체(如是體) 여시력(如是力)
여시용(如是用) 여시인(如是因)
여시연(如是緣) 여시과(如是果)

여시보(如是報) 여시본말구경(如是本末究竟)

이것을 10여시라 하는데 이 10여시 속에 각기 상·성·체·력·용·인·연·과·보·본말구경을 각각 구유(俱有)하고 있으므로 1×10=10×10=100×10=1000이 된다.

그래서 한 생각이 곧 1천을 형성하는데 거기 기세간(器世間) 중생세간(衆生世間) 지정각세간(智正覺世間) 셋이 있으니 1000×3=3천세계가 된다.

그래서 「일념삼천(一念三千)」이라는 철학이 나온 것이다. 이 세계가 나타나게 된 동기는 방편이다. 그래서 부처님은 이 같은 방편을 통해 이 세상에 나타난 한 마음의 진리를 설하게 되었으니

한 마음이 화를 내면 …… 그것이 곧 지옥이고
한 마음이 탐욕을 내면 …… 아귀가 되고
한 마음이 어리석으면 …… 축생이 되고
한 마음이 투쟁하면 …… 아수라가 되고
한 마음이 정직하면 …… 사람이 되고
한 마음이 착하면 …… 천상인이 되고
한 마음이 청정하면 …… 성문이 되고
한 마음이 고요하면 …… 연각이 되고
한 마음이 자리이타에 충만하면 …… 보살이 되고
한 마음을 깨달으면 …… 부처가 된다.

그러므로 어리석은 사람은 지옥과 천당을 가리나, 지혜 있는 사람은 스스로 그 마음을 다스린다. 그러므로 이 도리를

아는 사람은 곳곳에서 부처를 보고(處處佛像) 그것을 대하는 행동 하나하나가 모두 불공이 되는 것이다(事事佛供).

예수님은 이 책을 읽고 여러 가지로 감동을 받은 바가 많았다.
① 비유품의 삼계화택(三界火宅)의 비유
② 신해품의 장자궁아(長子窮兒)의 비유
③ 화성유품의 화성(化城)의 비유
④ 5백제자수기품에 옷 속의 구슬(衣珠)에 관한 비유
⑤ 안락행품에 머리카락 속에 들어있는 구슬(髻珠)의 비유
⑥ 약초유품에 비와 약초(藥草)에 관한 비유
⑦ 수량품에 의사의 자식들(醫子)에 관한 비유

이외에도 우물 파는 비유(穿井喩) 등 여러 가지가 있었기 때문에 본국에 돌아가 겨자씨의 비유로부터 여러 가지 비유를 사용한 설교를 많이 하게 된 것이다.

그리고 불교의 삼신사상(三神思想)은 바라문교의 여러 신의 사상에서 연유된 바 있지만 일심(一心)의 체상을 세 가지로 구분해 놓은 것이었다.

마음의 본체: 법신: 法佛: 法佛: 法身:
마음의 모습: 보신: 依佛: 報佛: 報身:
마음의 작용: 화신: 化佛: 應化佛: 化身: 〈능가아반다과보경〉

법신은 형태를 초월한 참되고 한결같은 마음(眞如)을 깨달은 경지이고 보신은 보살의 원행을 대신 나타낸 모습이고, 응신

은 중생의 근기를 따라 행하는 작용이다.

  그런데 이것이 장차 기독교의 삼위일체사상에 영향을 준다.

  예수님은 여기에서 이 세상에 모양을 나타내기 이전의 하나님을 성부, 이 몸을 나투어 작용한 것이 둘이 있으니 하나는 스스로 수용한 자수용신(自受用身) 즉 성자, 그리고 남을 위해 마음대로 작용한 화신으로 이해하기도 하였다.

  법화경의 보살사상은 위로 불도를 받들면서 밑으로 중생을 교화하는 것이었기 때문에 인도에서 천당과 지옥이 함께 공존하는 베나레스로 갔다.

13. 영혼의 강이 흐르는 베나레스

  갠지스강(Gañgā) 마하나디이(mahā-nadhi)는 인도의 젖줄로 만 2천리를 흘러내리는 큰 강이었다. 그런데 이들 강 가운데서 베나레스는 이들 여러 강들이 한데 모이는 곳이었다.

  그래서 사람들은 죽으면 이 강물에 화장되어 떠내려가기를 희망했다. 영혼이 근원으로 돌아가는 지름길이 되는 곳이 된다고 믿었기 때문이다.

  그래서 예수님도 몇 년간 수행하다가 도반들을 따라 성지순례에 나서 베나레스에 왔다. 강가에는 수천수만을 헤아리는 사람들이 각양각색의 모습을 하고 강물에 들어가 목욕하고 다생의 죄업을 씻었다.

(1) 세례의식(洗禮儀式)

　세례는 각 나라마다 다소 차이는 있지만 자고 나면 낯을 씻고 손을 닦는 풍습, 농사짓는 사람이 전답에 다녀와서 손발을 씻고 밥상 앞에 나아가는 의식과 같았다.
　그런데 그것이 더욱 더 깊이 있게 이해되어 세수하고 나면 새얼굴이 나타나듯이 손발을 씻고 나면 새로운 정신이 들듯이 사람이 물에 들어가 목욕하고 나면 몸도 깨끗해지지만 마음도 청결하게 되므로 그 같은 방법에 의해 죽은 사람이나 산사람에게 목욕시키는 의식이 발달되었다.
　사람들은 강 속에 들어가 한참 있다가 나와 밝은 빛(태양)이나 달빛을 바라보고 환희하였으며, 어떤 사람들은 아이들을 데리고 물속으로 들어갔다 나왔다 하기를 수십 차례 하였다. 한번 들어갔다 나오는데 5백 생의 죄를 사하기 때문이라 하였다. 서양의 종교에서는 물속에 들어가는 것을 통해 옛사람이 죽은 죄를 씻는다 생각하고 있는데 그 이치는 꼭 같았다.
　마찬가지로 사람들은 "의식을 정결히 하기 위하여 물로 깨끗이 씻는다" 하는데 이것이 곧 유대교의 세례가 아니었던가. 특히 그들은 이방인들이 유대교를 개종할 때는 그들에게 할례를 하고, 그 후 할례받은 상처가 아물 경우 그들을 물속으로 데리고 들어가 흐르는 물에 가서 물 가운데 세우고 율법을 읽어주었다. 그리고 축도하고 그를 물에 잠기게 한 뒤 그가 물에서 올라오면 그를 완전한 유대교인으로 새로 태어났다고 하였다.

　그런데 뒤의 요한의 세례는 결례만이 아니고 뒤에 올 메시아의 대망을 희망하는 가운데 회개와 하느님의 법을 헌신하는 것이었다.

이것이 장차는 죽은 자들을 위해서 세례를 받는 법까지 생기게 되었으니 불교의 세례도 예외는 아니었다. 부처님께서 처음 탄생하였을 때 아홉 용이 물을 뿜어 목욕시키자 아기 부처가 일어서서 사방으로 일곱 발자국씩을 걷고 '천상천하 유아독존'이라 하였다 하니 이것은 껍데기 부처가 속부처를 탄생시키는 한 과정이 아닌가 생각 되었다. 왜냐하면 그 몸속에는 '천상천하 유아독존'한 절대 평등한 법신이 들어 있기 때문이다.

바라문들은 죽은 사람의 영혼을 강가에 와서 씻었으나 불교인들은 감로향탕으로 다생의 죄구(罪垢)를 씻고 청정한 법수로 누겁(累劫)의 진노를 벗어나 환화(幻化)의 공신(空身)을 청정히 함으로써 다시는 티끌에 물들지 않게 하고 있었기 때문이다.

그래서 그들은 산 사람이 죽은 자를 대신하여 위패(神主)를 모시고 물속에 들어갔다 나오기도 하고, 그의 자식이나 가족들을 목욕시키기도 하였으며, 순교자를 위해서는 피를 뿌리기도 하였으니 모두가 죽은 사람의 정신을 산 사람에게 부탁하고 산 사람으로 하여금 죽은 자의 정신을 계승케 하는 것이었다.

(2) 베다 경전을 읽는 사람들

아침부터 저녁까지 꼼짝하지 않고 숨도 제대로 쉬지 않으며 경전을 읽는 사람들이 여기 저기 널려 있었는데, 가만히 그들의 숨소리를 들으면 자신도 모르게 삼매(三昧)에 들었다.

나는 수많은 생을 거쳐 왔고
그대 또한 그러하다.
오, 아르쥬나여.
나는 그 모든 생들을 알지만
그대는 알지 못한다.
오, 적을 괴롭히는 자여.

나는 불생(不生)이며
나의 자아는 불변하고
나는 모든 종자들의 주(主)이지만
내 자신의 창조력에 의해
자신의 물질을 사용하여 존재하게 된다.

의가 쇠하고
불의가 흥할 때마다,
오, 바라타의 자손이여,
나는 자신을
세상에 내어 보낸다.

선한 자들을 보호하고
악한 자들을 멸하기 위하여,
의의 확립을 위하여,
나는 때에 맞추어 세상에 나온다.

이 같은 글을 3번, 7번, 21번, 49번, 108번을 읽고, 또 다른 글을 계속해서 읽어 아침부터 저녁까지 시간 가는 줄을 몰랐다. 어떤 사람은 바루나·수리야·인드라·아그니·소마에 관계된 것들을 읽고 루드라·비쉬누·크리쉬나·쉬바와 관계된 것들을 읽어 초하루부터 보름까지 계속하여도 끝이 나지 않았다.

옛날 가나안·페니키아·히타이트·유태인들이 바알·엘·엘렐·엘로힘을 찾으며 큰 소리로 그들의 성경을 읽는 것과 같았다.

(3) 순수한 비구불교

베나레스에는 부처님께서 처음 법을 전한 녹야원이 있었다. 부처님께서 다섯 비구를 제도한 기념으로 아쇼카대왕께서 세운 대법륜탑이 있고, 거기 1천명에 가까운 비구스님들이 계셨는데, 그곳에 있는 스님들은 상좌·대중부에 관계없이 부처님께서 가르치신 네 가지 근본계율과 자등명(自燈明) 법등명(法燈明) 정신에 의하여 열심히 공부하고 있었다.

예수는 처음으로 그곳에서 비로소 불교계율의 진수를 맛보았다.

첫째, 살생하지 말라 하면 산 목숨을 죽이지 않는 것으로 생각하였는데, 병든 비구가 몸을 바꾸기 위해 젊은 스님에게 죽여 달라 하여 죽임으로써 형성된 계율이므로 곧 자살하지 말라는 계율이 불살생계인 것을 비로소 알았다.

불교는 자타의 생명을 귀중하게 생각하는 종교이므로 남의 목숨이 되었든 자기 목숨이 되었든지 자기 목숨처럼 귀히 여겨 설사 병들어 죽게 되었다 하더라도 바굴라비구처럼 자기 명의 한계를 알고 죽은 뒤에 어떻게 된다는 것을 확실히 알기 전에는 인위적인 죽음을 초래하지 않는다.

그리고 설사 죽게 생긴 것이 있다 하더라도 죽는 것을 한탄하거나 권하지 않고 저절로 잘 죽을 수 있도록 안심입명을 주는 종교였다.

둘째, 도둑질 하지 말라는 계는 주지 않는 것은 무엇이 되었든 갖지 않는다는 것이고,

셋째, 불사음은 생의 근본이 이성에 있으므로 생사해탈을 목적으로 하는 사람이 생의 근본에 접근하면 아니 되거니와 결정적으로 주어진 이성이 아니면 접촉하지 않게 되어 있다.

넷째, 거짓말하지 않는 계율은 알지 못하는 것을 알았다 한다든지, 깨치지 못한 것을 깨쳤다 하는 것은 곧 자기 자신을 속이는 것이고 진리를 망각하는 일이므로 진실로 그런 말을 해서는 아니 된다는 것이다. 그런데 이곳에 거주하는 스님들은 병든 스님들과 부모 없는 자식, 자식 없는 부모들을 수 없이 거느리고 있으면서도 자신이 얻은 밥을 나누어 먹이며 한 가족처럼 따뜻하게 돌보며 살았다.

참된 수행은 바로 이런 것이 아닌가 생각되었다. 출가동기가 불순한 사람들 가운데서 먹는 것이나 입는 것, 사는 것 가지고 다투는 점이 더러 없지 아니 했지만 그래도 부처님의

정신으로 바리새 교인들의 지도자들이나 브라만교 승려들에 비하면 아직 순수성이 많이 남아 있었다. 브라만교 신선들처럼 큰 소리로 경전을 읽고 외우지 않을지라도 조용히 아는 대로 깨달음을 실천하고 있었기 때문이다.

14. 우도라카의 자연의학

(1) 우주생성과 자연

인도인들의 창조설화는 일반적으로 무에서 유를 창조해내는 그리스도교적인 사고방식이나 창조주와 피조물을 엄격히 구분하지 않고 있다. 세계를 우주만물을 품고 있는 어떤 모태와 같은 궁극적인 실재로부터 전개 되었다고 생각하고 있기 때문이다.

그러므로 그 창조는 창조보다는 생산·산출·방출·전개 혹은 생성·발전의 개념으로 인식할 수 있다.

어떻든 이 세계는 흙(地)과 물(水)·불(火)·바람(風)의 4대 원소에 의하여 이루어져 있는데, 자연의 법칙에 의하여 이루어져 있는 것은 무정세계이고, 인위적 법칙에 의하여 모여져 있는 것은 유정세계라 보는 것이다.

물체의 가장 기본단위를 극미원소(極微元素)라 하는데, 1cm의 1억조 분의 1까지 분해된 색은 곧 정신과 같아 시간과 공간을 초월하여 무한한 세계를 마음대로 날고 앉는다는 것이다. 이것이 모이고 모여서 산과 물이 되고 사람과 짐승이 되는데, 거기서 방·원·장·단(方·圓·長·短)의 형상과 동·서

·남·북(東·西·南·北)의 방위가 생겨난다는 것이다.

땅(地)은 견고한 것이니 피차 저항하는 힘을 가지고
물(水)은 유연한 것으로 피차 끌어당기는 힘을 가지고
불(火)은 뜨거운 것으로 피차 부패를 방지하고 만물을 익히는 힘이 있고
바람(風)은 움직이는 것으로 피차 흔들어 생장하게 하는 힘을 가지고 있다.

그런데 모든 만물에는 이 네 가지를 모두 다 내재하고 있는데, 그 가운데 어떤 것이 더 많이 모여져서 큰 세력을 형성하느냐에 따라 땅·물·불·바람으로 나타나게 된다는 것이다. 말하자면 땅은 견고하고 굳어지는 힘을 많이 가지고 산과 언덕, 구릉을 형성하고, 물은 습하고 끌어당기는 힘을 많이 가지고 있으므로 비·수증기·안개·물로 나타나며, 불은 뜨거운 힘과 익히는 능력을 많이 가지므로 불이 되고, 바람은 움직이며 생장하는 마음이 강하므로 바람으로 나타난다는 것이다.

그러나 그 속에는 어느 것이나 그 여러 가지 요소를 함께 가지고 있기 때문에 물속에서 수력발전을 일으키기도 하고, 바람 속에서 풍력발전을 일으키기도 하며, 땅속에서 온천이 나오게 된다는 것이다.
대개 눈으로 볼 수 있고 귀로 들을 수 있는 색은 청·황·적·백·흑이 중심인데, 이것들이 분합되면서 구름(雲)·연기(烟)·티끌(塵)·안개(靄)·그림자(影)·빛(光)·밝음(明)·어둠(暗)

이 나타난다고 하였다.

    말하자면 대기가 얽히면 구름이 되고
    화기가 위로 올라가면 연기가 되고
    먼지가 흘러가면 티끌이 되고
    땅기운이 위로 올라가면 안개가 되고
    햇빛을 막으면 그림자가 되고
    햇빛이 잘 비치면 밝게 보고
    그림자가 지면 어둡다는 것이다.

이러한 것을 모두 서양사람들은 신의 조화라 생각하고 있었는데, 동양의 물리학이 서양의 과학보다 훨씬 앞서있다는 것을 알 수 있었다. 뿐만 아니라

    홍(紅)은 적(赤)의 옅은 것이고
    천청(淺靑)을 벽(碧)이라 하는 것이라든지
    청황의 합작은 녹(綠)
    자색갈색도 모두가 사현색(四顯色)의 농(濃)·담(淡)·혼(混)·효(淆)에서 온다든지, 형색(形色)의 장단·방원·고하·정부정도 마찬가지였다.

    양면이 연장된 것을 장(長)이라 하고,
    양면이 연성이 없는 것을 단(短)이라 하며,
    4면이 평균한 것을 방(方)이라 하고,
    전면이 평균한 것을 원(圓)이라 하며,
    중앙이 돌출한 것을 고(高),

아래로 들어간 것을 저(底),
형상이 바른 것을 정(正),
형상이 바르지 못한 것을 부정(不正)이라 하였으니
1면·2면·3면 4각·5면 6각도 마찬가지였다.

소리도 심식(心識)이 집지(執持)하여 괴로움과 즐거움을 느끼는 유정의 소리와 비정의 소리가 있는데, 노래하는 소리·꾸짖는 소리·박수치는 소리·곡하는 소리·부드럽게 대화하는 소리·뇌성벽력 소리·관현악기의 소리가 그것이다.
  향도 맡기 좋은 호향(好香)이 있고, 맡기 싫은 오향(惡香)이 있는데, 맡기 좋으면서도 몸에 좋은 등향(等香)과 맡기 싫은 부등향(不等香)이 있다.
  맛에는 시고(酢)·짜고(鹹)·쓰고(辛)·달고(甘)·싱겁고(淡)·괴로운(苦) 것이 있고, 촉감에는 능조(能造)의 촉(堅·濕·煖·動)과 소조(所造)의 촉(濁·澁·重·輕·冷·饑·渴)이 있다.

물과 불의 세력이 부드럽게 흘러가는 것을 비교하여 활성(滑性)이라 하고,
  흙과 바람의 세력이 성하여 거칠게 나아가는 것을 삽성(澁性)이라 하고,
  흙과 바람의 정도가 무거운 것을 중(重)이라 하는데,
  모두 이것은 차고·고프고·목마른 결과에 나타난 힘을 그렇게 부른다는 것이다.

(2) 인체 생리의 여러 가지 요소

사람은 눈·귀·코·혀·몸 다섯 가지 뿌리(五根)를 가지고

이상의 빛·소리·냄새·맛·감촉 등을 섭취하여 인식하는 작용을 하는데 이들의 조직도 모두 4대색성에 근거하고 있다.

말하자면 육체적인 부진근(浮塵根)은 거치른 원소가 집합된 것이고, 미세한 신경계는 극미소진(極微所塵)의 집합체로써 마치 빛나는 구슬과 같다.

안근(眼根)의 집합체는 반짝이는 눈망울 위에(眼晃) 뿌려져 마치 양수기에서 나타나는 분말과 같고,
이근(耳根)의 극미는 귓구멍에 고리와 같이 형성되어 책 표지를 싼 것과 같으며,
비근(鼻根)의 극미는 콧구멍 속에 아래쪽으로 두 손톱이 쌍으로 드리운 것 같고,
설근(舌根)은 혓바닥 위에 퍼져 반달과 같으며,
신근(身根)의 극미는 온 몸에 흩어져 자기신체의 양(量)과 같다.
그러므로 논(論)에 "**身等色根 不名斫所 非可全斷**"이라 하고, "**乃至又身根等 如泠妙枝 如珠寶光**"이라 한 것이다.

이와 같이 5실은 각기 특별한 능력이 있어서 눈·귀 2근은 부지경(不至境)을 취하나니 눈은 5근 중에서도 가장 예민한 감관으로 먼 거리에 있는 색을 취할 뿐 아니라 짧은 시간에 그 물상을 보아 내계(內界)의 안식(眼識)을 일으키게 한다.
귀는 먼 거리의 소리를 취하여 이식(耳識)을 일으키되 눈에 비하면 약간 더디므로 멀리서 사람이 종을 치면 먼저 눈으로 본 다음에야 소리가 귀에 들린다.

코와 혀, 몸은 멀리 막힌 경계를 취하지 못하고, 다만 가까운 경계만을 감촉한다. 즉 경계의 물질이 접근해야만 코와 혀, 몸의 작용이 나타나기 때문이다.

그러나 접근하는 정도가 세 개의 근이 각 한 개의 극미(極微)로 쪼개어 4분으로 한다면 코는 3분을 격하여 냄새를 맡고, 혀는 2분을 격하여 맛을 보고, 육체는 1분을 격하여 감촉을 할 수 있으므로 눈·귀·코·혀·몸 순서로 자리를 정한 것이다.

그러나 이 세상의 모든 것은

눈으로 색을 보고,
귀로 소리를 들으며,
코로 냄새를 맡고,
혀로 맛보며,
몸으로 부딪치는 것만 있는 것이 아니라
표색(表色)을 나타낼 수 없는 무표업(無表業)도 있는 것이다.

표색은 당장 좋고 나쁨(好惡)을 표시하지만, 무표색은 전혀 고·락(苦·樂)을 표시하지 않기 때문이다. 그러나 표시하지 않는다고 해서 아주 그 작용이 나타나지 않는 것이 아니라 단지 변괴(變壞) 질애(質碍)에 능발(能發)·소발(所發)이 없을 뿐이다. 이러한 것들이 마음속에 작용하여,

① 내 마음(心)
② 내 뜻(意)

제2편 인도유학 173

③ 내 식(知識·常識)을 형성하여 온갖 사업을 일으켜 사량(思量)·계교(計較)· 요별(了別) 하나니 이것을 통칭
㉠ 자성분별(自性分別 : 直覺)
㉡ 수념분별(隨念分別 : 推想)
㉢ 계탁분별(計度分別 : 分別)이라 하는 것이다.

사실 원래 눈·귀·코·혀·몸은 사대종(四大種)으로써 계탁분별하는 능력을 가지고 있지 않았으나 그것이 널리 깊이 고찰 사유하므로 상대에 대한 분별심을 일으키게 되어 습관적으로 그 작용이 나타나게 된 것이다.
 여기서 좋아하는 것과 싫어하는 것, 예뻐하는 것과 미워하는 것이 생겨 만 가지 병을 형성하나니, 인도에서는 그 병을 통칭 사대오장병(四大五臟病)이라 부르고 있었다.

4대는 지·수·화·풍 4대로 이루어진 것인데, 뼈대와 손톱·발톱·머리칼 같은 것은 모두 지대의 집합체이고, 살결은 물, 체온은 불, 호흡은 바람이다. 그런데 이 몸속에서 과·불급(過·不及)을 따라 장애가 나타나면 4대병이 생긴다.
 그리고 5장은 간장(肝臟)·심장(心臟)·비장(脾臟)·폐장(肺臟)·신장(腎臟)과   지라(膽)·위(胃)·대장(大腸)·소장(小腸)·삼초(三焦)·방광(膀胱)의 여섯 가지 기관(六腑)이다.
 말하자면 4대의 기관 내에 자리잡고 있는 나라의 대신과 같은 역할을 하는 것이다.
 간장은 횡경막 바로 밑 복강(腹腔) 우측에 있는 소화기관에 달린 분비선이다. 두 개의 나뭇잎처럼 위로 위(胃)를 반쯤 덮고 있으면서 중앙 부근에 담낭(膽囊)을 형성하여 담즙을 형성

함으로써 영양물의 대사(代謝)와 독극물을 분해시키는 작용을 하는 것이고,

심장은 염통으로 인체생리의 중심이 되므로 심장이라 한다. 혈액순환을 통하여 맥박을 유지시키는 작용을 하고, 혈맥의 신축과 정맥의 작용에 의해서 정맥관에서 돌아온 혈액을 동시에 동맥관으로 밀어내는 역할을 한다.

그리고 비장은 지라이다. 이자(姨子) 또는 췌장(膵臟)이라고도 하는데, 위(胃)의 위쪽에 있으면서 백혈구를 만들고, 묵은 적혈구를 파괴하는 역할을 한다.

폐장은 허파로 호흡기관이다. 흉강(胸腔) 양측 횡경막의 상부에 좌우 한 개씩 있어 탄산가스를 배출하고 산소를 공급하는 중요한 역할을 하고 있다.

신장은 콩팥이다. 척추 양측에 자리 잡고 있으면서 피 속에서 오줌을 걸러서 방광으로 보내는 작용을 한다.

이것이 5장이다.

담은 쓸개다. 간장에서 분비되는 쓸개즙을 일시 저장 농축해 놓았다가 12장으로 보내서 소화를 돕는다.

위는 밥통으로 식도와 장 사이에 있다. 염산을 함유한 위액을 분비하여 음식물을 산성으로 변화시키고 펩신이란 효소를 내어 단백질을 펩톤으로 삭히는 일을 한다.

대장은 큰창자, 소장 끝에 붙어서 항문에 이르는 소화기관으로 소장보다는 짧고 굵다. 맹장·결장·직장 세 부분으로 이루어져 있는데, 소장과 다른 것은 내벽에 융털돌기가 있다.

소장은 작은창자로서 위의 유문(幽門)에서 대장 사이를 잇고 있는 소화기관으로 장액을 분비하여 음식물의 영양을 흡

수한다. 대개 포유류에서는 12지장·공장(空臟)·회장(回臟)으로 나눈다.

삼초는 상초(上焦)·중초(中焦)·하초(下焦)이다. 상초는 바로 윗부분을 말하고, 중초는 위의 부분, 하초는 위아래 배꼽 부분을 말한다. 주로 음식을 흡수한다.

방광은 오줌통이다. 콩팥으로부터 보내온 오줌을 받아 저장하는 곳이다. 남자는 치골(恥骨)과 직장(直腸) 사이에 있고, 여자는 치골과 자궁(子宮) 사이에 있다.

이것이 6부다.

이상 5장6부는 4대육신의 생리에 절대 필요한 기관으로 이 기관이 고장이 나면 사대오온병(四大五蘊病)이 생기게 되었다고 본다. 다음은 정신병이다.

(3) 여러 가지 정신작용

① 지식과 지혜병

그런데 여기서 그냥 놓아 보내기 어려운 것은 이 4대 5장 6부 속에서 일어난 정신작용이다. 말하자면

(a) 눈이 색을 보고 얻어낸 지식과 상식(眼識)
(b) 귀가 소리를 듣고 만들어낸 이식(耳識)
(c) 코가 냄새를 맡고 만들어낸 비식(鼻識)
(d) 혀가 맛을 보고 만들어낸 설식(舌識)
(e) 몸이 감촉을 통해 만들어낸 신식(身識 : 觸識)

이것은 1회 1기에서 끝나는 것이 아니라 신체부위 속에 저

장되어 있다가 하나의 큰 세력으로 형성되어 마침내 색·성·향·미·촉을 총체적으로 분별하는 의식(意識)을 형성하고 있다.

이 의식이 하나도 빠짐없이 저장되어 있는 창고를 아뢰야식(阿賴耶識)이라 하는데, 온갖 종자를 저장 변이시키므로 종자식(種子識)·저장식(貯藏識)·이숙식(異熟識)이라 부르기도 한다.

이들은 모두 다 자의식(自意識)에 의해서 무의식화(無意識化)된 것을 이해하고 기억하고 있으며, 이것이 장차 구체적으로 나타난 것이 인체속의 뇌(腦)이다.

그런데 그 뇌 속에 저장된 종자를 자기 의지를 따라 사랑하고 비교하고 맹목적 견해로 꺼냈다 저장했다 하는 마음을 제7 마나식(摩那識)이라 부르며, 그 작용을 따라 아견(我見)·아애(我愛)·아만(我慢)·아치(我癡)라 부르기도 하였다.

전6식이 맹목적인 생각을 벗어나 모든 사물을 바로보고 판단하면 묘하게 사물을 관찰한다 하여 묘관찰지(妙觀察智)라 부르고, 제7식이 아만·아애·아견·아치가 없어 밝은 마음으로 내외를 평등하게 살피면 평등성지(平等性智), 제8장식이 있는 그대로 모든 것을 거울 속에 물건처럼 보면 대원경지(大圓鏡智)― 그리하여 눈·귀·코·혀·몸이 하고 싶은 것 보고 싶은 것 먹고 싶은 것을 알맞게 제공하면 성소작지(成所作智)라 하는데, 사람들은 이에 무능(無能)하여 좋아하는 것만 좋아하고 싫어하는 것을 싫어하다보니 거기서 막히고 구부러지고 썩고 썩어 온갖 병이 나타나게 되었다는 것이다.

해가 뜨면 만물이 성장하고, 달이 뜨면 만물이 쉬듯 5장 6부를 그렇게 관리하고, 봄이 오면 잎이 피고, 여름이 오면 가지를 맺고, 가을이 되면 열매를 맺고, 겨울이 오면 그것을 저장하여 소비하듯— 자연의 원리 그대로 살아가면 사람도 나무처럼 건강하여 천년 만년을 살 수 있다고 하는 것이 자연의학이었다.

예수님은 어려서 모든 것을 하느님의 상·벌(賞·罰), 선·악(善·惡) 양면에서만 생각했던 것이 더욱 깊어지고 넓어지는 것을 느꼈다.
"아 세상은 내가 혼자 잘나 사는 것이 아니로구나. 위로는 하늘이 있고, 밑으로는 땅이 있고, 산과 물이 있어 그 속에서 공기를 마시고 살기 때문에 생명이 유지되고 있구나…."
하는 것을 다시 한번 절감하게 되었다.

우도라카가 말했다.
"자연의 법칙은 건강의 법칙이다. 지·수·화·풍 4대는 물론 정신적 조화를 이루지 못하면 건강을 망치게 된다. 인간의 모든 신체부분에서 조화를 이루게 하는 것이 의약이다. 인간은 현악기와 같아서 줄을 너무 조여도 안 되고, 늘려도 안 된다. 알맞게 조여야 소리가 나듯 사람도 마찬가지다.
어떤 사람에게는 약이 되는 것이 또 다른 사람에게는 독이 될 수 있으므로. 어떤 풀잎은 누군가를 고칠 수 있는 약초가 될 수 있으며, 한 모금의 물이 다른 누군가의 병을 고치고, 산에서 부는 미풍이 절망적으로 여겨졌던 사람을 살릴 수도 있다. 숯불이나 한 줌의 흙으로 또 다른 사람들을 치료할 수 있을 것이며, 흐르는 물줄기나 웅덩이 물에 씻어서 깨끗하게 완치되는 사람도 있을 것이다. 손이나 숨결에서 나타나는 효험은 능히 천 명 이상의 병을 고치겠지만 사랑은 여왕이다.

사랑에 의해 더 큰 힘을 강화시킨 사랑은 천신들이 하사하신 최고의 명약이다.

　참다운 의사는 영혼을 다스리는 스승인 것이며, 강한 의지의 힘에 의하여 이러한 사악한 신명들을 누를 수 있을 것이다. 공중에 있는 악령 중에서는 사람의 힘으로 어찌할 수 없을 정도로 강한 자들이 많다. 그러나 보다 높은 곳에는 인간을 도와주는 고급 영들도 있다. 그러므로 이들에게 자꾸 청하여 기원하면 그들은 인간을 도와서 악마를 쫓아준다. 그러나 이렇게 외부에서 오는 악령의 병도 있지만 자기가 알고 있는 지식과 지혜에 집착하여 병이 드는 수도 있으니 조심하여야 한다."

　다음은 귀신병이다.

② 귀신병

　귀신의 병도 일종의 정신병이다. 개인 혹은 사회적인 분위기속에서 원한과 집착이 하나의 관념을 형성하면 그 관념이 대대로 내려오면서 갖가지 병통을 형성하기 때문이다.

　(a) 마음(心)과 마음의 심부름꾼(心所)

　앞에서 5온으로 형성된 이 몸을 설명한 바 있는데, 지・수・화・풍의 4대에 의하여 우리들의 정신작용인 수・상・행・식이 나타나게 된다. 눈・귀・코・혀・몸이 외계의 접촉을 통하여 괴롭고(苦) 즐겁고(樂) 괴롭지도 즐겁지도 아니한 감정(捨)을 느끼는 것을 수(受)라 하고, 경계의 모양과 말과 행동을 상상하고 감상하여 갖가지 상상을 분별하는 것을 상(想)이라 하며, 갖가지 상상에 의하여 몸소 행동으로 나타내는 것을 행

(行)이라 하고, 눈·귀·코·혀·몸이 빛·소리·냄새·맛·감촉 등을 받아들여 그것이 무엇인지 바르게 인식하는 작용을 하는 것이 곧 식(識)이다.

불교에서는 이 정신작용을 심왕(心王 : 8식 혹은 9식)과 심소(心所 : 46·51)로 구분해 놓았다.

마음은 세상에서 일어나는 온갖 작용을 주재하므로 심왕이라 한다. 마치 왕이 국민을 통괄하는 것과 같기 때문이다.

심왕에는 심(心)·의(意)·식(識) 세 가지 이름이 있는데, 심은 범어 지다(質多 : Citta)로서 집기(集起)의 뜻이 있고, 의는 마나(末那 : mana)로서 요별(了別)의 뜻이 있다. '집기'란 심왕의 힘에 의하여 심소(心所) 및 사업을 일으킨다는 뜻이고, '사량' '의지'란 온갖 생각과 관찰을 하면서도 다른 심심소(心心所)를 발생하는 의지가 된다는 뜻이며, '요별'이란 반연한 바 모든 일들을 알아서 구별한다는 뜻이다.

인간은 이 6근이 6경을 상대하여 얻어진 지식(知識)과 상식(常識), 두 가지를 가지고 일생을 살아가고 있다. 대개 전5식은 눈앞에서 일어나는 사건들을 직감적으로 인식하므로 자성분별(自性分別)이라고도 하고, 제6식은 과거의 일들을 생각에 따라 분별하므로 수념분별(隨念分別)이라고도 하며, 멀리 미래의 일까지도 생각하여 3세의 일을 계산할 뿐 아니라 속까지도 속속들이 취급하여 분별하므로 계탁분별(計度分別)이라고도 한다.

이들이 작용하는 것을 보면 눈이 분별하는 것은 눈과 색 공간(空間)과 광선 및 작의(作意)를 반연하여 생기고 귀가 분별하는 것은 근·경·작의에 공간이 있어야 되며, 코·혀·몸도

근·경·작의가 있어야 한다. 그래서 모든 것은 인(因)과 연(緣)이 닿아야 작용이 일어난다고 말하는 것이다.

그러면 마음은 어떠한 권속들을 데리고 작용하는가. 마음의 왕(心王)에 딸려서 나타나는 권속들을 심소(心所)라 부른다. 심왕의 소유라는 뜻이다. 유식학에서는 심소를 51로 설명하였는데, 구사론에서는 대지법(大地法) 10, 대선지법(大善地法) 10, 대번뇌지법(大煩惱地法) 6, 대불선지법(大不善地法) 2, 소번뇌지법(小煩惱地法) 10, 부정지법(不正地法) 8 등 6종 46심소로 나누어 설명하고 있었다.

대지법이란 선(善)·악(惡)·무기(無記) 3성에 통하며 마음의 작용이 일어나면 두루두루 작용하므로 주변(周偏)의 뜻으로 대(大)자를 쓴다. 여기에는 수(受)·상(想)·사(思)·촉(觸)·욕(欲)·혜(慧)·염(念)·작의(作意)·승해(勝解)·삼매(三昧)등 열 가지가 있다.

'수(受)'는 앞의 5온에서 밝힌 바와 같이 감수(感受) 영납(領納)의 뜻이 있어 경계에 따라 괴롭고(苦), 즐겁고(樂), 괴롭지도 않고 즐겁지도 않은(捨) 정신작용을 일으키기 때문이다. 같은 고락이라도·순수정신에서 일어나는 것은 뜻에 맞는 것과 맞지 않는 것을 구분하여 우·희(憂·喜)라 하고, 육체에 붙어 뜻에 맞지 않는 것을 고·락이라 한다. 그래서 한 가지 감수작용을 어떤 곳에서는 세 가지(三受)로 구분하고, 어떤 곳에서는 다섯 가지(五受)로 구분하기도 하였다.

다음 '상(想)'은 사물의 형상과 언어 음향까지도 사진 찍는

작용을 하는 것이고,
  '사(思)'는 선·악·무기의 행위를 일으키는 기본 동작이며,
  '촉(觸)'은 촉각이고,
  '욕(欲)'은 희망,
  '혜(慧)'는 정사(正邪) 선악을 판명하여 간택하는 마음이다.
또 '염(念)'은 명확하게 기억하여 잃어버리지 않는 것이고,
  '작의(作意)'는 자주 경계하는 경각(警覺)의 뜻이며,
  '승해(勝解)'는 간별(簡別) 인가(印可)의 정신작용이고,
  '삼매(三昧)'는 정신통일(專注)하는 마음의 정신작용이다.

대선지법은 착한 마음으로 일체에 마음을 일으켜 의심을 제거하게 하는 것이니 믿음(信)·불방일(不放逸)·경안(輕安)·사(捨)·참(慚)·괴(愧)·무탐(無貪)·무진(無瞋)·불해(不害)·부지런함(勤)이다.

  '믿음'은 소대(所對)의 경계에 대하여 의심이 없게 하는 것이고,
  '불방일'은 전심으로 선법을 닦고 익히는 것이며,
  '경안'은 몸과 마음을 경쾌 안락하게 가지는 것이고,
  '사'는 마음이 평정하여 들뜨지도 않고 가라앉지도 않게 가지는 것이고,
  '참'은 안으로 죄장을 자각하여 부끄러워하는 심작용이고,
  '괴'는 밖으로 어질고 착한 것에 대하여 수치심을 일으키는 것이고,
  '무탐'은 이미 얻은 재산에 대하여 탐착하지도 않고 새로 구하는 재물에 대해서도 욕심을 내지 않는 것이고,

'무진'은 정(情)·비정(非情) 일체에 대해서 연민심을 일으키는 것이고,

'불해'는 화를 내지 않거나 거친 행동이 나타나지 않게 하는 것이며,

'부지런함'은 이미 생긴 선을 수호증진하고 다시 과실을 범치 않는 것이다.

모두 이것은 착한 성품 속에서 착한 마음을 일으키는 것이므로 일체에 두루하여 '대선지법'이라 하는 것이다.

다음 대번뇌지법은 마음의 하는 일이 불선과 유부무기(有覆無記)에 통하여 모든 번뇌와 함께 하므로 '대번뇌지법'이라 부른다. 여기에는 어리석음(痴)·방일(放逸)·해태(懈怠)·불신(不信)·혼침(昏沈)·도거(掉擧) 등 여섯 가지가 있다.

'어리석음'은 속이 캄캄하여 결단심이 없는 것이고
'방일'은 이리 저리 돌아다니며 놀기를 좋아하는 것이며,
'해태'는 게으른 것이고,
'불신'은 믿음의 반대이고,
'혼침'은 침울하여 사물을 판단치 못하는 것이며,
'도거'는 불안 초조, 마음이 들떠 있는 것이다.

그리고 대불선지법(大不善地法)에는 무참(無慚)·무괴(無愧) 두 가지가 있는데, '무참'은 '참'의 반대이고, '무괴'는 '괴'의 반대이다. 이 두 가지는 불선지법이 일어날 때는 반드시 동반하는 것들이다.

소번뇌지법(小煩惱地法)은 불선(不善)과 유부무기(有覆無記)에만 통하나 다만 제6식의 염오심(染汚心)에만 따르기 때문에 소번뇌지법이라 하며 여기 열 가지가 있다.

분진(忿瞋)은 분해서 성내는 것이고,
부(覆)는 죄과를 감추는 것이며,
인재(悋財)는 법과 재물을 아끼는 것이고,
질(嫉)은 남의 영달을 좋아하지 않는 것이고,
뇌(惱)는 남의 가르침을 듣지 않는 것이고,
해(害)는 남에게 위해를 가하는 것이고,
한(恨)은 이미 분노한 사실에 대하여 원망하는 마음을 가져 풀지 못하는 것이고,
첨(諂)은 남을 농락하기 위하여 그를 따르면서 자기의 본심을 숨기는 것이고,
광(誑)은 사기성으로 거짓된 행위를 하는 것이며,
교(憍)는 자기의 재물이나 지위 학문 재능을 가지고 자부심을 강하게 가지는 것이다.

다음 부정지법(不定地法)은 심(尋)·사(伺)·수면(睡眠)·악작(惡作)·탐(貪)·진(瞋)·만(慢)·의(疑)처럼 낱낱이 일어나 각별한 행동을 하는 심소이다.

'심'은 거칠고 얕은 심리작용이고,
'사'는 가늘고 깊은 심리작용이며,
'수면'은 흐리멍덩한 것이고,
'악작'은 과거의 선악에 대하여 후회하는 것이며,

'탐'은 물들고 집착한 마음으로 탐구하는 것이고,
'진'은 극악한 행위의 동기를 말하며,
'만'은 자타를 비교하여 남을 업신여기는 것이고,
'의'는 진리를 의심하여 바로 믿지 않는 것이다.

위와 같은 심왕과 심소는 첫째 소의(所依)하는 것이 같고, 둘째 반연(所緣)하는 것도 같으며, 셋째 행하여 아는 것(行解)도 같고, 넷째 동시(時), 다섯째 같은 일(事)을 하므로 다섯 가지가 절대 평등하다고 하는 것이다.

이 같은 마음들이 서로 작용을 일으킬 때는 동시에 일어나는 것도 있고 경계에 따라 작용이 조금씩 차이가 나는 것도 있다. 대지법은 10, 대선지법도 10, 번뇌지법은 6, 대불선지법은 2, 부정지법은 앞의 네 가지만 종속되고 제6식에는 46심소가 모두 다 종속된다.

이 외에도 색심에 관계없이 존재하는 득(得)・비득(非得)・명근(明根)・중동분(衆同分)・무상정(無想定)・무상과(無想果)・멸진정(滅盡定), 생・주・이・멸의 4상(相)과 명・구・문(名・句・文), 생멸(生滅), 3세 등 불상응행법(不相應行法)이 있는데 색이 일어날 때는 색에, 심이 일어날 때는 심에 부대하여 일어나되 색・심과는 관계하지 아니하므로 불상응행법이라 한다.

이상의 모든 법은 시간과 공간 속에 변이상속(變異相續)하므로 유위법(有爲法) 또는 유루법(有漏法)이라 하고, 시간과 공간 속에 관계없이 존재하는 것을 무위법(無爲法)・무루법(無漏

法)이라 하는데, 허공(虛空)・택멸(擇滅)・비택멸(非擇滅)이 그 것이다.

허공은 걸림이 없는 것으로서 본체를 삼아 만물의 존재 여부에 관계없이 온 세계에 가득차 자타에 장애를 주지 않는다. 그러므로 그 가운데서 백천세계가 동시에 생겨났다 없어진다. '택멸'은 번뇌망상에 매여 있던 모든 법이 모두 털어져 나갈 때 나타나는 이치이니 열반과 같은 이치이다.

그리고 비택멸은 애초부터 이 번뇌망상과 관계없이 존재하는 법체(法體)이니 불성(佛性)과 같은 원리이다.

이와 같은 모든 마음은 선・악・무기(無記) 세 가지 성품으로 나누어져, '선'은 즐거움으로 천당의 종자가 되고, '악'은 괴로움으로 지옥의 종자가 되며, '무기'는 이것도 저것도 아니므로 세력이 없는 중간자가 되는 것이다.

이러한 이치를 잘 모르고 여러 가지 마음이나 물질을 업력에 치우쳐 집착하면 귀신병과 같은 정신질환에 걸리게 된다.

(b) 귀신의 정체

귀신은 어떻게 하여 형성되는 것인가. 능엄경에서는 귀신의 무리들을 귀(鬼) 와 신(神) 두 가지로 크게 나누고, 모두가 중생들의 전도심(顚倒心)에서 나타난 것이라 풀이하고 있다.

한 생각이 일어나므로(動) 소리(聲)가 있고, 소리가 있으므로 빛(色)이 있고, 빛이 있으므로 인하여 냄새(香)가 있고, 냄새로 인하여 촉감(觸)이 있고, 촉감으로 인하여 맛(味)이 있고, 맛으로 인하여 법(法)이 있다. 이 여섯 가지가 어지럽게 망상을 일으켜 업을 지어 세계가 생기므로 태·난·습·화(胎·卵·濕·化) 4생과 유색(有色)·무색(無色)·유상(有想)·무상(無想)·비유색(非有色)·비무색(非無色)·비유상(非有想)·비무상(非無想)이 온 세계에 꽉 차게 되었다.

고기와 새, 거북이 뱀 등은 난생이고, 사람·축생·용·신선 등은 태생이며, 꿈틀거리는 벌레들은 습생이고, 매미 같은 것은 화생이다.

빛과 화합한 것들은 유색이 되고, 어두운 것과 화합한 것은 무색이 된다.

생각이 있는 것은 유상이 되고, 생각이 없는 것은 무상이 되며, 수모(水母)와 같은 것은 비유색이 되고, 주저(呪詛) 염생(染生)의 무리는 비무색이며, 포로(蒱盧) 같은 것은 비유상이고, 식토조(食土鳥) 같은 것은 비무상이다.

이상 12류들이 사는 것을 보면 인간은 덩어리밥(段食)을 먹고, 귀신은 촉식(觸食)하고, 선천(禪天)은 사식(思食)하고, 식천(識天)은 식식(識食)을 한다.

순수한 생각만으로 사는 것은 천신(天神)이 되고,

정이 적고 생각이 많은 것은 신선과 대력귀왕·비행야차·지행나찰 같은 것이 되며,

감정과 생각이 반반인 것은 인간에 태어나고,

감정이 많고 생각이 적은 것은 옆으로 다니는 짐승이 되며,

감정 7에 생각이 3정도 되는 것은 물이나 불을 가까이 하고 사는 아귀가 되고,

순수한 감정만 가지고 사는 것들은 지옥중생이 된다.

음습교접(婬習交接)으로 뜨거운 불을 일으키는 것은 철상(鐵

床)·동주(銅柱)지옥에 태어나고,

탐습(貪習)으로 냉기(冷氣)를 흡축(吸縮)하는 자는 타타(吒吒)·파파(波波)지옥에 떨어지며,

진습(瞋習)으로 원한을 맺고 살기가 비등한 무리들은 칼날지옥에 떨어지고,

사습(詐習)으로 승목(繩木)·교살(絞殺)하는 자는 축계·가쇄지옥에 떨어지고,

광습(誑習)으로 무망(誣罔)하는 자는 몰익(沒溺)·비추(飛墜)하며,

원습(寃習)으로 한을 품어 돌을 던지고 사는 자는 상탄(相呑)·투척(投擲)지옥에,

견습(見習)으로 금계(禁戒)를 어긴 사람들은 고문·추국의 고통을 받고,

왕습(枉習)으로 비방하는 자는 합산(合山)·합석(合石)지옥에 떨어지고,

송습(訟習)으로 감추고 덮는 사람은 화주(火珠)·업경대를 면치 못한다.

대개 이 같은 무리들은 눈·귀·코·혀·몸·뜻으로 보고·듣고·깨닫고·아는 것을 기본으로 갖가지 업을 짓나니, 그 업을 지을 때도 무겁고 가벼운 것이 있어 과보를 받는 것 또한 무겁고 가벼운 것이 있다.

모든 중생이 오직 악행만 지으면 무간지옥에 떨어지고, 간간히 악을 지으면 8무간지옥에 떨어지며, 몸과 입과 뜻으로 살·도·음을 중심으로 하면 18지옥에 떨어지고, 3업을 겸하

지 아니하면 36지옥, 단일업으로 가벼운 자는 108지옥에 떨어지는데 이것은 남의 구속에서 벗어나지 못하는 귀신들이다.

다음 계율을 파하고 잡업(雜業)을 범하면 귀신이 되는데 이것 또한 경중에 따라 여러 종류가 있다.

물건을 탐하다 귀신이 된 자는 괴귀(怪鬼)가 되고, 색탐으로 귀신이 된 자는 발귀(魃鬼)가 되고, 탐혹(貪惑)으로 귀신이 된 자는 매귀(魅鬼), 탐한(貪恨)으로 귀신이 된 자는 여귀(癘鬼), 탐만(貪慢)으로 귀신이 된 자는 아귀(餓鬼), 탐망(貪罔)으로 귀신이 된 자는 염귀(魘鬼), 탐명(貪明)으로 귀신이 된 자는 역사귀(役使鬼), 탐당(貪黨)으로 귀신이 된 자는 전송귀(傳送鬼)가 된다.

또 괴귀(怪鬼)가 축생이 되었을 때는 토조(梟鳥)무리가 되고,
발귀(魃鬼)가 축생이 되었을 때는 쥐·양 같은 무리가 되며,
매귀(魅鬼)가 축생이 되었을 때는 여우 같은 무리가 되고,
고귀(蠱鬼)가 축생이 되었을 때는 뱀 같은 무리가 되며,
여귀(癘鬼)가 축생이 되었을 때는 회충 같은 무리가 되고,
기귀(氣鬼)가 축생이 되었을 때는 식류(食類)의 무리가 되며,
유귀(幽鬼)가 축생이 되었을 때는 피복(被服)의 무리가 되고,
정귀(精鬼)가 축생이 되었을 때는 철새(鷹數)의 무리가 되며,
영귀(靈鬼)가 축생이 되었을 때는 봉황(鳳凰)의 무리가 되고,
인귀(人鬼:傳送鬼)가 축생이 되었을 때는 고양이 개의 무리가 된다.

또 축생의 무리가 인연이 다 되어 사람의 몸을 받을 때도 일정하지 않다.

올빼미가 사람이 될 때는 완악(頑惡)한 무리가 되고,
쥐·고양이가 사람이 될 때는 우둔(愚鈍)한 무리가 되며,
여우가 사람이 될 때는 심술궂은(很戾) 무리가 되고,
뱀류가 사람이 될 때는 용열(庸劣)한 무리가 되며,
회충이 사람이 될 때는 미천(微賤)한 무리가 되고,
식류가 사람이 될 때는 유약(柔弱)한 무리가 되며,
피복류가 사람이 될 때는 노역(勞役)한 무리가 되고,
철새류가 사람이 되면 문장가가 되고,
봉황이 사람이 되면 총명한 사람이 되며,
고양이류가 사람이 되면 통달인(通達人)이 된다.

또 사람이 신선이 되는 과정을 보면 다음과 같다.
약 먹기를 좋아하면 지행선(地行仙)이 되고,
초목(草木)으로 약을 삼으면 비행선(飛行仙)이 되며,
금석(金石)으로 견고히 하면 유행선(遊行仙)이 되고,
동지(動止)로서 견고히 하면 공행선(空行仙)이 되며,
진액(津液)으로 견고히 하면 천행선(天行仙)이 되고,
정색(精色)으로 견고히 하면 통행선(通行仙)이 되며,
금주(禁呪)로서 견고히 하면 도행선(道行仙)이 되고,
사념(思念)으로 견고히 하면 조행선(照行仙)이 되며,
교구(交構)로서 견고히 하면 정행선(精行仙)이 되고,
변화(變化)로서 견고히 하면 절행선(絶行仙)이 된다.

또 천취의 과보에도 여러 종류가 있다.

사음(邪淫)을 유일(流逸)하지 않으면 사천왕천이 되고,
깨끗하게 살기를 좋아하는 사람(淨居天)은 도리천이 되며,
때때로 마음을 고요히 가지는 자는 염마천이 되고,
정미(精微)한 생활을 하는 자는 도솔천이 되며,
무심의 경계를 어느 정도 증득한 사람은 자재천이 되고,
초월한 경지에서 사는 사람은 타화자재천이 되며,
애염(愛染)이 없어지면 범중천이 되고,
온갖 율의를 잘 따르면 범보천이 되며,
몸과 마음이 묘원(妙圓)하면 대범천이 되고,
마음이 고요하여 빛이 나면 소광천이 되며,
빛과 빛이 상연(相然)하면 무량광천이 되고,
원광(圓光)을 흡지(吸持)하면 광음천이 되며,
빛으로서 음성을 삼고 살면 소정천이 되고,
마음이 허공처럼 맑아지면 무량정천이 되며,
세계와 신심이 원만하여 깨끗해지면 변정천이 되고,
몸과 마음을 핍박하지 않고도 고통이 없으면 복생천이 되며,
사심(捨心)이 원융하여 밝은 지혜를 내면 복애천이 되고,
한량없이 깨끗한 마음에 복덕이 원만하면 광과천이 되며,
마음이 재(灰)와 같이 되어 사심이 연속부절하면 무상천이 되고,
고와 낙을 한꺼번에 다 잊으면 오불환천(五不還天)이 되며,
고락경계에 다투는 마음이 없어지면 무번천이 되고,
홀로 있어도 교섭할 생각이 없어지면 무열천이 되며,
시방세계가 묘하게 맑아지면 선견천이 되고,
도주(陶鑄)가 걸림 없으면 선현천이 되며,

색성(色性)이 끝없는 세계까지 올라가면 색구경천이 되고,
마음이 허공처럼 걸림이 없으면 공처(空處)에 태어나며,
온갖 식(識)이 미세해지면 식처(識處)에 나게 되고,
공과 색을 이미 잊으면 무소유처천에 나며,
식성(識性)이 부동하면 비상비비상처천에 태어난다.

그리고 수라에는 네 종류가 있다.

 귀도(鬼道)에 있을 때 큰 법의 힘으로 신통을 얻어 허공에 들어가면 이는 귀수라(鬼修羅)로서 알로 태어나고,
 천중에서 덕이 모자라 떨어지면 인수라(人修羅)가 되는데 태생이 되며,
 범왕과 제석, 4천왕과 더불어 권세를 다투면 천수라(天修羅)로서 화생이 되고,
 바다 속에 생겨나서 수혈구(水穴口)가 생겼으면 축수라(畜修羅)로서 습생이 된다.

 이로써 보면 6취중생이 모두 한 생각 속에서 올라가고 내려간다. 그러므로 귀신이나 천이나 인간이나 수라나 모두가 한 생각 망념의 발동에서 나타난 것인데, 이것을 잘 모르기 때문에 끝없는 세월을 윤회하고 돌아다니게 되는 것으로 이는 자기 자신만 그렇게 돌아다니는 것이 아니라 인연 있는 모든 것들을 함께 동원하여 윤회하게 되므로 '삼계열뇌(三界熱惱)가 마치 불난 집과 같다'고 하는 것이다.

 그러면 이제부터 이들 귀신이 들린 사람들의 병 증세가 어

떠한지 살펴보기로 하겠다.

(c) 귀신병의 증상

귀신병은 원혼귀가 침범하여 전신이 불안해지기 때문에 병에 질정을 잡을 수 없을 정도로 마음이 의혹하고 행동이 암산(癌散)하며 생각이 질역(疾疫)해진다. 혹은 창(瘡)이 변해서 독을 이루기도 하고, 독이 변해서 창을 이루기도 한다. 오달국사(悟達國師)의 인면창(人面瘡), 세조대왕의 문둥병, 사도세자의 의내증 같은 것은 모두 그렇게 하여 난 것이다.

이러한 원친(怨親)은 크게 세 가지로 나누는데, 상친(上親)은 부모 사장(師丈)의 원에 의하여 일어나는 것이며, 중친(中親)은 형제자매의 원혼이며, 하친은 붕우 지식(知識)의 원혼이 붙어 생긴다는 것이다.

말하자면 부모·스승·형제·자매·친구·친지 사이에 원한이 맺혀 죽으면 그 원귀가 신경을 자극시켜 일으키는 것이므로 요즈음 병명으로 말하면 일종의 신경질환이다.

이러한 병은 약물로 치료가 잘 되지 않고 참회와 기도 정성에 의하여 치료가 가능해질 수 있다고 하였다. 그러나 이보다 더 무서운 병은 마(魔)에 끄달려 다니는 사람이다.

(d) 마(魔)의 정체

'마'란 인도말 '마라파피아'에서 연유된 말이다. '마라'란 '죽여 버린다' '죽게 한다' '새까맣게 만들어 버린다'의 뜻이 있다. 주로 우리의 마음을 새까맣게 만들어 버리고 죽게 하는 것은 이 몸(四大)과 마음(四蘊)이며, 이 몸과 마음을 죽게 만드는 것은 곧 생각이다. 특히 이같은 생각을 일으키게 하는 원인은 허망한 생각이 원료가 되어 세속적인 향락을 부추기는

데서 오므로 불교에서는 마의 종류를 '5온마(五蘊魔)'·'사마(四魔)'·'색마(色魔)'·'천마(天魔)' 등 몇 가지로 나눈다.

그런데 이 가운데서도 자기 속에 마가 들어 있으면서도 미처 깨닫지 못하고 있는 경우가 많은데 그래도 색마나 천마(향락마)는 몸과 마음이 지칠 때 '이래서는 안되지' 하는 마음이 있고, '사마' 또한 공포 속에서 뉘우치는 바가 있으나 5온마는 전혀 그 기미를 깨닫지 못하는 경우가 많다.

능엄경에서는 5온마에 걸린 사람의 증상을 다음과 같이 구체적으로 설명하고 있다.

㈎ 색마(色魔)
사람이 한 가지 생각에 골똘하여 삼매의 현상이 나타나면,
"무엇에 묶였던 몸이 확 풀리는 기분이 나고,
온 몸이 투명체가 되어 배속의 회(蛔)를 꺼내도 상처가 나지 않으며,
공중에서 들려오는 말소리를 듣기도 하고 온 세계의 비밀한 뜻을 주고받기도 하고,
부처님이나 신의 영상이 허공 가운데 나타난 것을 보고,
허공 가운데서 온갖 보배롭고 찬란한 빛을 보며,
캄캄한 방안이 갑자기 대낮같이 밝아지고,
온몸이 마치 목석과 같아 아무런 감각이 없어지며,
막혀있던 것이 갑자기 통해져서 무엇이든지 마음대로 보고,
밤중에 먼 곳의 일을 보거나 들으며,
이러한 모든 것들이 독립 혹은 종합적으로 나타난다."

이 같은 현상은 신들린 사람들이나 기도가 지극한 경지에 이르렀을 때 또는 기 공부하는 사람이나 선 공부하는 사람들 가운데서 특히 색음(色陰)이 녹아나는 과정에서 나타나는 현상인데 이를 착각하여 성현의 경계로 아는 사람이 있다. 이는 공부하는 사람 가운데서 흔히 볼 수 있는 일임을 깨닫고 그냥 지나면 상관없지만 그렇지 아니하면 마에 걸려 마의 노예가 되고 만다.

(나) 수마(受魔)
"온 몸이 가위 눌리는 것과 같은 현상이 나타나며 모든 것이 불쌍히 보여 눈물이 저절로 흐르고,
용기백배하여 한 생각에 무한한 과거와 미래를 초월한 소리를 하며,
갑자기 기억력이 없어져 바보처럼 침을 흘리고,
자신이 성자라고 큰소리치며 자신만만해 하고,
자살하고 싶은 생각을 일으켜 빨리 목숨을 끊겠다 하고,
끝없는 환희심으로 희열을 느끼고,
큰 거만심을 일으켜 남을 업신여기고,
작은 것을 알고도 만족한 마음을 가지고,
공에 집착하여 인과를 불신하고 단멸의 견해를 가지며,
밝은 빛이 심골(心骨)에서 사무쳐 광증을 일으킨다."

이것은 수행자가 색음(色陰)이 녹아난 뒤 수음(受陰)이 분명해지면서 생기는 중세이다. 이 또한 공부의 한 과정으로 생각하고 거기 끄달리지 말아야 한다.

⒟ 상마(想魔)

생각을 정미롭게 하여 무엇이든지 다 자신 있게 해보고 싶은 생각을 내고,
　마음대로 놀아 방탕하고 싶은 생각이 나며,
　은밀히 묘한 이치에 계합하고 싶은 욕망이 생기고,
　만물의 변화 성품의 시종을 명쾌하게 분석하며,
　모든 성인의 보살핌 속에 은밀히 개합할 것을 바라고,
　고요한 경계에 빠져 가만히 있기를 바라며,
　전생의 일을 훤히 알고자 몸부림치고,
　갖가지 신통변화를 애착 연모하며,
　마음을 비워 열반에 들기를 바라고,
　영원히 죽지 않고 살고 싶은 생각을 일으킨다.

이렇게 하면 어떤 경우에는 천마가 나타나 있으므로 그에 해당되는 경책들을 마음대로 읽어주고 마군이의 권속들이 붙어가지고 거기에 관계되는 것들을 훤히 알게 하여 이익을 주기도 하고 손해를 끼치기도 하기 때문에 세상 사람들은 '모두가 신이 하는 짓이라 사람으로서는 어찌할 수 없다'고 말한다. 그러나 모두 이것은 수음(受陰)이 비어 묘하고 삿된 생각을 만나지 아니하는데서 생기는 것이니 오직 마음만 훤히 밝힐 뿐 거기에 좌우되어서는 안 된다.

⒣ 행마(行魔)

사람이 이렇게 수행을 지극히 하여 색·수·상의 마군들이 녹으면 평상시 꿈과 현실이 한결같고 전진(前塵)에 거친 그림자가 없어 8만겁까지의 모든 일을 보고 듣게 된다. 그렇게 하

면 그 이전의 일은 알지 못하므로 독단적인 사고방식을 가지게 되는데 이것이 행마이다.

　이 세상의 처음과 끝은 어떠한 원인도 결과도 없다고 생각하고,
　마음과 영계 4대 8식 등에 대하여 영원하다고 고집하며,
　자타(自他)・심토(心土)・심정(心精) 4음을 잘못 분별하여 고집하고,
　3세・견문・피아・생멸에 대해서 잘못 분별하여 고집하며,
　지견 중에서 교란을 일으켜 생멸에 대해서 변항(變恒) 생멸 증감 유무의 상을 일으키고 마음은 없다 하고 모든 법은 있다 고집하고,
　업이 상속하는 가운데서 나타난 후유상(색신)을 고집하여 자아로 삼으며,
　5음(색・수・상・행・식)은 멸해 없어진다 고집하고,
　음(陰)이 있다 없다 고집하며 피차를 파하고, 옳다 그르다 고집하며,
　인간・6욕천・4선천・4공천은 마침내 모두 다 없어진다 고집하여
　7단멸상을 일으키고,
　6욕천과 4선천은 마침내 5열반에 든다고 고집한다."
　모두 이것은 수행자가 삼매 가운데서 상주의 묘명심(妙明心)과 항사국토 자타를 관찰하고 분별 계탁하는데서 나타난 경우이므로 설사 그런 경우가 나타나더라도 이것은 행마의 한 경계임을 깨닫고 관계하지 말아야 한다.

제2편 인도유학　197

㈎ 식마(識魔)

얻어진 마음을 가지고 진상인(眞常因)을 일으켜
사비가라(眞常外道)와 같은 견해를 일으키고,
모두가 자기의 소망이라 하여 원망하고 후회함으로서
마혜수라천과 같이 식(識)을 자기 주인으로 삼으며,
만물이 식으로부터 나왔다고 하여 자재천과 같은 생각을 하고,
바탁사니와 같이 지체(知體)를 형성하여
모든 것은 원만한 곳에서 나왔다는 도원종(倒圓種)에 빠지며,
온갖 물건에도 분별심이 있다고 고집하며,
가섭유와 같이 물과 불을 영원하다고 하여 자연숭배자가 되고,
더 이상 나갈 곳이 없는 곳에 나아가 무상증(無想症)을 일으키며,
상상하고 견고한 몸을 탐해서 아시타와 같이 망연에 빠지고,
증득한 열반에 만족하여 택에가라와 같이 공에 빠지며,
증득하였다는 마음을 세워서 성문 연각과 같이 적멸에 빠진다.

이것은 모두 깨닫기는 깨달았어도 깨달음이 원만하지 못한 데서 생긴 마들이다.

그러니 공부하는 사람이 사건에만 떨어지지 아니하면 음마

는 저절로 소멸하고 천마는 저절로 부서지며 대력귀는 넋을 잃고 이매망양(魑魅魍魎)은 다시 나타날 수 없게 될 것인데, 어느 곳에 병이 붙어 몸과 마음을 괴롭게 하겠는가.

③ 업보소감(業報所感)의 병

업보소감의 병은 과거에 지은 모든 악업으로 말미암아 금생에 나쁜 병의 과보를 받는 것이다. 그 증상은 천차만별하여 한 가지로 다 말할 수 없다.

업은 조작(造作)의 뜻이다. 몸과 입과 뜻을 발동하는 작용이다. 구사론에서는 업을 크게 2종으로 나누어서 사업(思業)과 사기업(思己業)으로 분류하는데, '사업'은 몸과 뜻을 통하여 행위와 언어로 나타내려할 때에 마음으로 생각하는 심작용(心作用)이고, '사기업'은 그 마음의 동기를 따라 몸과 입으로 말하는 언어와 행동을 말한다.

이 두 가지 업을 신·구·의 3업으로 나누고 다시 표업(表業)과 무표업(無表業)으로 나누기도 한다.

표업과 무표업은 입과 몸을 통해 표시를 하느냐 하지 않느냐에 따라 생기는 업이다. 자기 마음속으로만 생각하면서 표시하지 아니하면 무표업이 되고, 몸과 입을 통해 표시하면 표업이 된다. 그런데 의업은 심심소(心心所)이므로 표시를 하든지 하지 않든지 무기성(無記性)으로서 무표색에 해당한다.

대개 표업에서 무표업이 발생하는 까닭은 능히 발동하는 선악심에 달렸다.

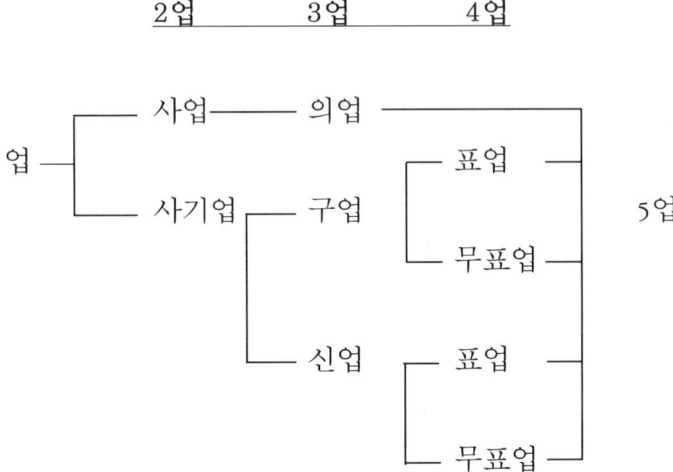

　세력이 강하면 몸과 입을 통해 바로 나타나고, 약하면 나타나지 않으나 그 세력은 팽이가 팽이채에 의하여 돌아가듯 그 세력이 다할 때까지는 없어지지 않는다.
　이것은 사람의 병과는 다소 다른 바 있으나 경전에 나타난 '개(狗)의 병'을 중심으로 업의 병이 어떻게 나타나는가를 간단히 살펴보기로 하겠다.

　부처님 당시 수가라는 장자가 있었다. 아버지가 돌아가신 뒤 강아지 한 마리를 얻어 유독히 사랑하고 길렀는데, 부처님만 보면 짖고 죽는 시늉을 하였다. 장자는 매우 불편하여 강아지를 안고 '누가 너를 이렇게 괴롭게 하였는지 내 그 사람을 혼내줄테니 조용히 하라' 하니 강아지는 눈물을 흘리며 평상 밑으로 들어갔다.
　이튿날 똑같은 현상이 생겨 오늘은 강아지를 안고 부처님이 계신 기원정사에 들어가니 강아지가 기원정사 문 앞에서 발버둥을 치면서 들어가지 않으려 하였다. 하는 수 없이 강아지를 놓아두고 정사 안으로 들어가 장자는 매우 흥분한 가운데 자기 강아지를 괴롭게 한 사람이 누군지 찾으니 부처님께서 말씀하셨다.

"왜 그러는가?"

"우리 강아지가 스님들만 보면 자지러지게 짖으며 죽는 시늉을 하니 무슨 까닭입니까?"

"그래. 그 강아지가 강아지로만 보이는가."

"그럼 강아지가 아니고 무엇입니까?"

"그 강아지는 강아지가 아니고 바로 너의 아버지니라."

"그런 말씀 마십시오. 강아지가 어찌하여 우리 아버지가 될 수 있습니까?"

"강아지가 너희 아버지가 틀림없는 줄 알려면 오늘 저녁 그대 집에 돌아가서 돌아가신 아버지 밥그릇과 또 다른 여러 가지 밥그릇에 음식을 담아놓고 강아지에게 말해보라. '아버지 당신이 진짜 강아지가 되었다면 당신의 밥그릇에 담아진 음식을 찾아 잡수세요.' 하라. 그리하면 반드시 자신의 밥그릇을 찾아 먹으리라."

그리하여 장자는 그 길로 집으로 돌아와 아버지의 밥그릇인 놋그릇에 음식을 담고 일렀다.

"강아지야 진짜 네가 내 아버지라면 네 밥그릇에 담은 음식을 찾아 먹어보라.'

그러나 강아지는 눈물을 흘리며 쳐다만 보고 음식을 먹지 않았다. 그래서 장자는 다시 그 강아지를 공경히 바라보며 존경사를 써서 말했다.

"아버님 진짜 당신이 우리 아버지라면 당신의 밥그릇에 담아 있는 음식을 잡수십시오."

말이 끝나기도 전에 강아지는 문득 달려가 놋그릇에 담긴 음식을 먹었다.

너무도 놀란 장자는 이튿날 다시 부처님을 찾아 물었다.

"강아지가 저의 아버지인 것은 대강 짐작하였으나 어떻게 강아지가 되었는지 궁금하며 어찌하여 스님들과 부처님만 보면 4지를 떨면서 짖는지 알 수 없습니다."

"장자여, 이것은 자신이 지은 인과이니라. 너도 지금 바라문교를 믿고 있지 않느냐."

"예. 바라문교를 믿고 있습니다. 그리고 저의 아버지는 살아 계실 때 바라문교의 회장을 역임한 바 있습니다."

"그러게 말이다. 너희 아버지가 사위성에 처음 불교가 들어온다 할 때부터 불교의 수입을 극구 반대하였고, 기타태자와 수닷다 장자가 기수급고독원을 짓고 나서부터는 마음속에 한이 맺혀 스님들만 보면 욕을 하고 꾸짖었다. 그 인연 과보로 너희 아버지는 너의 집에 와서 강아지가 되었으며, 지금도 우리들만 보면 죽을 힘을 다해 짖는 것이다. 한 가지 더 증험을 해보려면 오래전에 돌아가신 너희 어머니 밥그릇에 음식을 담아놓고 시험을 해보라."

장자는 바로 돌아와 자기 어머니께서 받아 잡수시던 밥그릇에 음식을 담고 잘 보이지 않는 곳에 다른 음식들과 섞어 놓은 뒤 말했다.

"아버님. 진짜로 당신이 저희 아버지가 틀림없다면 어머니께서 받아 잡수시던 밥그릇에 담아진 음식을 찾아 잡수세요."

하니 이번에는 깡충깡충 부엌으로 뛰어가 그의 어머니 밥그릇에 담아 있는 음식을 맛있게 먹었다.

장자는 이에 바로 부처님을 찾아뵙고 아버지를 제도할 방법을 물었다.
"부처님. 어떻게 하면 저희 아버지를 구제할 수 있겠습니까?"
"너희 아버지는 단번에 제도하기 어려운 업장이 지중한 사람이니 매일 아침이면 베다경전을 외우고 맨 마지막에 내 말 한 마디씩만 일러주라. 그리하면 좋아할 것이다."
장자는 그 길로 돌아와 이튿날부터 베다경전을 큰 소리로 읽으니 강아지는 두 발을 들고 춤을 추었다. 마지막에는 '가사 백천 겁이라도 지은 바 업은 없어지지 않고 있다가 인연이 모이면 마침내 그 과보를 받는다.' 하고 부처님께서 가르쳐준 법문을 하니 쪼그리고 앉아서 눈물을 흘리며 크게 참회하는 빛을 보였다. 그 뒤부터는 스님들을 보아도 짖지 않고 공손히 따라 다녔다. 장자는 그 후 3개월 동안 지극 정성으로 개 아버지를 잘 봉양하였는데, 하루는 꿈을 꾸니 '네가 깨우쳐 준 덕분에 한 생각을 돌려 큰 깨달음을 얻고 천상에 가 태어나게 되었으니 걱정하지 말라' 하여 아침에 보니 개가 죽어 있었다.

이것은 사람의 일이 아니므로 잘 이해가 되지 않을는지 모르지만 부처님 당시 일어났던 몇몇 사건 가운데 대표적인 일이므로 5,6가지 제목으로 경전에 수록되어 있다.
여기서는 전생의 업장을 녹이고 선업을 지어 천상락을 받게 한 것을 개에게 베다경전과 부처님의 말씀을 일러 주면서

개를 위해 여러 가지 복을 지어준데 있지만, 또 다른 경론에서는 어떻게 설하고 있는지 살펴보기로 하자.

부처님의 계율을 가까이 하면 미연에 방지할 수 있다. 비구의 별해탈계(別解脫戒)가 되었든지 하룻저녁 하룻밤만 가지는 근주율의(近住律儀)가 되었든지, 일생동안을 한정해서 지키는 근사율의(近事律儀)나 출가한 사미승들이 지키는 근책율의(勤策律儀), 식차마나가 가지는 정학율의(正學律儀)가 되었든지 계를 가지는 사람은 낱낱이 그 계를 받고 지키는 가운데서 전생의 업을 버리고 새로운 선업을 짓게 되므로 과비(過非)를 덜 범할 수 있다. 만일 선정을 통해 그 율의가 제재될 때는 그것을 정려율의(定慮律儀)라 하고 무루심(無漏心 : 번뇌망상이 없는 경지)이 생기면 그것을 무루율의(無漏律儀)라 한다.

그러나 전혀 계율을 알지 못하는 사람이 자기 의지에 의하여 살·도·음·망을 행하거나 언제 어느 곳에서나 아무 생각 없이 그 같은 일을 인연 따라 행하면 불율의(不律儀) 또는 처중율의(處中律儀)라 한다. 그것은 때와 장소를 가리지 않고 언제 폭발할 줄 모르는 휴화산과 같기 때문이다.

불교에서는 모든 업을 10불선업도와 10선업도로 나누는데, 10불선업도는 살생·도둑질·사음·거짓말·꾸미는 말·이간질·추악어·탐욕·성냄·어리석음으로 보고, 10선업은 방생·보시·청정·진실어·바른말·화합어·착한 말·불탐·부진(不瞋)·불치(不痴)이다.

이 가운데서도 부모와 아라한을 죽이고 부처님 몸에서 피를 내고 대중의 화합을 깨뜨리는 자는 극악무도한 오무간업(五無間業)으로 무간지옥에 떨어진다는 것이다.

인과의 업을 받는 시기는 크게 네 가지로 나눈다. 금생에 지어 금생에 받고(順現受業), 금생에 지어 내생에 받고(順生受業), 금생에 지어 내내생에 받고(順後受業), 언제 받을지 결정될 수 없는 업(順不定受業), 그리고 업의 체성(體性)에는 인업(引業)과 만업(滿業)이 있는데, 인업은 총과보로 일생동안 유지해 가는 명근(命根)과 중동분(衆同分)이고, 만업은 별도의 과보로서 총보위에 나타난 호추(好醜)·귀천(貴賤)·상하(上下) 등 여러 가지 차별을 말한다. 마치 화가가 한 색으로 모형을 그리는 것은 인업과 같고, 그 위에 여러 가지 색을 넣어 그림을 그리는 것은 만업과 같다.

감정에 의해 업을 지어 만들어진 세계를 유정세계라 한다. 이 유정세계에는 유정들을 한 그릇에 담아 생활하게 하는 기세간(器世間)과 그 속에서 생활하는 유정(有情)들의 세계가 있는데, 불교에서는 그 유정세계를 지옥·아귀·축생·인천·수라 등 6도로 나눈다.

한 중생이 하나의 생을 거칠 때는 반드시 네 개의 과정을 거치게 되는데, 이것을 중유(中有)·생유(生有)·본유(本有)·사유(死有)라 한다.

'중유'는 '사유' 이후 '생유' 이전 중간에서 생기는 신체로 지극히 미세한 물질로 형성되기 때문에 육안으로는 볼 수 없으나 천안으로 보면 5,6세의 아이와 같이 6근이 완비되어 장차 받을 몸과 꼭 같다고 한다. 이 중유의 눈(眼根)은 정력이강대하여 원근 산악 등 어떠한 장애도 넘어설 수 있는 힘을 가지고 있기 때문에 자기가 태어날 곳을 발견하기만 하면 멀고 가깝고를 가리지 않고 어머니를 찾아 입태하는데, 중유는 입태와 동시 없어지는 것이니 택태하면 곧 생유가 되기 때문이다.

그런데 생유는 본래 자기가 가지고 있는 업을 그대로 실천하는 것이므로 택태에 생유한 이후를 본유(本有)로 본다. 본유에는 열 가지 단계가 있으니 태내 5유와 태외 5유가 그것이다.

태내 5유란 입태 후 초7일까지를 갈라남(羯羅藍) 응활(凝滑)이라 하는데 4대가 응고하여 뭉쳐지는 순간이다. 제2, 7일을 악부담(頞部曇) 포(胞)라 하는데 굳어진 4대위에 엷은 막이 생기는 것을 말한다. 제3, 7일은 폐호(閉尸) 즉 혈육으로서 점차로 굳어진 상태를 말하고, 제4, 7일은 건남(犍南) 즉 견육(堅肉)으로서 고깃덩어리가 굳어져서 고체로 변해가는 상태이다. 그리고 제5, 7일로부터 출태기까지 3, 4주간은 발라사카(鉢羅奢佉) 즉 지절(支節)로서 두 손과 두 발, 피부, 골격 등이 차례로 생기는 순간이다.

그리고 태외 5유는 출산 이후 6세까지를 영해(嬰孩), 7세부터 15세까지를 동자(童子), 16세부터 30세까지는 소년(少年), 31세부터 41세까지를 성년(盛年), 42세 이후를 노년(老年)이라 한다.

이렇게 10기를 거치며 살다가 마지막 숨 떨어지는 순간을 사유(死有)라 한다.

이 세상의 모든 존재는 거의 이와 같은 과정을 거쳐 생(生)하고 사(死)하여 끊임없이 반복하는 것이 마치 수레바퀴가 돌아가듯 하므로 '생사윤회(生死輪廻)'라 하는 것이다.

대개 생사윤회는 3세에 걸쳐 12과정을 경유하면서 형성되므로 이것을 12인연 또는 삼세양중인과(三世兩中因果)라 한다. 12인연은 무명(無明)·행(行)·식(識)·명색(名色)·육입(六入)·촉(觸)·수(受)·애(愛)·취(取)·유(有)·생(生)·노사(老死)를 말한다.

무명이란 과거세에 번뇌를 일으키던 몸과 마음을 총칭한 것인데 밝지 못한 마음이 가장 큰 세력을 형성하고 있는 까닭이고,

행은 과거세에 선악업을 짓던 몸과 마음을 총칭한 것인데 그 가운데서도 선악행이 현저한 까닭이며,

식은 어머니 태속에 드는 맨처음의 몸과 마음을 말하고,

명색은 태속에서 5위를 형성하는 몸과 마음이며,

6입은 어머니 태속에서 눈·귀·코·혀·몸 등 여러 가지 기관이 생기는 것이고,

촉은 출태 후 3, 4세까지 모든 근이 발달하지 못하여 단순히 지각(知覺)만 일으키는 것이고,

수는 5, 6세부터 14세까지 음식 장난감 등에 대하여 허망한 애욕을 일으키는 몸과 마음을 말하고,

애는 15세 이후부터 재물과 색 등을 탐착하는 것을 말하고,

취는 앞의 탐심경계에 더욱 더 몸과 마음이 불어나는 것을 말하고,

유는 지금까지 지은 선악업이 장차 미래생의 결과를 짓는 것을 말하고,

생은 지금 당장 그 결과에 의하여 생을 받는 것을 말하며,

노사는 지금 받은 이 몸(名色·六入·觸·受의 四位身心)이 늙고 병들어 고생하다가 죽는 것을 말한다.

이상의 12인연을 통해서 1중인과라 하나 3세에 걸쳐서 작용하는 것을 보면 무명·행 2지(支)는 과거의 인(因)이고, 식·명·색·6입·촉·수·5지는 현재의 과(果)이며, 또 수·취·유·3지는 현재의 인이고, 생과 노사는 미래의 과이기 때문에 이것을 합하여 삼세양중인과라 한다.

욕계·색계·무색계에 태어나는 모든 중생은 이 3세인과를 통해 생사에 윤회하게 되므로 아무리 즐거운 천당락을 받더라도 결국에는 죽음의 고초를 받지 아니하면 안 된다. 그래서 구사론에서는 유정의 신체가 이미 괴로움에 의하여 초감(招感), 다시 정신적으로 항시 고통을 느끼게 되므로 이것은 고통 가운데서도 고통을 형성한다 하여 '고고(苦苦)'라 하고, 또 유정의 쾌락은 일시적일 뿐 어떠한 경계에 부딪히면 반드시 파괴되므로 이것을 '괴고(壞苦)'라 하고, 그것은 시간 속에서 끊임없이 변이상속(變異相續)해 가므로 '행고(行苦)'라 한다.

그러므로 이 세상은 고통투성이이며 참된 낙이란 찾아볼 수 없기 때문에 이 세상을 '사바(娑婆)'라 부르게 된 것이니 '사바'란 '참고(忍) 견디는(堪) 사람만이 살아갈 수 있는 곳'이라는 말이다.

유정이 사는 세계를 기세간이라 하고 그들이 과보를 받는 장소라 이야기 할 때는 의보처(依報處)라 한다.
대개 이 기세간에는 욕계·색계·무색계 세 가지가 있다. 여기에 욕계를 6욕(欲), 색계를 4선(禪), 무색계를 4정(定)으로 나누기도 한다.

　욕계란 5욕 소속의 세계이고, 색계는 4선(초선·2선·3선·4선)에 의하여 태어나는 순수 색상의 세계이므로 색계 또는 4선이라 부르기도 하며, 무색계는 4정(공무변처·식무변처·무소유처·비상비비상처)에 의하여 태어난 순수 정신의 세계이므로 무색계 혹은 4정세계라 한다.

　욕계에도 인사주(人四洲)와 3악취(지옥·아귀·축생)가 있고, 땅을 의지한 천당인 지거천(地居天 : 四王天·忉利天)이 있고, 허공을 의지해 있는 공거천(空居天 : 夜摩天·兜率天·樂變化天·他化自在天)이 있어 이 지거천과 공거천을 합하여 욕계육천(欲界六天)이라 부른다.

　색계천도 초선에 의하여 형성된 범중천(梵衆天)·범보천(梵補天)과 대범천(大梵天)의 3천이 있고, 2선에 의하여 형성된 소광천(小光天)·무량광천(無量光天)·극광천(極光天) 3천이 있으며, 3선에 의하여 형성된 소정천(小淨天)·무량정천(無量淨天)·변정천(遍淨天)이 있고, 4선에 의하여 형성된 무운천(無雲天)·복생천(福生天)·무열천(無熱天)·선현천(善現天)·선견천(善見天)·색구경천(色究竟天)의 9천이 있어 모두 18천이 된다.

　무색계에는 공무변처천·식무변처천·무소유처천·비상비비상처천 4천이 있으니 천당만해도 모두 합하면 28천이 된다.

　대 우주 안에는 이와 같은 세계들이 수없이 있으므로 화엄경에서는 무진세계(無盡世界)라 불렀다.

　4대주·일월·수미산·6육천과 초선의 범천 1천개를 합하면 그 양이 하나의 2선천과 같은데 이것을 소천세계라 하고, 1중천세계를 천배한 것은 하나의 3선천과 같은데 그것은 1중천세계라 하며, 1소천세계를 천배한 것은 하나의 4선천과 같은데 이것을 1대천세계라 한다. 1소천세계와 1중천세계, 1대천세계를 합하여 통칭 3천대천세계라 하는데 이것의 양이 마치 허공과 같으므로 등허공계(等虛空界)라고 한다.

그런데 그 속에 사는 모든 유정들이 생멸 변화하는 것과 마찬가지로 수많은 극미(極微)로 형성된 이 세계 또한 성·주·괴·공(成·住·壞·空)을 거듭하고 있다.

제1공겁(空劫)에는 존재하던 삼라만상이 모두 괴멸되어 공막(空漠)하므로 공겁이라 하는데, 그 시간이 약 20중겁(中劫)쯤 된다. 막막한 공간 속에 그동안 쌓여 있던 유정들의 공업력(共業力)이 최소단위의 극미들이 한데 모여 새로운 세계를 형성하는 시기를 성겁(成劫)이라 하는데 그 시기 또한 20중겁이 된다.

1중겁이란 20소겁을 합한 것을 말한다. 인도사람들은 1소겁을 범천(梵天)의 하루, 인간의 수명으로는 4억 3천 2백만년으로 계산한다.

이 4억 3천 2백만년을 계산하는 방법에 세 가지가 있다. 4방 80리 되는 돌을 안개와 같은 옷을 입은 사람이 100년만에 한 번씩 와서 그 옷을 스치고 지나감으로서 바위돌이 다 달아 완전히 없어지면 그것을 1소겁 또는 1불석겁(拂石劫)이라 하고,

또 4방 80리 되는 성중에 겨자씨를 가득 채워 놓고 100년만에 하나씩 집어가 그 겨자씨가 하나도 남지 않고 없어지면 그것을 1소겁 또는 1겨자겁(芥子劫)이라 한다.

그리고 인간의 수명이 10세 정명에서부터 시작하여 100년

마다 한 살씩 불어나 8만4천세까지 이르면 이것을 1증겁이라 부르고, 다시 8만4천세에서부터 100년마다 한 살씩 줄어 10세 정명에 이르면 1감겁이라 부른다. 그리고 이 증감겁을 합해서 1소겁이라 부르는데, 그 기간이 4억3천2백만년이 걸린다는 것이다.

성겁초에는 기체가 일어나 바람(風輪)을 형성하는데 그 넓이는 수량을 헤아릴 수 없고, 두께가 16억유선나나 된다고 한다. 다음에는 기체의 상층에서 점점 액체가 생겨 큰 수륜(水輪)을 형성하는데 그 깊이가 11억 20만유선나가 된다고 한다.

다시 바람이 생겨 액체를 고체로 만들면 그 가운데서 금륜(金輪)이 생기는데 그 두께가 3억 2만유선나가 된다. 이렇게 점점 지반(地盤)이 성립된 뒤 마지막에는 수미산과 철위산 등 9산(山) 8해(海)가 형성된다.

수미산 4방에는 4대주가 형성되어 거기에 인간이 살고 있는데 해와 달이 왕래하는 가운데 4천왕이 자리를 잡고 인간의 생활을 보호한다고 한다.

세계의 성립은 밑에서부터 위로 올라가나 유정들은 위에서부터 밑으로 내려오게 된다. 말하자면 제2선천의 유정들이 점차 하생하여 인간·방생(傍生)·지옥·아귀 순으로 형성된다.

지옥 중생이 탄생하는 시기는 성겁의 최후가 된다. 이렇게 20중겁 동안 세계가 형성되고 유정들이 생겨나면 제3기에는 그 세계가 유지 상속되는 기간이 되는데 이를 주겁(住劫)이라 한다. 주겁에는 세계의 변화는 없으나 생명의 수명에는 장단이 일치하지 않는다.

사람의 수명이 8만세계에서 10세정명으로 줄 때마다 7일간

도병(刀兵)이 일어나고, 7개월 7일간 질병이 오고, 7년 7개월 7일간 기근의 3종재난이 일어나는데 이것을 소삼재(小三災)라 부른다.

다음 파괴기인 제3 괴겁시(壞劫時)에는 유지기의 최후가 되면 모든 사람들의 마음이 착해져서 한 사람도 지옥에 태어날 사람이 없게 된다. 이로서 괴겁의 시초가 된 것을 안다.

이로부터 19겁 동안 지내오면서 하계(下界)로부터 상계(上界)로 점점 비어져서(空) 생물이 없어지게 되면 유정겁(有情劫)이 다하게 된다. 그러다가 마지막 제20겁에 이르러 풍·수·화의 대삼재가 일어나 이 세계가 부서지게 된다는 것이다. 그것도 3재가 한꺼번에 일어나 이 세계가 한꺼번에 부서지는 것이 아니고 먼저 화재(火災)가 7회를 거듭하다가 제8회째 수재(水災)가 오고, 이렇게 7주를 거듭하다가 7회째 화재가 일어나고, 마지막 제8회째 풍재가 일어 날려 버릴만한 모든 것들을 가루로 만들어 날려버리게 된다는 것이다.

이렇게 보면 화재가 56회, 수재가 7번, 풍재가 1번 있게 된다. 이것을 64전겁(轉劫)이라 한다. 이 가운데 화재는 욕계와 초선을 부셔버리고 수재는 2선, 풍재는 3선까지를 파괴하므로 3선천은 63괴겁시에 부서지나 제4선천 이상은 3재가 이르지 못하는 곳이므로 삼재부도처(三災不到處)로서 영원히 존재한다는 것이다.

그러나 이것은 1회 2회에서 그치는 것이 아니고 80겁을 1주기로 하여 끊임없이 성·주·괴·공이 이루어지므로 영겁부사의(永劫不思議)라 하는 것이다.

진실로 인도의학은 자연에서 나타난 4대5온병 뿐 아니라 정신적·육체적 온갖 병을 심리학적으로 조직적으로 체계있게 연구하고 있었다.

우도라카에게 이렇게 의학을 배운 예수는 다음 마니법전을 배웠다.

15. 마누법전 (Manu Dharma Shastra)

인도 신화에 나오는 인류의 시조 마누는 원래 인간이라는 뜻으로 영어의 Man과 관계가 있었다. '샤타파타 브라마나'를 비롯하여 서사시 프라나 등의 문헌에 의하면, 만물을 휩쓸어 버린 대홍수가 지나간 뒤 마누만이 살아남았다고 한다.

즉, 마누가 어느 날 아침 일찍 세수를 하고 있을 때 한 마리의 물고기가 그의 손 안에 들어와 마누에게 자신을 길러 달라고 부탁하면서 그 대가로 멀지 않아 닥칠 대홍수의 위험으로부터 마누를 구해주겠다고 약속하였다.

그 뒤 대홍수가 일어나자 마누는 물고기가 시키는 대로 미리 준비해 놓은 배를 물고기의 뿔에 붙잡아 매고 히말라야산의 최고봉으로 대피하였다. 홍수가 물러간 뒤 산에서 내려와 제식을 끝냈을 때 어디선가 '아이다'라는 여성이 나타나 함께 살아 인류의 시조가 되었다고 한다.

어쩌면 이것은 구약성서에 나오는 노아의 홍수 이야기와 유사한 점이 있었다. 셈족의 전설을 인도인들이 옮겼는지는 단정할 수 없었으나 아주 유사한 점이 있었다. 그런데 그 마누가 인도의 최초의 법전 마누법전을 만들었다는 것이다.

마누법전(Manu-smrti)은 산스크리트로 '마누어 전승'이라는 뜻이다. 전통적으로 최고의 권위를 인정받고 있는 인도의 힌두법전 '다르마 샤스트라'는 정식 이름으로 '마나바 다르마 샤스트라(Mānava-dharma Shastra)'이다.

전설상 인류의 시조이며 법의 창시자인 것이다. 그런데 마누법전이 지금의 형태로 법전이 만들어진 것은 BC. 1세기경부터인 것이니 곧 예수님의 유학시절로 인식된다.

마누법은 힌두인이 지켜야 할 법을 규정한 것인데, 인류사회를 총 4계급으로 나누어 그들 구성원들이 각기 지켜야 할 법률을 체계있게 정리한 책이었다.

총 2,694조, 12장으로 이루어져 있는데, 우주의 기원에서부터 다르마의 정의, 성례(聖禮 : Samskara), 장례(葬禮), 베다 공부, 음식제한, 오염(汚染), 정화(淨化)의 방법, 여자와 유부녀의 품행과 역대 제왕들의 법까지를 다루고 있었다.

역대 제왕들의 법령에서는 제목을 18개로 나누어 사법적인 이해관계 문제를 다루었고, 그 뒷부분은 다시 종교관련 주제로 돌아가 헌납(獻納)·보상(補償) 및 의례(儀禮), 인과응보, 천국, 지옥 같은 부분을 설명하고 있었다.

단지 마누법전은 현대의 종교법과는 달리 세속법 출세속법 사이에 어떤 구분도 두지 않고 있었으나 그 영향력은 엄청나게 커 힌두교의 카스트제도에 실질적인 윤리 체계를 부여하고 있었다.

이제 그 일부를 소개해 보면 다음과 같다.

(1) 마누법전

마누(Manu)가 명상 중에 있을 때, 위대한 선인(仙人)들이 그에게 다가와 예의를 갖추어 여쭈었다.

"존자시여, 당신만이 모든 신분(4성계급)에 대해서 그리고 그 사이에 난 자들(混種身分)이 지켜야 할 다르마(義務)에 대해서 저희에게 낱낱이 말씀해 주실 수 있으십니다.

당신은 자생자(自生者 : Svayambha)요, 상상할 수도 증명해 보일 수도 없는 존재(브라흐만 : 꿀류 까빳따)의 작용으로 인한 모든 일의 근본 된 진리를 알고 계시는 분이기 때문입니다."

이렇게 선인들이 청하니, 무한한 광휘의 마누께서 그들 선인들에게 대답하여 가로되,

"세상이 창조되기 전 사방천지(四方天地)에는 아는 자도, 알아볼 수 있는 징표도, 드러날 것도, 깨달을 것도 없이 온통 어둠만이 잠자듯 있었다."

<리그베다 10. 129 나사디야 숙따(Nāsadīya sūkta)>

「그때 추진력을 가진 그 모습이 드러나지 않는 존귀한 자생자가 근본물질과 그 밖의 것(말·맛·냄새·촉감·열기 등 24종의 요소)을 드러나게 하시고, 어둠을 깨신 것이었다.

그는 감각을 초월한 방법으로만 느껴질 수 있으며, 항상 존재하는 자, 이 세상의 만물 그 모든 것이오. 그러나 상상할 수 없는 자이니 그를 이름하여 '스스로 생겨난 자'라 하였다.

그가 자신의 몸으로부터 갖가지 자손들을 창조할 뜻을 두었으니, 먼저 물을 생기게 하고 그 물에 씨(精子)를 뿌렸다.

그 씨는 수천의 태양빛만큼이나 환한 알(卵 : 胎)의 모습으로 나타났고, 이 알에서 모든 세상의 조부인 브라흐마(Brahma)

가 스스로를 드러내었다.

물은 나라(nara : 사람)에게서 나므로 '나라에게서 난 것(nara)'이라고 불리는데, 그 물을 자리로 하는 자가 있으니, 그의 이름은 '나라야나(Nārāyana : 子孫)'라고 한다.

모든 세상의 근원이면서, 드러나지 않고, 영원하고, 참과 참이 아닌 것 모두를 그 안에 담고 있으니, 그 뿌루샤(太初人)는, 세상에서 창조자 '브라흐마'라는 이름으로도 불리고 있다.

그 존자가 알 속에 그의 1년(오랜 세월) 내내 머물다가 명상의 방법으로 알을 두 조각으로 나누었다.

그는 그 알 조각들로부터 하늘과 땅, 그리고 그 사이의 대공(大空), 여덟 방향과 영원히 존재하게 될 바다를 만들었다.

그리고 스스로 참과 참이 아닌 것, 이 둘을 모두 가지는 '마나스(마음)'라는 것을 생겨나게 했다.

또 마음에서 자아의식(自我意識)을 가진 신(神 : Īśvara)이 생겨나게 했다.

그리고 그 자아의식을 만든 다음에는 아뜨만(Ātman), 모든 창조물에 들어 있는 세 가지 근본속성(根本屬性 : 眞性・動性・暗性)과 그 속성들로 만들어진 대상들을 감지하는 다섯 감각기관들을 차례로 만들었다.

또한 그는 모든 곳에 무한히 뻗치는 광휘와 같은 이 여섯 요소들에 자신의 다양한 모습을 섞어서, 모든 생물체들을 만들었다.

이처럼 생물체들은 모두 여섯 미세한 요소들에 의지하고 있기 때문에 현자들은 그 육신을 일컬어 '샤리라'(6근을 구족한 몸)라 하는 것이다.

그 안으로 다섯 근원물질(根源物質)들이 각각 그 까르마 역할을 가지고 들어왔으며, 그 자신의 미세한 부분들로 모든 생물체에 작용하는 영원히 파멸치 않을 마나스도 들어왔다.

이제 그 위대한 광휘의 일곱 미세한 요소들로부터 세상이 생겨나니, 파멸하지 않는 것에서 파멸하는 것이 나온 것이었다.

창조된 세상은 그 다섯 요소들의 다섯 성질을 하나하나 가지고 뻗어 나갔으며, 그리하여 세상은 다섯 요소들을 가진 순서에 따라 그 성질들을 갖게 되었다.

최초에 그는 베다의 가르침들을 통하여 모두에게 각기 다른 이름과 까르마를 정하였으며, 모두 각기 다른 구조로 만들었다.

그 만물의 주인은 업을 가진 존재(存在 : 業神), 신(神)들 그리고 세세한 생물들의 무리들과 사디야(Sadhya)들을 만들었으며, 영원히 이어질 제사도 만들었다.

그 영원한 창조자가 그 제사를 이롭게 하기 위해, 아그니(Agni), 와유(Vayu), 그리고 수리야(Sūriya) 이들 셋을 통해 영원히 존재하게 될 리그·야주르·사마·베다들을 꺼내었다.

또 그는 시간·시간단위·별자리·별·강·바다·산·평지·험지 들을 만들었다.

창조자는 계속해서 열기·말(언어)·성(性)적 유희, 그리고 욕망과 분노를 만들었으니, 이 모두가 그가 창조하고자 하는 뜻을 둔 결과로서 창조된 것들이었다.

까르마(일)를 구분해 내기위해 다르마와 다르마가 아닌 것을 정하였으며, 기쁨과 슬픔처럼 모든 창조물을 한 쌍으로 빚어내었다.

다섯 근원요소들의 세밀한 성질에 따라 이 모든 것이 하나씩 생겨났다.

 이처럼 창조의 처음에, 창조자가 각각에게 알맞은 업을 정해 주었으며, 그 스스로가 반복하여 까르마를 겪으면서 다시 태어나고 있는 것이다.

 창조의 처음에 창조자가 창조물에 부여한대로 폭력과 폭력이 아닌 것, 부드러운 것과 단단한 것, 다르마와 다르마가 아닌 것, 진실과 진실이 아닌 것이 각기 그 자리로 들어갔다.

 계절이 바뀔 때 계절이 스스로 자신만의 모습을 취하는 것처럼, 사람도 자신의 까르마(業)를 스스로 취하는 것이다.

 세상을 구별짓기 위해 입과 팔 등에서 각각 브라만·끄샤뜨리야·바이시야·슈드라를 나오게 하였다.」

<리그베다 10. 90. 12에 나오는 뿌루샤 숙따(原人讚歌)>

 그런데 이것이 끊임없이 계승되어 "신의 입에서 브라만, 팔에서 끄샤뜨리야, 넓적다리에서 바이시야, 발에서 슈드라가 나왔다고 하는 결정적 설화로 변했다.

 그는 스스로를 나누어 반은 남자 반은 여자로 만들고 그 여자 안에 최초의 거대한 비라자(생명력을 지닌 존재)를 만들었다.

 재생자(신앙을 통해 거듭난 자)들 중에 가장 뛰어난 자(브라만)여, 힘겨운 고행을 통해 이 모든 것들을 창조하였으니, 그 창조자가 바로 나임을 알라.

 내가 창조물들을 창조할 뜻을 두고, 고행을 통해 창조물의 초인이 될 위대한 열 명의 선인들도 창조해냈다.

 그들의 이름은 마리찌·아뜨리·아기라사·뿔라스띠야, 뿔

라하·끄라뚜·쁘라쩨따·바쉬슈타·브리구 그리고 나라다 였다.

이들 뛰어난 영감을 가진 성자들은 일곱 마누와, 신들과 신들이 머물 곳, 그리고 또 다른 위대한 광휘를 가진 성자들을 만들었다.

<마누법전 제1장 1절>

(2) 베다당가분

이와 같은 마누법전은 베다당가분이라 부르는 여섯 가지 부수학문(字彙學·語源學·史傳·文法·順世派 : 大人相學)을 통하여 이해하였다.

'자휘학(字彙學)'이란 문자가 어떻게 만들어졌는가를 연구하여 그 속에 들어있는 뜻을 이해하는 것인데, 예를 들면 '근본물질'이란 '땅·물·불·바람·허공 다섯 가지 메다띠티 꿀류 까빳다를 의미하고, 또 거기에 연관된 언어(śabba)·맛(rasa)·냄새(ghandha)·촉감(sparśa)·열기(teja)·자아의식(ahamkāra) 등 24종의 요소를 말한다.

그리고 언어학은 anda란 알(卵)이 씨 즉 황암태(hiraṇīagarbha)로 변형되어 장차는 자궁으로까지 이해되는 것을 어원적으로 밝히는 것이고, 사전은 그의 역사, 문법은 그것을 문법적으로 이해하는 것이다.

그리고 순세파는 그 같은 언어적 사고가 어떻게 세상을 변형시켰으며 더 나아가서는 사람의 상호와 어떤 연관을 가지는가를 연구하는 것이 대인상학이다.

이 여섯 가지의 부수학문 가운데 깔빠수뜨라(Kalpasūtra)는 법과 밀접한 관계가 있는데 복잡하게 분화되어가는 사회현상을 제도화하고 통일함으로써 인간행동을 표준화한 것이 바로 마누법전이었다.

그런데 예수님은 이 법전을 배우고 나서 크게 의심하였다.

"신이 어떻게 사람을 만들면서 그렇게 차별한 마음을 가질 수 있다는 말인가. 우리 서양에서는 절대평등한 가운데 세계와 인류를 창조하였다는데……"

이 말을 들은 바라문(힌두교)인들은 자기네의 신을 무시하고 사회질서를 파괴한다고 예수께 협박하였다. 그러나 예수의 마음은 흔들리지 아니했다.

하루는 쟈간나스의 가마행렬이 수많은 열광하는 사람들 손에 이끌려 지나가자 예수가 말했다.

"보시오. 영혼이 없는 빈껍데기가 지나가고 있습니다. 혼없는 육신이 제단에다 지필불도 없는 성전들이 지나가고 있습니다. 이 크리쉬나의 가마는 공허한 것입니다. 왜냐하면 크리쉬나는 거기에 있지 않기 때문입니다. 이 크리쉬나의 가마는 단지 육욕의 포도주에 취한 사람들이 숭배하는 우상에 불과합니다. 하느님께서는 시끄러운 말 속에서 살고 있지 않습니다. 하느님께서는 조용하게 조그마한 목소리로 말씀하십니다. 그리고 이 말씀을 듣는 사람도 마음이 고요합니다."

그러자 모든 사람들이 말했다.

"마음속에서 조용한 목소리로 말씀하시는 신성한 신을 알 수 있도록 가르쳐 주십시오."

"신의 성스러운 숨결은 인간의 눈으로 볼 수 없습니다. 하지만 사람의 얼굴을 들여다보는 이는 마음속에서 말씀하시는 신의 모습을 볼 수 있을 것입니다. 그리고 사람이 사람을 존경하는 것은 곧 신을 존경하는 것이며, 삶을 위해서 무엇을 행하면 그것은 곧 신을 위해서 행하는 것입니다. 그러므로 명심하십시오. 마음과 말과 행동으로 다른 사람을 괴롭히는 자는 신에 대하여 죄를 범하는 것입니다."

"누구에게 봉헌물을 올리며, 어디에다 제물을 바쳐야 합니까?"

"세상을 창조하신 신께서는 초목·곡물·비둘기·새끼양의 쓸데없는 낭비를 원하지 않습니다. 성전에다 불태우는 것은 버린 바 되고 굶주린 자의 입으로부터 음식을 빼앗아 불에 던지는 사람에게 축복이 올 리 없습니다. 사람의 마음을 그대의 제단으로 삼아서 사랑의 불로써 그대의 제물을 태우시오. 샤카무니 부처님도 하늘 사람들은 감로(甘露)를 마시기 때문에 털 달린 짐승의 머리나 피 묻은 생물을 드시지 않는다고 하였습니다."

모든 사람들은 황홀해서 어쩔 줄을 몰라 하며 예수를 신으로 섬기려 하였다.

이에 예수가 말했다.

"나는 당신들의 형제이며 하늘에 가는 길을 가르쳐주러 왔을 뿐입니다. 그대들은 인간을 숭배해서는 아니 됩니다. 단지 신성하고 거룩하신 하늘을 찬미하시오."

16. 부친 요셉의 서거

어느 날 갠지스강가에 서있는 예수에게 서방세계에서 돌아온 한 떼의 대상들이 와서 부친 요셉의 부음을 전했다.

또 그들은 비탄에 빠진 마리아의 근황과 함께 아들 예수를 무척 그리워하고 있다고 전하였다. 예수는 깊은 명상에 잠긴

후 다음과 같은 내용의 편지를 전했다.

"가장 고결한 여성이신 나의 어머니, 방금 고향으로부터 온 사람에게서 아버님이 타계 하셨으며 어머니께서 몹시 슬퍼하시어 수심에 잠겨 있다는 소식을 들었습니다. 어머니, 만사는 잘 되어 가고 있습니까. 아버지께서는 훌륭하셨으며 어머니께서도 훌륭하십니다. 지상에서 아버지의 과업은 완성 되었습니다. 아주 고결하게 완성 되었습니다.
 여기 지상에서 살아 계신 동안 아버님께서는 많은 과중한 업무를 끝내셨습니다. 그리고 이곳으로부터 떠나시어 영혼의 여로문제(旅路問題)를 해결하시기 위해 준비하고 계십니다.
 왜 우시고만 계십니까. 눈물은 슬픔을 극복할 수 없습니다. 슬픔에는 마음의 상처를 아물게 하는 힘이 없습니다. 단지 슬픔에만 잠겨 있는 것은 태만한 것과 같습니다.
 어머니께서 하셔야 할 성업은 사랑의 봉사입니다. 그리고 온 세상 모두가 사랑을 갈구하고 있습니다.
 요한이 어머니를 잘 보살피고 어머니께서 필요로 하는 것을 잘 차려드리리라 믿습니다. 그리고 저는 항상 어머니와 함께 있습니다. 어머니에게 주님의 은총이 깃들기를 기원합니다. 소자 예수 드림."

예수가 샘터에서 앉아 명상에 잠겨 있을 때 축제일이었으므로 많은 하인계급의 사람들이 인근에 모여 있었다. 그 사람들의 이마와 손에는 고된 노역의 흔적이 있었고 힘든 고역 외에는 생각할 수 없는 그들의 얼굴에는 즐거운 빛을 찾을 수가 없었다.

예수가 말을 건네 물었다.

"그대들은 어찌 그렇게 슬픈 얼굴들입니까. 산다는 것이 행복하지 않습니까?"

"우리는 행복이란 말의 의미를 모릅니다. 부처님이 계신 영원한 안식의 세계로 가서 쉴 수 있기를 바라고 있을 뿐입니다."

예수는 이들에 대한 동정심과 사랑으로 심란해져서 말했다.

"일이란 사람을 슬프게 하지 않습니다. 인간은 일을 할 때가 가장 행복한 순간입니다. 그러한 천국이 당신에게 있다는 것을 모릅니까?"

"천국에 대하여 들은 적이 있습니다. 그곳까지 가려면 몇 번이고 거듭 태어나야만 한다고 했습니다."

"나의 형제들이여, 당신의 생각은 잘못 되었습니다. 당신의 하늘나라는 멀리에 있는 것이 아닙니다. 하느님께서는 결코 천국과 지옥을 만들지 않았습니다. 모두가 우리 마음이 만들어낸 것으로 자기들 마음대로 만드는 것입니다. 이제 하늘에서 천국을 찾는 일을 중지하시오. 바로 그대의 마음을 활짝 여시오. 그렇게 되면 일하는 것이 힘든 고역이 안될 것입니다."

사람들은 깜짝 놀라며 그 신기한 젊은 선생이 하는 말을 듣고 가까이 다가와서 인간이 지상 위에 만들 수 있는 천국에 대하여 더 말해 달라고 졸랐다.

예수는 비유를 들어 말했다.

"굳고 메마른 땅을 가지고 힘들게 살아가는 농부에게 땅 속을 꿰뚫어 보는 한 광부가 지나가다 가난뱅이 농부에게 금은보화가 묻혀 있다고 일러주고 농부가 자갈밭을 더 깊이 파헤쳐 금광을 발견한다는 내용을!"

"보시오. 성자가 다가와서 그는 마음속에 매우 귀한 보석이 충만하며 원하는 사람은 문을 활짝 열고 그들 모두를 찾을 수 있다고 말했습니다."

그들은 예수에게 마음속의 보물을 찾는 방법을 가르쳐 달라고 하고, 예수는 그 방법을 가르쳐 주고 인생의 또 다른 면을 보게 된 사람들은 일하는 것이 즐겁게 된다고 하였다.

17. 평등 자유주의 불교

불교는 성평등 무차별(姓平等 無差別)이라 사람을 차별하지 아니하였다. 태어나는 원리도 같고 늙고 병들고 죽는 것도 같으므로 계급적인 차별을 하지 않았다.

"바라문도 죽고 찰제리도 병들고 늙는다. 사람의 인격은 그의 마음가짐과 행, 언어 속에 나타난다. 바라문도 살생하고 찰제리도 도둑질하며, 바이샤도 바람피우고 수드라도 거짓말한다. 태어난 집안이나 자라난 환경, 공부의 이력을 가지고 사람을 차별해서는 안 된다."

하였고, 이것은 사람뿐이 아니라 생명을 가진 모든 것들이 다 마찬가지라 하였다.

"화를 내면 지옥에 들어가고, 탐욕을 부리면 아귀가 되고, 어리석으면 축생이 된다. 시간 속에 습관 된 자는 어머니 태속에 들어가 태어나게 되고, 껍질로 덮고 삿된 마음을 가지면 알로 태어나는 것이 되고, 전진성만 있고 후퇴성이 없으면 날짐승 물고기 같은 것이 되고, 성질이 급해서 훌훌 뛰고 방정을 떨면 옷도 입지 못하는 곤충이 된다."

하고 좋은 예를 들었다.

"지렁이는 옛날 애인과 사랑할 때 한번 약속을 정하면 1시간 전부터 와서 기다리다가 5분만 늦으면 5년 뒤에 만난 것처럼 하여 싸움이 그칠 날이 없었으므로 한 몸에 암수동체를 가지고 옷을 입지 못해 발가벗은 몸으로 살고 있다는 것이다.

그러므로 이 세상 모든 것이 자기 생각을 따라 나타나되 남의 명령에 의해 움직이는 것은 거의 없다는 것이다. 혹 그런 것이 있다면 그것은 옛날 옛적부터 살아온 군주, 전제정치적 분위기 속에 사는 사람이 그런 울타리를 치고 그렇게 살게 되어 있다고 하였다.

그래서 출가한 스님들은 대천이 바다에 들어가면 한맛이 되듯 일미(一味)의 정신에 의하여 화합해 살게 되어 있었다.

출가수행자들은 대부분 지관(止觀) 정려(靜慮)를 닦았는데, 이들은 베풀어주고(布施), 계행을 청정히 지키고(持戒), 인욕하고 정진하며 선정과 지혜를 닦아 부처님의 후보자로써 보살행을 닦았다.

그들은 대부분 부처님의 위대한 상호와 거룩한 명예, 그리고 일반 스님들이나 사상가들과 같지 않는 특별한 지혜였다. 복과 지혜를 겸전한 부처님과 그가 가르친 청정한 마음, 그리고 그들만이 가질 수 있는 화합의 정신이었다.

18. 국가 민족을 초월한 불교

석가세존이 창시한 불교사상도 평지에서 돌출한 것이 아니고 하늘에서 뚝 떨어진 것도 아니었다. 불교도 인도사상의 한 가닥인 조류로서 서기 전 6세기에 발생한 것이었다. 당시 인도사상의 조류는 인도교, 즉 바라문교(힌두교)가 주류를 이루고 있었다.

바라문교의 사상을 종합해 보면 두 가지 종류가 있었다. 하나는 전변설(轉變說)이요, 하나는 적취설(積聚說)이다.

전변이란 것은 전화변이(轉化變異)한다는 뜻이다. 이것은 그들이 우주관에 대하여 천지가 개벽할 때에 정신적인 주재자(主宰者)가 있다고 믿어왔던 것이다. 그러나 천지가 개벽하기 전에도 역시 이러한 정신적인 주재자가 있었다고 생각하였던 것이다. 그래서 그것이 성질상 활동적인 것이므로 그 활동에 의하여 변화 발전하여 삼라만상의 현상계가 전개되고 이 우주가 성립된 것이라고 보았다.

이것을 좀 더 구체적으로 말하면, 우주가 창조되기 전 최초에 유일한 범(梵: Brahman)이라는 정신요소가 있어서 모든 현상세계를 변화 성립시켜왔다고 보았다. 이것이 나중에는 신격화하여 범신(梵神: 인도의 하나님)을 숭배하게 된 것이다. 그런데 이것을 종교적 수행의 수정주의(修定主義: 선정을 닦는 것)로 고쳤다. 즉 사선팔정(四禪八定)의 정(定)을 닦아서 범아일체(梵我一體)가 되면 인생의 목적을 달성한다고 주장하였던 것이다. 인도 육파철학(六派哲學) 가운데 요가학파(瑜伽學派) 사상이 바로 그것이다.

그리고 둘째 적취설이란 것은 즉 천지개벽, 최초에 극미한 여러 요소가 결합하고 모여서 현재 인간이 보는 잡다한 세계가 창설되었다고 주장하는 것이다. 다시 말하면 지·수·화·풍(地·水·火·風)의 여러 요소가 모여서 이 우주를 창조한 것이라고 말이다. 그래서 적취설은 종교적 수행으로 나타나서 고행주의로 발전하여 그 고행으로부터 사대오온(四大五蘊)에서 해설의 목적을 요구하게 되었다.

불교는 이러한 분위기속에서 배태하여 바라문교로부터 탈피하고 혁신 개혁하여 독특한 정신계를 개발한 것이다. 부처님은 외계의 신에 귀의하거나 신아(神我)라고 주장하지 않고 내적으로 무아적(無我的) 진아(眞我)인 자아를 파악하고 진리의 본성인 법계의 진심체를 구명하기에 노력하여 불생불멸의 대도를 성취하신 것이다.

그러므로 불교는 열반사덕(涅槃四德)의 진상(眞常)·진락(眞樂)·진아(眞我)·진정(眞淨)의 상주(常住)를 인정하고 인생으로 하여금 최고목적에 도달케 하는 것은 자기의 마음 내부로부터 오는 힘이요, 절대로 마음 밖에서 오는 것이 아니라고 외치고 자력으로 정진하여 진아발견(眞我發見)인 마음구명에 전력을 다해왔다.

색신이 죽어서 범천(梵天)에 올라간다는 인도의 재래사상조류를 깨뜨리고, 살아서 성불하여 불생불멸(不生不滅)의 열반락(涅槃樂)을 얻는 것이 최고목적이라고 하며, 이것을 실천에 옮겼다. 그래서 주관적인 면에서는 지적 수행으로 전미개오(轉迷開悟)를 얻고 정적(靜的) 수행으로 이고득락(離苦得樂)을 얻고 의적(意的) 수행으로 사악취선(捨惡就善)을 몸소 닦았다.

또 객관적인 면에서는 우주만상에 대하여 제행무상(諸行無常), 제법무아(諸法無我), 열반적정(涅槃寂靜)인 삼법인의 원리를 밝히고, 또 출세간의 행으로는 고집멸도(苦集滅道)의 사제(四諦)를 설하여 생사해탈을 높이 주창하였다. 그리하여 당시 인도 사상조류에 대하여 혁신적인 진리를 창도하게 되었다.

예수는 생각하였다.

'인도라는 나라는 진실로 넓고 큰 나라다. 땅덩어리도 크지만 그 속에 배태하고 있는 역사와 사상 또한 위대하다. 이 세상에 없는 물건이 없고, 이 세상에 없는 종교 철학이 없다. 인도야말로 부처님 말씀처럼 이 세상 처음과 끝을 볼 수 있는 나라다.

그러나 나의 나라 이스라엘은 야곱이 얍복강 가에서 천사와 씨름하여 이겨 얻은 이름으로서 솔로몬 이후 여로보암을 중심으로 북왕국과 나누어졌으나 북왕국이 망한 뒤에는 또 남유다만이 존속하게 되었다. 내가 베들레헴에서 태어나 헤롯왕의 억압을 피해 애굽으로 피신해 있다가 애굽에서 인도인 라반나를 만나 여기까지 온 것은 바로 이러한 것을 보고 배우라는 베들레헴의 뜻이 아닐까. 실로 우리나라는 종교적인 편협 때문에 수천 년을 싸우고 있으며, 정치적인 면에서 화합을 이끌어내지 못하고 있다.'

중동의 작은 지역을 벗어나 세계적인 위대한 종교를 만드는 데에는 사상의 국지성(局地性)을 탈피하여 모든 국가와 종족을 아우를 수 있는 넓고 큰 부처님과 같은 사상이 나와야 한다는 것을 마음속 깊이 다짐하였다.

19. 동양천당과 서양의 천국

서양에서는 천당을 천국이라 부르는데, 동양에서는 천당이라 불렀다. 그 나라에서도 지상과 같이 아름다운 집(堂)을 가지고 있기 때문이다.

서양의 천국은 하나님의 나라로 곳간·안식처·낙원으로

불리는데, 지상보다는 높고 거룩한 곳이며, 죽음·눈물·슬픔·울음·고통이 없는 곳으로 지극히 행복한 곳이다. 오직 하느님 한 분이 통치하는 곳으로 완벽한 정부가 있는 곳이다. 지상처럼 각기 소유가 있으며 별과 같은 천군들이 하나님을 섬기며 하나님의 명령을 받아 하나님의 일을 수종하는 천군들이 사는 곳이다.

그런데 불교에서는 이러한 천당이 전통적인 베다사상을 계승하여 3계 28천으로 나누어 보고 있었다.

삼계(三界)란 욕계·색계·무색계인데, 욕계는 5욕 소속의 곳이고, 색계는 순수물질의 세계며, 무색계는 순수정신의 세계였다.

욕계에는 4왕천(해와 달이 있어 日月天이라고도 부름)·도리천·도솔천·염마천·자재천·타화자재천 6천으로 나누고, 색계천은 범천(대범천, 범보천, 범중천)·정천(소광천, 무량정천, 변정천)·광천(소광천, 무량천광, 광음천)·복천(무운천, 복생천, 광과천, 무상천, 무번천, 무열천, 선현천, 선견천, 색구경천) 18천으로 나누고, 무색계는 공무변천·식무변천·무소유천·비상비비상천 4천으로 나누어 설명하고 있었다.

4왕천은 동방지국천·남방증장천·서방광목천·북방다문천으로 이들 천당은 모두 수미산(지상)을 배경으로 사는 세계인데, 시직(時直)·일직(日直)·월직(月直)·연직(年直) 4직 사자들이 보고하는 일들을 가지고 세계를 순방하며 세상의 화복(禍福)을 점검하는 역할을 하는 곳이므로 호세사천왕(護世四天王)이라 부르기도 하였다.

위로는 제석천을 모시고 아래로는 건달바·긴나라·아수라·가루라 등을 대동하고 지옥·아귀·축생·인·아수라의 세계를 돌아다니며 감시한다 하였다.

인간 400년이 도솔천의 1주야이고, 인간 800년이 화락천 1주야였으며, 인간 1600년이 타화자재천의 1주야였다.

키는 4왕천이 1km, 위로 올라가면서 배로 불어나니 28천을 연이어 생각해보면 알 수가 있다. 안개와 같은 옷을 입고 하늘의 음식(甘露)을 먹고 음욕·식욕·수면욕을 마음대로 즐긴다.

서양의 천당은 오직 하느님의 승낙 속에서 들어갈 수 있는데, 동양의 천당은 복과 선(禪)·정(定) 여하에 따라 자유로 선택될 수 있게 되어 있었다.

말하자면 방생하고 보시하고 청정을 지키고 거짓 없이 살며, 탐·진·치 3독을 하지 아니한 사람은 그가 지은 복업을 따라 6욕천에 태어나게 되고, 초선·2선·3선·4선의 선을 닦은 사람은 색계천에 차례로 태어나고, 삼매 속에서 안정된 생활을 하는 사람은 누구나 무색계에 태어나 허공처럼 툭 터진 생각으로 아무 소유가 없이 걸림 없이 살게 되어 있었다.

서양의 천당은 하느님의 능력 속에서 의식주가 제공되는데 여기서는 복식(福食)·선식(禪食)·정식(定食)을 하여 의식주에 대한 걱정 또한 없었다. 수명 또한 각 천당에 따라 다른 점이 있는데, 평균 320억년을 1겁으로 쳐서 십겁·백겁·천겁·만겁을 사는 사람들이 많으므로 영생을 사는 것 같은 느낌을 가진다 하였다.

20. 티베트에서의 수행

티베트의 라사에는 구도자들을 위한 사원이 있고 수많은

고전 필사본이 소장되어 있다는 말을 들었다. 예수는 그들이 가지고 있는 많은 비밀의 교훈을 직접 읽기를 원했다.

한편 그곳에는 동부지방의 최고성자 멘구스테가 그 절에 있다는 말을 들었다.

그래서 에모두스 고원을 횡단하는 길은 매우 험난했지만 길을 떠났다. 피자빠지는 믿음직한 안내자 한 사람을 딸려 보내며 멘구스테에게 그 유태인 성자를 잘 맞이해 달라는 서신을 보냈다.

몇 달 후 그 안내자와 예수는 그 절에 도착하였고, 멘구스테와 모든 절 스님들은 나와서 그 안내인과 성자를 맞아주었다. 예수는 멘구스테의 도움을 받아 그 성스러운 고대필사본들을 모조리 탐독하였다.

그 고대필사본 속에는 초능력적인 여러 가지 저술들이 들어 있었다. 신통술·마술·최면술·차력·축지법·요술·공중부양술·수상부양술, 그리고 부처님께서 깨치셨다고 하는 천안통·천이통·타심통·숙명통·신족통·누진통 등… 그래서 부처님은 범부들이 가지는 술(術)이 아닌 확실하게 마음이 통하는 신통력으로 사람들을 효과적으로 가르쳤던 것 같다.

그런데 그곳에는 불가(佛家)의 고승이나 선가(仙家)의 선인이나 도가(道家)의 도인들이 활용하였다고 하는 구자활비부법(九字活秘符法)이 있었다. 이것은 우주아래 하늘빛 고운사람, 그리고 하늘 정원의 천송화와 같은 것이었다.

말하자면 위기에서 몸을 지켜주는 비법으로 손가락의 변형으로 재난을 피하는 방법이 있는가 하면 손가락을 공중에서 선으로 그어 아홉 글자를 큰 소리로 외치면서 하는 방법도 있고, 구자비부를 몸에 지니고 다니는 방법도 있었다.

손가락을 칼 모양으로 세워 소리 내어 허공에 대고 옆으로 왼쪽에서 오른쪽으로 한번 위에서 아래로 한 번씩 그어 가면서 아홉 글자를 큰 소리로 한 자 한 자 외칠 때마다 손으로 그어대면 뜻하는 모든 일들이 원만히 성취되었다.

임(臨)・병(兵)・투(鬪)・
자(者)・개(皆)・진(陣)・
열(裂)・재(在)・전(前)

임은 부동근본인(不動根本印),
병은 대금강륜인(大金剛輪印),
투는 외사자인(外獅子印),
자는 내사자인(內獅子印),
개는 외박인(外縛印),
진은 내박인(內縛印),
열은 지권인(智拳印),
재는 일륜인(日輪印),
전은 은형보병인(隱形寶甁印)이다.

　그러나 이것은 그 내용을 확실히 모르고 함부로 쓰다가는 자신은 물론 남의 생명까지 잘못 상할 염려가 있으므로 간단히 설명해 보기로 하겠다.

　사람마다 지문(指紋)이 다른 것은 각자에 해당하는 우주적 숙명이 다르기 때문이다. 여기서 숙명이란, 현재의 삶에서 당하고 있는 사건의 연속을 말하고 있는 것이 아니라, 그 사람만의 천성(天性)과 천명(天命)이 있음을 말하는 것이었다.

사람은 부모로부터 받은 유전자에 의하여 육체를 전달받고 있다. 그런데 그 육체에 가장 영향력이 많은 두뇌에는 물질적인 것 외에 정신적인 신비한 것까지 유전되어 있다. 그 정신적인 구조는 앞서 말했듯이 영혼은 영혼을 받는다는 방식으로, 한 개인의 정신적 유전성은 태초 신으로부터 분리되었을 때 받은 자신만의 만다라(曼茶羅) 세계의 '메커니즘'이 있다.

불교의 정신과학자들, 혹은 도가·선가도 마찬가지로 우주절방(宇宙絶房)의 메커니즘에 대하여 여러 가지 이론으로 고찰하고 있다.

우주 근본의 3가지 요소인 '영(靈)·기(氣)·색(色)'이 존재할 환경적 공간이 있다. 그 공간을 우주절방(宇宙絶房)이라는 이름으로 설명하고 있는 것이다. 현대 인간의 두뇌를 연구하고 있는 과학자 J.P. 킬포드 박사에 의한 지능구조의 모델을 보면, 인간의 두뇌는 마치 여러 개의 방들이 집합되어 있는 건물과 같다고 한다. 각 방마다 해당되는 능력이 있으며, 그 역할도 다르다는 설명이다.

인간의 정신은 방과 같다는 그 생각은 프랑스의 철학자 데카르트 시대에서도 같았다. 그러므로 정신이 난잡하면 할수록 혼란해지고 병적인 사람이 된다고 했으며, 질서정연한 의식과 논리적인 생각을 하는 사람은 당연히 건강한 사람이라고 말했다.

마찬가지로 '영(靈)·기(氣)·색(色)'이 존재하고 있는 정신적인 우주 공간에도 질서정연한 방들이 있다. 그 방을 통하여 신의 의식을 저장하고 있는 것이다. 그러므로 인간이 정신의 초월적 에너지를 이용하려면 우주절방(宇宙絶房)에 저장되어 있는 정보가 어떤 방에 있는지를 알지 않으면 안된다.

그 전에 자신의 천성(天性)과 천명(天命)을 발견해서 자신의 두뇌에 어떤 방을 개방해야 한다. 그러면 자연히 자신의 두뇌의 방과 같은 우주절방의 방과 서로 교신이 가능해진다. 여기서 우리가 한 번 심사숙고해 볼 부분이 있다. 그것은 '기도(祈禱)'에 관한 것이다.

현재 여기 두 사람이 있다. 그들은 다 같이 작곡을 공부하고 있는 학생이다. 그리고 둘 다 위대한 걸작을 세상에 남기고 싶은 욕망을 가지고 있다. 두 사람은 밤마다 하느님 앞에 엎드려 위대한 영감을 달라고 기도를 한다. 자신들의 소원을 성취하기 위하여 그들은 기도만큼 열심히 자신의 실력을 개발하고 있었다. 드디어 그들은 역작을 만들어 냈다.

그러나 세상의 평가는, 한 사람에게만 영광이 주어졌다. 즉 같은 노력 같은 환경이 주어져도 사람마다 각자 그 정신력의 선천성(先天性)이 다르다는 것을 우리는 이 이야기에서 알 수 있다.

그런데 그 다르다는 것이 과연 어떤 문제인가? 왜 그럴까? 하는 의문을 할 수 있는 사람은 자신의 천성을 발견할 수 있는 사람이다. 무모하게 그것을 모르고 욕심에, 자신의 천성이 아닌 사업을 하다가 망한 사람이 얼마나 부지기수인가. 어떤 분야에서 세상을 떠들썩하게 할 정도로 놀라게 성공을 획득한 사람은 단지 자신의 두뇌의 메커니즘과 우주절방의 메커니즘이 서로 형통했기 때문이다.

이것이 초능력의 비밀세계이다. 신(神)의 의식은 인간의 운명을 좌우하고 있다. 그러나 신의 의식을 인간이 원하지 않을 때는 마찬가지로 억지로 신의 의식이 인간에게 강요하지는 않는다. 신의 의식은 인간에게는 우물과 같다. 목이 마르면 두레박을 내려서 퍼 올리는 우물처럼, 우주 절방에 '영(靈)·기(氣)·색(色)'이 편재하고 있다. 그런 관계이므로 인간이 마음만 먹으면 얼마든지 우주절방의 '영(靈)·기(氣)·색(色)'을 필요한 대로 헤집고 꺼내 쓸 수가 있다.

그러나 자신의 방이 아닌 타인의 방으로 들어가서는 아니 된다. 남의 방의 것은 자신과 맞지 않는다. 마치 자기 몸과 다른 치수로 제단 된 옷을 입는 것과 같다. 다 각자의 것이 있기 때문이다. 때로는 다른 방에 들어갔다가 적으로 오해받아 생명까지 희생당할 우려도 있다. 한 번 그런 일이 일어나게 되면 귀신들이 혼돈을 일으키고 무질서해진다. 그러면 따라서 세상도 혼돈스럽고 무질서해진다. 마치 한 차례 폭풍이 일어난 것처럼 문제가 발생된다. 그런데 사람들은 그 사실을 모르고 꿈속에서라도 남의 것을 훔치려고 한다.

예수가 생각만으로 여자를 탐하는 것도 간음의 죄가 된다고 하신 말씀은, 바로 불가(佛家)·선가(仙家)·도가(道家)에서 증명해 낸 우주절방의 이치를 두고 한 말이다. 인간의 엄지지문은 그것을 예고하고 있다. 한 개인의 영적인 공간으로 지정된 우주절방의 기류(氣流) 편승(便乘)을 밝혀 두었다. 그것을 알고 이름을 부르면 자신의 두뇌 메커니즘이 작용하여 우주절방의 자신의 영적(靈的) 공간과 연결된다. 그리하여 자신의 기류 편승을 이용해 절방에 편재하고 있는 신의 의식을 얼마든지 꺼내 쓸 수가 있다.

그 일은 자신이 해야지 누구에게 의존할 필요도 없다. 교회당 안에서도 자신만의 영혼을 찾아야 한다. 그렇지 못하면 여기 저기 기웃거리는 거지처럼 방랑하는 처량한 신세가 된다. 자신의 영적 공간은 자신의 손바닥 안에 있고, 특히 엄지 지문에 명표(明表)해 두었으니 그것을 알고, 또 우주절방을 알고, 그리하여 그 방 이름을 부르면 쉽게 신의 의식을 얻을 수가 있다.

 신통에 관계된 이야기는 깨달음의 이야기이기 때문에 함부로 범부들께 공개하면 흉내내다가 잘못되는 경우가 많기 때문에 여기서는 몇 가지 실례를 들어 설명하고 끝내겠다.

 첫째는 맺힌 것을 푸는 방법이니, 마치 실타래가 엉망으로 엉켜 있는 것을 그 처음과 끝, 중간을 알아 풀어내면 하나도 자르지 않고 전체를 다 쓸 수 있도록 풀어낸다.
 둘째는 막힌 것을 뚫는 방법이다. 마치 음식이 입을 통해 들어가다가 어느 곳에 막혀 있으면 경락을 침이나 손으로 자극하여 그 막힌 곳을 뚫어 주는 것과 같다.
 셋째는 거꾸로 잘못된 것을 바로 세워 주는 것이니, 이것을 특히 사상이나 지식 상식에 있어서 잘못된 생각을 가지고 있는 것을 바로 깨우쳐 주는 것 같다.

 원래 물은 차고 더운 것이 없으나 정수기의 원리를 이용하면 차고 더운 물이 나오 듯 H_2O를 낱낱이 떼어 놓으면 물이 공기가 되기도 하고, 공기가 물이 되는 것 같다. 공기 이전의 공기는 산소도 질소도 아니다. 그런데 2가지 원소가 한데 어울려 공기를 만들어 내기 때문에 공기 이전의 상태로만 들어갈 수 있으면 신통력이 무한대로 나올 수 있다.

이 세상 모든 것은 시간과 공간 속에서 나타난 현상이다. 그러나 초시간(超時間), 초공간적 원리에 들어가면 천리안이 1초에 만리를 날아 이 세계 저 세계를 한꺼번에 접속시켜 주는 것 같다. 물 위를 걷는 것이나 물속에 들어가는 것이나 현상이 나타났다 없어지는 것은 마치 공기 속에 수증기가 나타났다 사라지는 것처럼 단지 원리의 이변(異變)에 불과한 것이니 신통은 알고 보면 신통이 아니다.

그러나 신통을 잘못 쓰면 여러 사람에게 피해를 준다는 것을 원자로가 전기를 일으킬 때는 세상에 큰 이익을 주지만 한번 파열되어 밖으로 새 나오면 많은 사람들에게 해를 주는 것과 같으므로 자연의 원리를 이해하지 못한 사람이 기능적으로만 응용하면 자못 자신과 남을 해칠 수 있으므로 신통력은 성말변사(聖末邊事)라 경계하고 있는 것이다.

21. 길을 떠나면서

멘구스테는 예수와 더불어 장차 올 시대에 대해 종종 말을 하였으며, 그 시대의 사람들에게 가장 알맞은 신성한 예식에 대해서도 얘기를 나누었다.

"미래 세상은 탐욕의 세상이라 작은 이(小利)로 큰 불을 볼 것이니 몸조심 하고 대의(大義)를 밝히라."

"감사합니다. 오랜 세월 성자들의 밝은 마음을 깨닫게 해주시니 진실로 하늘의 뜻으로 감사드립니다."

"신통은 성인의 말변사(末邊事)이기 때문에 함부로 쓰면 아니 된다. 성자는 행이 무거워야 하고 경솔하면 아니다."

"인도사상은 너무 혼돈하여 가닥을 잡을 수가 없습니다."

"그래서 부처님께서 간단히 인연법으로써 가닥을 낸 것이다. 다시 비구들이 먹는 것이나 사는 것을 가지고 분쟁이 일어나니 설사 대승불교가 일어난다 하더라도 거기 개대할 수는 없다. 단지 믿고 따라야 할 것은 대붓다의 깨달음이다."

랏사에서 예수는 이렇게 가르침을 받고 서쪽으로 길을 떠났다. 많은 마을을 거치면서 잠시 잠깐 머물렀다가 떠나면서 가르침을 주었다.

라다크에 있는 레흐라는 마을에 도착하여 수도승 상인 및 천민들로부터 환영을 받고 수도원에 머물며 가르치고, 시장터에서 대중들을 찾아 가르쳤다.

멀지 않은 곳에 어린 자식이 죽을병에 걸린 한 여인이 살고 있었다. 그 여인은 예수가 하늘에서 내려오신 스승이란 말을 듣고 아이를 끌어안고 예수에게 왔다.

예수는 그 여인을 보고 하늘로 눈을 돌려 말했다.

"나의 스승 멘구스테이시여, 저에게 거룩하신 하늘의 권능을 주시어 이 어린아이에게 성령의 기운을 쏟아 넣어 살아날 수 있도록 도와주소서."

하고 대중이 보는 앞에서 손을 어린아이 위에 얹고 말했다.

"착한 부인이여, 그대는 축복을 받았습니다. 당신의 믿음이 당신의 아들을 고쳤습니다."

그렇게 하자 그 아이는 갑자기 일어났다. 사람들이 모두 깜짝 놀라서 말했다.

"이 사람은 확실히 하늘이 보내신 분이 틀림없다. 왜냐하면 인간의 힘만으로는 그와 같이 열병을 꾸짖고 어린애를 죽음으로부터 구할 수는 없을테니까."

많은 사람들이 환자를 데리고 왔고, 예수는 말씀으로 그들을 고쳤다.

예수는 라다크인들 사리에서 며칠 동안 머무르며 병을 치료하는 방법과 죄를 씻어내는 방법과 지상을 천국으로 만드는 방법을 가르쳤다.

"악을 저지르지 마십시오. 죄가 있거든 참회하시오. 복이 있는 자는 천국이 자기 것이 될 것입니다."

사람들은 그를 깊이 사모하였고, 그가 떠날 때 마치 어머니가 떠나는 것처럼 슬퍼하였다. 출발하는 날 군중들이 몰려와 손을 붙잡고 이별을 아쉬워하자 예수는 비유를 들어 말했다.

"어떤 왕이 그의 국민들을 너무나 사랑한 나머지 그들 모두에게 귀중한 선물을 주기 위하여 그의 외아들을 보내었습니다. 아들이 가는 곳마다 아낌없이 선물을 나누어 주었는데, 신전에 봉사하는 사제들은 왕이 자기들의 손을 통하지 않고 선물을 주었다고 불평하였고, 그 아들을 사람들에게 모함하여 그 선물들이 아무 가치 없는 것이라고 하자, 사람들이 값진 보석이나 금은을 내팽개치고 아들을 붙잡아다 매질을 하고 침을 뱉어 그곳에서 내쫓았으나 그 아들은 그들의 멸시와 잔인함을 증오하지 않고 오히려 이렇게 기도하였습니다.

'하늘에 계신 나의 아버님,
　당신께서 손수 창조하신 이들 사람들을 용서하여 주소서.
　그들은 단지 이들은 하늘의 노예에 불과합니다.

그들은 그들이 해야 할 바를 알지 못합니다.'

그리고 그들이 그를 때리고 있는 동안에도 그는 그들에게 먹을 것을 주었으며, 무한한 사랑으로 그들을 축복했습니다. 어떤 마을에서는, 사람들이 기뻐하며 그를 맞이하여 주었으므로 기꺼이 머물러 그 집을 축복해주려 하였으나 그는 왕의 영내에 있는 전체 국민들에게 선물을 주어야 하므로 지체할 수가 없었습니다."

하고 예수는 떠나며 말했다.

"나는 떠나려니와 우리는 다시 만나게 될 것입니다. 왜냐하면 나의 아버지 나라에서는 모든 사람들을 맞을 방이 준비되어 있기 때문입니다."

캐쉬미르 골짜기에서 예수는 라호르라는 도시로 가는 도중에서 한 떼의 대상(隊商)을 만났다. 상인들은 예수를 알았고 레흐에서의 그의 권능을 보았기에 무척 반갑게 여겼다. 예수는 라호르에 가서 신드강을 건너 페르시아를 통해서 더 멀리 서쪽으로 가려하였고, 그들은 그에게 낙타를 한 마리 주었다. 그래서 예수는 그들과 동행하였다.

라호르에 도착하자 이미 와 있던 아자이닌과 몇몇 승려들이 환대해 주었다. 예수는 아자이닌의 손님이 되어 많은 것을 가르치고 병을 치료하는데 쓰는 술의 비의(秘意)도 전해주었다. 그는 공기·불·물·땅의 영을 지배하는 방법을 가르쳤고 죄 사함의 비의와 죄를 씻어 없애는 방법에 대해 설명해 주었다.

"옛 성인이 말씀하시기를, 사람의 수명은 숨 하나에 달려 있다 하였습니다. 맑은 공기, 밝은 불빛, 맑은 물, 깨끗한 땅은 우리들의 영혼을 빛나게 합니다. 털끝만큼도 더럽히면 사람이 그 죄보를 받게 됩니다. 아껴 쓰십시오. 절약하며 보호하십시오."

어느 날 아자이닌과 예수가 사원의 입구에 앉아 있을 때, 한 떼의 유랑가수와 음악대들이 뜰앞에 머물러 노래하고 춤을 추었는데 그들의 악성이 너무나 풍부하고 오묘해서 예수가 말했다.

"이 고장의 교양 있는 사람들 중에서 우리는 일찍이 이들 황야의 낯선 악인들이 노래하는 것보다 더 달콤한 음악을 들은 적이 없습니다. 이들의 재능, 이들의 힘은 어디에서 오는 것일까? 한 번의 짧은 인생에서는 확실히 그러한 아름다운 목소리와 그러한 음률의 법칙에 맞게 노래하는 지식을 터득할 수가 없으리라. 사람들은 이들을 기재(奇才)라 부르리라. 그러나 기재는 없는 법, 만사는 자연의 법칙의 결과일 뿐이리라. 이 사람들은 젊지가 않다. 그러한 신적인 표현과 순수한 음성과 감촉을 연출하기 위해서는 천년의 세월로도 충분하지 않을 것이다. 만년 전에 이들 사람들은 화성법(和聲法)을 마스터했을 것이다. 오랜 옛날 그들은 분주한 인생살이를 하면서 새들이 지저귀는 묘한 멜로디에 귀를 기울여 이것을 완전한 형태로 하프로 연주했을 것이다. 그들은 또 다시 와서 표현의 다양한 명시에서 또 다른 음조를 가르쳤다. 이들 유랑 악단들은 하늘나라의 교향악단의 일부를 구성하여 완전 원만한 나라에서는 천사들까지도 그들이 연주하고 노래하는 것을 듣고 기뻐하리라."

예수는 라호르의 일반 대중들을 가르치고, 병자들을 고치고, 사람들을 도와서 생활을 향상시키는 방법을 보여주었다.

"우리는 우리가 소유하는 것에 의하여 부자가 되는 것이 아닙니다. 우리가 소유할 수 있는 유일한 길은 남에게 베풀어 주는 것뿐입니다. 만일 당신들이 완전한 삶을 영위하고자 한다면, 그대의 동족들을 위하여 그리고 천한 생활을 한다고 생각되는 사람들을 위하여 몸을 바치십시오."

예수는 라호르에 더 이상 지체할 수가 없어서 승려들과 그 밖의 다른 친구들에게 작별인사를 하고 낙타를 타고 신드강을 향하여 길을 떠났다.

복 있는 사람은
악인의 꾀를 쫓지 아니한다.
죄인의 길에 서지 아니하며
오만한 자의 자리에 앉지 않는다.

22. 페르시아에서의 활동

예수가 고향으로 돌아가는 도중에 페르시아에 들어간 것은 24세 때였다고 한다. 많은 부락과 도시 또는 그 이웃에서 잠시 걸음을 멈추어 사람들을 가르치고 병자들을 고쳤다.

예수의 계급 타파의 메시지로 인해 바라문승려들과 지배계급들은 그를 환영하지 않았다. 때로는 당돌하게 그를 위협하고 노골적으로 협박하는 자도 있었지만 예수님은 그에 개의 하지 않고 가르침과 치유를 멈추질 않았다. 이윽고 그는 페르시아 역대 왕이 묻혀 있는 곳이며, 또한 세 명의 동방박사들 호르(Hor)·룬(Lun)·메르(Mer)가 살고 있는 페르세폴리스에 도착하였다.

이들 세 명의 마니교 승려들은 예수가 다가오고 있다는 것을 미리 알고 그를 마중 나왔다. 그들을 만나보니 대낮인데도 햇빛보다도 더 밝은 빛이 그들을 감싸고 있었다. 사람들은 그들을 신과 같았다고 증언하였다. 네 사람이 박사의 집에 도착하여 예수가 스릴 만점의 여행담을 들려주자 호르와 룬, 메르는 아무 말없이 하늘을 우러러 찬미하였다.

내 입은 지혜
내 마음은 명철한 묵상
내 비유에 귀를 기울이고
수금으로 나의 오묘한 말을 풀리…

한편 카스파아(Kaspar)·자라(Zara)·멜조온(Melzone)이라는 북쪽에서 온 3명의 현자들도 페르세폴리스에 와 있었고, 이들 7명은 7일 동안 무언의 형제애로써 밀접한 교신을 하며 집회실에 앉아 명상수행을 하였다.

그들은 진리의 밝은 빛과 하늘의 계시와 힘을 찾았는데 다가오는 시대의 율법과 교훈은 세계의 현인들에게 모든 지혜를 요구하기 위한 것이었다고 하였다.

마기교의(조로아스터교) 축제행사 때문에 많은 이들이 페르세폴리스로 모여 들었다. 마기교의 통치자가 아무라도 경내에서 말하고 싶은 자유를 허용하자 예수가 군중들 사이에 우뚝 서서 말하였다.

"여러분, 여러분들은 오늘날 사람의 아들들 가운데 가장 축복을 받은 분들입니다. 그것은 여러분들이 하늘과 인간에 대하여 가장 올바른 생각을 가지고 있기 때문입니다. 여러분들의 큰 스승이신 조로아스터(짜라투스라)에게 영광이 있을 것입니다. 그런데 그대들 성전에서는 이들 일곱 성령들 가운데 특히 뛰어난 힘을 가진 영 둘이 있어서 한 성령은 일체의 선을 창조했으며, 또 다른 한 성령은 모든 악을 만들어냈다고 적혀 있습니다. 어떻게 하여 악한 것이 일체의 선한 것으로부터 태어날 수 있는지 말해주시기 바랍니다."

한 명의 마기승려가 일어나 반문하였다.

"무슨 일이건 원인이 있게 마련입니다. 만일 유일하신 하느님께서 악을 만들지 않았다면 이 악을 만든 신은 어디에 있습니까?"

예수가 말했다.

"한 분이신 하느님께서 만드신 것은 모두가 선 뿐입니다. 또한 이 위대한 첫 번째 큰 원인과 같이 일곱 성령은 모두 선입니다. 그들의 창조력 있는 손에서 나오는 모든 것은 선입니다. 한편 일체의 창조물에는 저마다의 고유한 색채(色彩)·음조(音調)·형태(形態)를 가지고 있습니다. 그러나 어떤 음조는 그들 자신은 선이고 순수하지만 다른 것이 섞이어 혼합이 되면 부조화한 잡음이 됩니다. 바로 그러한 유독(有毒)한 것을 일러서 사람들은 악한 것이라 불렀습니다. 그러므로 악이란 선한 색채·음조·형태 등이 부조화를 이룬 혼합물을 뜻하는 것입니다. 사람은 하늘이 지으신 선한 것을 가지가지 방법으로 혼합하여 매일 부조화한 소리와 악한 것을 만들어 냅니다. 그리고 모든 음조 또는 형태는 선·악을 가리지 않고 생물이 되어 악마·요정이 되고, 또한 선한 영이나 사악한 종류의 영이 됩니다. 인간이 이와 같이 악마를 만들고서 그를 두려워하여 도망치니까 그 악마들은 대담해져서 인간을 쫓아 내몰고 그를 고뇌의 불길 속에다 집어 던지는 것입니다. 그 악마와 타오르는 불길도 모두 인간의 작품입니다. 그리고 불을 끄고 악마를 내쫓을 수 있는 존재는 그들을 만든 사람 말고는 아무도 없습니다."

이에 답변하는 마기승려는 아무도 없었다. 예수는 군중들을 떠나 기도하기 위하여 은밀한 곳으로 들어갔다.

이른 아침에 예수가 다시 와서 가르치고 병자들을 고칠 때, 마치 권능을 가진 성령이 그를 에워싸듯이 알 수 없는 한 줄기의 빛이 훤히 비추었다. 한 승려가 이를 보고 그의 지혜는 어디에서 오는 것이며, 그 빛은 무엇을 뜻하는 것이냐고 은밀히 물었다.

이에 예수가 말했다.

"영혼이 곧 하늘을 만나는 고요한 순간이 있습니다. 그곳에 지혜의 샘이 솟습니다. 그리고 그곳에 들어가는 사람은 모두가 진리의 빛에 쬐어져서 지혜·사랑·권능으로 충만하게 됩니다."

그 마기승려가 말했다.

"이 명상과 진리의 빛에 대해서 말씀해 주십시오. 제가 그곳에 가서 머무르고 싶습니다."

"고요한 명상은 어떤 장소에 국한되어 있는 것이 아닙니다. 사람은 항상 하늘과 만날 수 있는 비밀의 장소를 몸에 지니고 있습니다. 그리고 원하는 사람은 누구든지 안으로 들어가서 자신의 것을 찾을 수 있습니다."

이 뒤에 예수는 상당한 분량의 명상에 관한 가르침을 말해 주었다.

"말과 행위는 생각의 그림자입니다. 그러므로 생각을 다스리는 자는 곧 말과 행을 다스리는 자이므로 명상은 고귀한 것입니다."

카스파아는 유태선생(猶太先生)이 말하는 것을 듣고 나서 감탄하여 그의 지혜를 찬미하였다.

예수는 신성한 싸이러스의 숲속으로 들어가서 그곳에서 군중들을 만나고 가르치고 병자들을 고쳤다. 영험 있는 샘이라고 불리우는 흐르는 샘터가 페르세폴리스 근처에 있었는데 사람들은 일년중 일정한 시기에 하느님의 신성이 내려오셔서 샘물에 영험을 주시고 그 때 샘물에 들어가서 몸을 닦으면 완치된다고 생각하였다.

예수는 샘터에 모여 있는 많은 병자들 가운데 서서 말하였다.

"병치료의 영험이 어디로부터 오는 것입니까. 어찌하여 당신들의 하늘은 그 은총을 베푸는데 있어서 그렇게도 불공평하십니까. 왜 그분께서는 축복의 샘물을 오늘 주시고 내일은 거두어 가십니까. 권능의 신성은 날마다 영험 있는 물로 가득 채울 수 있습니다. 이 샘물에 씻으면 완치 되리라고 정성을 다하여 믿는 사람은 언제든지 씻기만 하면 나을 것입니다. 하늘을 믿고 자기 자신을 믿는 자는 누구든지 지금 즉시 이 샘물에 몸을 담그고 씻도록 하시오."

그러자 많은 사람들이 몰려들어 신앙에 힘입어 모든 효험이 사라지기 전에 먼저 씻으려고 앞을 다투어 뛰어들었다. 그때 예수는 매우 가냘프고 힘없어 보였으며 노도와 같은 군중들 건너편에 홀로 앉아있는 한 소녀를 보았다. 어느 누구도 그 어린 소녀를 인도하지 않았다.

예수가 소녀에게 말했다.

"나의 귀여운 소녀야, 어찌하여 그렇게 가만히 앉아서 기다리기만 하고 있느냐. 서둘러 샘물에 들어가 씻으라."

소녀가 말했다.

"서두를 필요가 없습니다. 하늘에 계시는 우리 아버지의 은혜는 작은 컵으로는 잴 수가 없습니다. 그래서 저는 천천히 가서 그 축복의 샘물 속에서 오래 오래 머물 것입니다."

"이 모범적인 영혼을 보라. 이 소녀는 모든 사람에게 신앙의 힘을 가르치려고 이 땅에 왔습니다."

예수는 그 소녀를 들어 올려 말했다.

"왜 무엇을 기다리고 있느냐. 지금 바로 우리가 숨쉬고 있는 공기가 생명의 향기로 가득 차 있다. 신앙으로 이 생명의 향기를 마시고 건강해지라."

소녀는 신앙 속에서 생명의 향기를 마시고 건강해졌다. 사람들은 이걸 보고 몹시도 놀라며 건강의 신이 인간으로 나타난 것이 틀림없다고 하였다.

예수가 말했다.

"생명의 샘은 조그마한 웅덩이가 아니다. 그것은 하늘의 공간만큼이나 넓다. 샘물이 사랑이며 신앙이 효능의 힘이 된다. 그리고 살아있는 샘물로 깊이 뛰어드는 사람은 자기의 죄를 깨끗이 씻어내어 완전하게 되어 죄로부터 해방되는 것이다."

다음 예수님은 앗시리아로 갔다.

23. 앗시리아에서

　페르시아에서 일을 마친 예수는 또 다시 고향을 향해 여행길에 올랐다. 페르시아의 성자 카스파아는 유프라테스강까지 동행해 주었으며, 두 사람은 애굽에서 다시 만날 것을 기약하고 작별인사를 나누었다. 그러고나서 카스파아는 카스피해 해변가의 자택으로 가고, 예수는 이스라엘 민족의 요람의 땅인 칼데아에 도착하였다.
　그는 아브라함이 태어난 우르에 잠시 머무르며, 자기의 신분과 찾아온 이유를 말하니 사람들이 사방에서 모여들어 그에게 말하고 싶어 하였다.
　그래서 그들에게 말하였다.
　"우리들 모두는 동족입니다. 약 이천년 그 이전에 우리의 조상인 아브라함은 이곳 우르에 사셨습니다. 그때 그는 오직 한 분이신 하느님을 섬기셨으며, 이러한 신성한 숲속에서 사람들을 가르쳤습니다."
　예수는 선의(善意)와 지상(地上) 평화(平和)와 복음(福音)을 그들에게 전했다. 인간의 동포애와 인간의 타고난 능력, 영혼의 왕국 등에 대해 말하였다. 그때 앗시리아에서 제일가는 성자인 아시비나가 그의 앞에 서서 말했다.
　"내 사랑하는 칼데아의 자녀들이여, 잘 들어 보시오. 그대들은 오늘 위대한 축복을 받았습니다. 살아 있는 하늘의 예언자가 그대들에게 왔기 때문입니다. 이 선생님께서 말씀하시는 것을 주의하여 잘 들어 보도록 하시오. 왜냐하면 그분께서는 하늘이 내리신 생명의 말씀을 전해줄 것입니다."

그리고 나서 둘은 칼데아와 티그리스강과 유프라테스강 사이에 있는 모든 마을과 도시를 찾아 다녔다.

또한 예수는 많은 병자들을 고쳤다. 파괴된 바빌론이 가까이에 있었으므로 예수와 그 성자는 바빌론의 문을 통하여 들어가 무너져 내려 황폐해진 궁전을 거닐었다. 그들은 이스라엘 사람들이 한 때 천한 포로가 되어 잡혀 있었던 거리도 거닐었다.

그들은 유다(Judah : 야곱의 아들)의 아들, 딸들이 버드나무 가지에 하프를 걸고 노래하기를 거부했다는 곳을 보았다. 그들은 다니엘과 히브리의 아들들이 신앙의 산 증인으로 서 있던 곳도 보았다. 그러자 예수는 그의 손을 들어 올려 말했다.

"인간이 이룩한 허망한 장관을 보시오. 바빌론의 왕은 옛 예루살렘의 성전을 파괴했습니다. 그는 성스러운 도시를 불태우고 나의 동포와 나의 친족들을 쇠사슬로 묶어 노예로 만들어 이곳으로 끌고 왔습니다. 그러나 보복이란 또 오는 것입니다. 사람이 다른 사람에게 행하는 것은 무엇이든지 정의의 재판관에 의하여 심판이 되기 때문입니다. 바빌론의 날은 저물었습니다. 환락의 소리는 이제 더 이상 성안에서 울리지 않을 것입니다. 그리고 온갖 기어다니는 더러운 벌레들과 깨끗하지 못한 새들이 이 폐허 속에서 번식하며 살아갈 것입니다."

벨루수의 신전 안에서 예수와 아시비나는 조용히 명상에 잠겼다.

예수가 말했다.

"이 어리석고 수치스러운 기념비를 보시오. 인간은 하늘의 옥좌를 흔들려고 노력했습니다. 그리하여 그들은 하늘까지 이르는 탑을 짓는 어리석은 짓을 시도했습니다. 그런데 바로 그 때 인간의 언어가 감쪽같이 사라졌습니다. 그것은 인간이 큰 소리를 치며 지나치게 인간의 힘을 자랑하는 우를 범했기 때문입니다. 그리고 이 높은 꼭대기에는 이교의 신 바알이 서 있었습니다. 그것도 사람의 손에 의해 만들어진 신이. 그 제단 위에는 새·짐승·사람·어린애에 이르기까지 바알신의 끔찍한 희생제물이 되어 불태워졌습니다. 그러나 지금 유혈(流血)이 낭자한 승려는 죽고, 성벽마저 흔들려 내려앉아 이곳은 폐허가 되어 버렸습니다."

그 뒤 예수는 시날(Shinar)의 평원에 일주일 동안 머무르며 아시비나와 함께 사람이 필요로 하는 것과 다가오는 시대에 성자들이 어떻게 가장 잘 봉사할 것인가에 대해서 오랫동안 명상에 잠겼다.

예수는 그곳을 떠나 며칠 뒤에 요단강을 건너 그의 고향 땅으로 돌아와 즉시 그의 집으로 찾아갔다. 어머니 마리아는 기뻐서 어쩔 줄을 모르고 아들 예수를 위해 잔치를 베풀고 그녀의 모든 친족들과 친구들을 초대하였다.

그러나 예수님의 형제들은 한탄 모험객에 지나지 않는 예수에게 이렇게 환대하여 대접할 것까지는 없다고 생각하여 잔치에 참석하지 않았다. 그들은 그의 형이 말하는 것을 비웃고, 그를 게으른 자, 헛된 야심을 가진 자, 별 볼일 없는 소용없는 자, 가치 없는 행운을 엿보는 자, 세상에서 명성을 찾는 뜨내기라고 말하고 집을 떠난 뒤 여러 해 뒤에 무일푼의 알거지로 어머니의 집으로 찾아든 자라고 말하였다.

예수는 어머니 마리아와 그녀의 여동생 미리암을 따로 불러 동방 여행담을 들려주었다. 그는 그들에게 그동안에 배운 교훈이라든가 자신의 행적 등을 말해 주었으나 다른 사람에게는 일체 말을 하지 않았다.

24. 희랍에 들어가서

희랍(希臘)의 철학은 신랄한 진리로 가득 차 있었으므로 예수는 희랍의 선생들과 함께 배우기를 열망하였다. 그는 나사렛의 집을 떠나 갈멜산을 넘어 항구에서 배를 타고 곧장 희랍의 수도에 도착하였다. 아테네의 사람들은 전부터 그의 명성을 알고 있었으므로 그를 만난 것을 기뻐하며 진리의 말씀을 들으려 하였다.

희랍의 많은 선생들 가운데 신탁(神託)의 옹호자라 불리우는 아폴로라는 사람은 희랍의 성자로서 많은 나라에 알려져 있었다. 그는 예수를 위하여 널리 희랍학문(希臘學問)의 문호를 개방하였고, 아레오파구스에서 예수는 가장 지혜로운 사람들이 말하는 것을 들었다. 그러나 예수는 그들의 지혜보다 훨씬 뛰어난 것을 가지고 와서 가르쳤다.

한 번은 원형경기장(圓形競技場)에서 아폴로의 배려로 말을 하게 되었다.

"아테네의 학자 여러분, 내 말을 들으시오. 오랜 옛날 자연의 법칙에 조예가 깊은 사람들이 지금 당신들의 서울이 있는 곳을 찾아냈습니다. 여러분들이 잘 알고 있듯이, 지구의 어느 부분에서는 그의 약동하는 심장이 하늘을 향하여 에테르의 파동을 던지면 하늘로부터 내려오는 에테르와 만나는 곳이 있습니다. 그 장소에서는 밤하늘의 별과같이 영혼의 빛과 오성(悟性)이 반짝입니다. 땅 위에 있는 모든 곳 중에서도 아테네와 같이 감수성이 있고 진실로 보다 많은 영적인 축복이 있는 곳은 없습니다.

그러나 여러분이 성취한 모든 학문들은 단지 감각(感覺)의 영역(領域)을 뛰어넘은 세계로 나가는 디딤돌에 불과합니다. 그것은 단지 시간의 벽을 날아 스쳐 지나가는 허무한 환상의 그림자에 지나지 않습니다. 하지만 나는 그 너머에 있으며 안에 있는 생명에 대하여 말하고자 합니다. 이 생명은 그냥 스쳐 지나가지 않는 참된 생명입니다.

오감(五感)은 단지 스쳐 지나가는 사물의 단순한 그림의 모습을 마침에 실어가도록 명했을 뿐 그들은 사물의 실체를 다루지 않습니다.

이러한 성령(聖靈)의 숨결은 모든 영혼의 문을 두드리지만, 인간의 의지가 문을 활짝 열 때까지는 들어갈 수 없습니다.

"돌아오라, 희랍사상(希臘思想)의 신비한 흐름이여! 그대의 맑고 깨끗한 물을 영적인 생활로 충만한 흐름에 섞으시오. 그러면 영각(靈覺)은 더 이상 잠자지 않을 것이며, 인간은 깨닫게 되어 신이 축복하실 것입니다."

예수는 옆으로 물러났고 그의 지혜의 말씀에 놀라 아무도 대답하는 사람이 없었다. 며칠 동안 희랍의 교사들은 예수가 말하는 명쾌하고 신랄한 말에 귀를 기울였다. 그들은 그의 말들을 충분히 이해할 수는 없었지만 기꺼이 그의 철학을 받아들였다.

어느 날 예수와 아폴로가 해변가를 거닐고 있는데 델피신선의 사자가 급히 와서 말했다.

"아폴로 선생님. 신탁(神託)이 당신에게 할 말이 있다고 합니다."

아폴로는 예수에게 말했다.

"선생님. 만일 당신이 델피신전을 보고 싶어 하시고 그것이 말하는 것을 듣고 싶어 하신다면 저와 함께 가셔도 좋습니다."

그들이 서둘러 델피신전에 가보니 모든 사람들이 몹시 흥분해 있었다. 아폴로가 신탁 앞에 서자, 그것이 입을 열어 말했다.

"희랍의 성자 아폴로여! 종(鐘)이 열두시를 치는 시대의 한밤중이 도래했노라. 대자연이 자궁 속에서 시대가 잉태되니라. 그러나 이제 델피의 태양은 져버렸노라. 신들은 인간을 통하여 인간에게 말할 것이다. 살아 있는 신탁이 지금 이 성스러운 숲속에 있으니 앞으로 세상은 슬기와 권능(權能)이 더욱 강해지리라. 모든 스승들은 머무르라. 모든 생명체들은 그 임마누엘의 말을 듣고 그를 잘 받아들일 것이다."

그리고 신탁은 40일 동안이나 다시 말하지 않았고 사람들은 놀랐다. 사람들은 멀리서 또는 가까운 곳에서 와서 살아 있는 신탁이 신들의 지혜를 말하는 것을 들으려 하였다.

어느 날 아폴로가 예수에게 말했다.

"이 신성한 델피의 신탁은 그동안 희랍을 위하여 많은 유익한 말을 해주었습니다. 부디 말하는 것의 정체(正體)를 좀 가르쳐 주십시오. 도대체 그것이 천사입니까. 아니면 살아 있는 신입니까."

"말하는 것은 천사도 인간도 신도 아닙니다. 그것은 희랍의 많은 지도자들의 모든 지혜를 합하여 하나의 큰 정신이 된 비유할 바 없는 슬기입니다. 이 거대한 정신은 영혼의 실체를 그 자신에게 받아들여서 생각하고·듣고·말하고 합니다. 이것은 지도적(指導的) 스승들이 사상(思想)·지혜(智慧)·신앙(信仰)·희망(希望)으로 그의 정신(精神)을 키우는 동안까지 살아 있는 혼(魂)으로 남을 것입니다. 그러나 희랍정신의 지도자들이 이 땅에서 사라지게 되면 이 큰 정신도 없어지게 될 것입니다. 그리고 나면 델피의 신탁도 더 이상 말하지 않을 것입니다."

하루는 예수가 해변을 거닐고 있을 때 폭풍우가 일어나 선박이 바다 한 복판에서 장난감처럼 요동을 쳤다. 선원과 어부들이 모두 물속으로 장사 지내져서 해변가에는 익사자의 시체들이 널려졌다. 예수는 쉴새없이 전력을 다하여 빠져 죽어 가고 있는 사람들을 구조하고 몇 번이고 다 죽어 가고 있는 사람들을 소생시켰다. 한편, 이곳 바닷가에는 바다를 지배한다고 생각되는 신들을 모셔놓은 제단들이 있었는데, 물에 빠진 사람들의 비명소리에는 아랑곳 하지 않고 사람들은 제단 앞에 몰려와 바다의 신들에게 구원을 요청하였다.

마침내 폭풍은 걷히고 바다는 잠잠해져서 사람들은 겨우 제정신을 차릴 수 있었으므로 예수가 말했다.

"그대, 나뭇조각으로 만든 신을 섬기고 있는 사람들이여, 그대들의 열띤 기도로 이 광폭한 폭풍이 조금이라도 가라앉았습니까? 그림으로 그린 칼과 관(管)으로 장식한, 이 초라하고 비바람에 시달린 신상(神像)의 어느 곳에 힘이 있습니까. 그러한 작은 집에 깃든 신은 나는 파리 한 마리도 거의 잡지 못할텐데, 어떻게 그가 폭풍의 신을 제압할 수 있으리라 생각하십니까. 눈에 보이지 않는 세계의 커다란 권능(權能)은 인간이 그들의 최선을 다할 때까지는 구조의 손을 내밀지 않습니다. 그들은 인간이 그들의 모든 힘을 쏟았을 때만 비로소 도움을 줍니다. 인간이 신 앞에 바칠 수 있는 가장 효과적인 기도는 도움을 필요로 하는 사람들을 도와주는 것입니다. 왜냐하면 그대들이 다른 사람을 위해 일을 하면 하늘도 그만큼 그대들을 위해 축복의 손길을 뻗치기 때문입니다. 이와 같이 하여 하늘은 도와주실 것입니다."

이렇게 하여 희랍에서 그의 일은 끝났다. 예수는 남쪽에 있는 애굽으로 발길을 옮겼다. 아폴로와 희랍 최고의 현학자(衒學者)들과 많은 사람들이 그를 부둣가에서 전송하였다.

예수가 말했다.

"나는 지금까지 많은 나라를 방문해 보았으며 수많은 여러 외국의 신을 모신 신전에도 서 보았습니다. 그들 모든 나라 가운데서도 희랍을 최고의 주인으로 생각하고 있습니다. 불행한 전쟁의 운명이 희랍을 정복시켰습니다. 이것은 살과 뼈와 지력(智力)을 과신하고, 국가와 국민의 힘의 근원을 묶어주는 영적인 생명을 잊어버렸기 때문입니다. 희랍 사람들이여, 머리를 드시오. 희랍이 성스러운 숨결의 에테르를 들어 마시어, 지상 위의 영적인 힘의 근원이 될 날이 다가올 것입니다. 그러나 하늘이 그대의 보호자가 되어야만 할 것이며, 그대의 방패(防牌)와 그대의 탑(塔)이 되어야만 합니다."

예수는 작별인사를 하고 아폴로는 손을 들어 조용히 축복하니 사람들은 모두 눈물을 흘렸다. 크레타 소속의 배, 화성호(火星號)를 타고 이 히브리 성자는 희랍의 항구를 떠났다.

25. 애굽에서의 포교

예수는 무사히 애굽에 도착하여 즉시 엘리후와 살로메가 살고 있는 조안(Zone)으로 갔다. 그들은 25년 전에 그들의 성스러운 학교에서 그의 어머니 마리아를 가르친 분이다.

다시 만나게 된 세 사람은 무척 기뻐하였다. 예수가 이 신성한 숲을 본 것은 아직 아기 때였는데, 지금은 온갖 세상의 풍파에 단련이 된 건장한 사나이로 성장하였고, 많은 나라에서 수많은 대중들의 마음을 사로잡았던 선생이 되었다.

엘리후와 살로메는 기쁨에 충만하여 예수의 여행담을 듣고, 하늘을 보며 기원(祈願)을 올렸다.

"옛날 알렉산더 대왕이 페르시아에 이르러 동서사상을 아우르듯 장차 이 세상은 예수 그리스도의 박애정신에 의하여 밝아질 것이다."

예수는 조안에 며칠 동안 머무르며, 헬리오폴리스라 불리는 태양의 도시에 가서 신성한 명상도가(瞑想道家) 신전에 입회하길 원하였다.

예수는 명상도가의 신비의식(神秘儀式)의 사제(司祭) 앞에 서서 그가 물어보는 모든 질문에 대해 명백하고도 힘있게 대답하였다. 이에 사제는 감탄하여 외쳤다.

"대선생이시여, 어찌하여 당신은 이곳에 오셨습니까. 당신의 지혜는 신의 지혜입니다. 어찌하여 사람의 모임에 와서 지혜를 구하십니까?"

"저는 모든 지상생활을 더듬어 보고 싶습니다. 널리 학문적으로도 추구해 보고 싶습니다. 누군가가 이미 오른 높은 곳에 저도 오르고 싶습니다. 누군가가 고통 받는 것을 저도 경험하고 싶습니다. 그리하여 이것으로 내 형제들의 비해(悲哀)와 실망(失望)·가혹(苛酷)한 시련(試鍊)이나 시험(試驗) 등을 알고 싶습니다. 또한 역경에 빠진 사람들을 구할 수 있는 방법까지도 알고 싶습니다. 내가 바라건대, 형제들이여, 부디 그대들의 어두운 지하 예배당에 들어가게 해주시오. 그리하면 저는 그대들의 가장 어려운 테스트를 받아 통과할 것입니다."

"그렇다면 밀의적(密意的) 명상도가(瞑想道家)의 계율(戒律)을 엄수하겠다는 서약(誓約)을 해야 합니다."

예수의 서약을 받은 뒤에 그는 거듭 말했다.

"가장 높은 정상은 가장 깊은 심오(深奧)한 경지까지 도달한 사람에 의하여 획득됩니다. 그러면 그대는 가장 심오한 경지에 이르도록 하시오."

예수는 샘터로 인도되어 목욕재계를 하고 의식에 적합한 옷으로 갈아입은 후 다시 사제 앞에 섰다.

사제는 온갖 사물의 속성과 특정이 내리 적혀 있는 두루마리를 벽으로부터 내려놓으며 말했다.

"원(圓)은 완전한 인간의 상징이며, 7은 완전한 인간의 숫자입니다. 로고스는 모든 것을 창조하고 파괴하며 구원하는 완전한 하늘의 말씀입니다. 이 히브리 선생은 모든 인류의 원(圓)이며, 시간의 7인 성스러운 하느님의 로고스입니다."

그리고 기록서(記錄書)에다 서기(書記)는 '로고스 원(圓) 7'이라 내리 적었다.

사제가 말했다.
"로고스는 내가 하는 말에 주의를 기울이도록 하시오. 자기 자신을 찾을 때까지는 아무도 진리(眞理)의 빛으로 들어갈 수 없습니다. 당신의 영혼을 찾을 때까지 나가서 구하도록 하십시오. 그리고 당신의 영혼을 찾았을 때 돌아오십시오."
안내원은 이른 새벽빛처럼 희미하고 맑은 빛이 있는 방안으로 그를 데리고 갔다. 그 방의 벽에는 신비한 기호(記號), 상형문자(象形文字), 신성한 성구(聖句) 등이 적혀 있었다. 예수는 혼자 남게 되어 그곳에서 며칠간을 지냈다. 그가 자기 자신을 찾으려고 사제가 말한 의미를 탐구하고 있을 때, 한 계시가 내렸다.
그는 그의 영혼과 친숙해졌다. 그는 그 자신을 찾아냈으며, 이제 그는 혼자가 아니었다.
어느 날 깊은 한 밤중에 잠을 자고 있는데, 미처 있는 줄도 몰랐던 문이 열리고 어두침침한 옷을 입은 승려가 들어와서 말했다.
"형제여, 아닌 밤중에 들어온 것을 용서하시오. 하지만 난 당신의 생명을 구하려고 온 것이오. 당신은 잔인한 간계(奸計)의 희생물이오. 헬리오폴리스의 승려들이 당신의 명성을 시기하여, 이 어두침침한 지하실 속에서 산 채로는 내보내지 않을 것이라고 말하고 있소. 이제 만약 그대가 자유의 몸이 되고자 한다면, 그대는 이들 승려들을 속여야만 하며, 그대가 이곳에서 평생 있겠다고 말해야만 하오. 그 뒤 그대가 바라는 것을 모두 얻었을 때 내가 돌아와서 그대가 안전하게 나갈 수 있는 비밀통로를 안내해 드리겠소."

"나의 형제여! 그대는 사기를 가르치러 왔습니까. 내가 이 비열한 위선의 간계를 배우기 위하여 신성한 방안에 온 줄 아십니까. 이곳의 승려들을 속이라고. 태양이 비추는 동안은 하지 않겠습니다. 나는 내가 말한 것은 그대로 실행합니다. 그리고 나는 그들과 하늘과 내 자신에게 진실할 것입니다."

그러자 그 유혹하는 사람은 사라지고, 잠시 후 홀로 남겨진 예수에게 하얀 옷을 입은 승려가 나타나서 말했다.

"잘 하셨습니다. 로고스가 이기셨습니다. 이곳은 위선의 실험실입니다."

그는 예수를 인도하여 심판석(審判席) 앞에 세웠다. 사제가 예수의 머리에 손을 얹고, 그의 양 손에 한 권의 두루마리를 놓았다. 거기에는 '성실(誠實)'이라는 단어 외에 아무것도 없었다. 안내인이 또 다시 생도들이 탐을 낼만한 모든 것이 가득 놓여 있는 널찍한 방으로 예수를 안내하여 잠시 쉬게 하였다.

그 로고스는 쉬고 싶지가 않아서 말했다.

"어찌하여 이런 호화스러운 방에서 기다리게 하는 것이오. 나는 쉴 필요가 없소. 나의 아버지의 과업(課業)이 과중한 무게로 억눌러 오고 있소. 나는 가서 나의 모든 과제(課題)를 배우고 싶소. 만일 시험이 있다면 오게 하시오. 자아를 극복한 모든 승리는 더 큰 힘을 부과시켜 줄 테니까."

안내인이 마치 밤과 같이 어두운 방에 그를 인도하여 주고 홀로 갔다.

예수는 며칠 동안 깊은 외로움 속에서 보냈다. 예수가 잠이 든 정적(靜寂)의 한 밤중에, 비밀의 문이 열리고 승복을 입은 두 사람이 각자 깜빡거리는 작은 등불을 들고 들어 왔다.

한 사람이 말했다.

"젊은이여, 당신이 이 무서운 지하실에서 겪는 고통에 마음이 무척 아픕니다. 우리는 그대를 빛으로 데려가 자유의 길을 보여주기 위해 온 것입니다. 우리도 한 때는 당신과 같이 이 지하실에 갇혀 있었습니다. 하지만 어떠한 행운의 순간에, 우리는 잘못을 깨닫고 모든 힘을 다하여 속박의 쇠사슬을 끊었습니다. 그 뒤에 우리는 이러한 모든 종교의식으로 외장된 타락(墮落)이라는 것을 알았습니다. 이곳의 승려들은 도망 중인 범죄자들입니다. 그리고 지금은 그들이 당신을 이곳에 가두고 있으나 조금만 지나면 당신을 희생제물로 바칠 것입니다. 당신이 할 수 있는 동안에 자유를 누리시오."

예수가 말했다.

"당신들의 약(弱)한 빛은 당신들이 가져온 그 작은 빛을 나타내고 있습니다. 바라건대, 당신들은 누구입니까. 인간의 말은 그 말로써 인간의 가치를 나타내는 것입니다. 이곳 성전의 벽은 높고 단단한데 어떻게 이곳에 들어왔습니까."

"이들 벽 밑에는 많은 지하통로가 있습니다. 예전에 우리들의 승려였을 때, 이 지하실에서 많은 날들을 보냈습니다. 그래서 우리는 잘 알고 있습니다."

"인간이 한 번 배반의 경지에 이르면 사기치는데 맛을 들이며 그의 이기적인 자아를 위하여 친구도 배신하게 됩니다. 아무도 나의 마음을 헤아려 판단할 수 없습니다. 그리고 만일 내가 충분한 증거가 갖추어지기 전에 판단을 내린다면 그것은 아마 옳은 판단이 아닐 것입니다. 나는 양심에 의하여 행동합니다. 나의 형제들이여, 당신들이 하는 말을 잘 듣겠습니다. 그러나 모든 증거가 갖추어지면 결정하겠습니다. 해가 비추이지 않는 동안에도 나의 영혼 안에는 해나 달을 능가하는 빛이 있습니다."

그러자 금방이라도 그에게 가해(加害)하려는 듯 심한 협박투로 떠들어대던 자들은 떠나가고, 홀로 남겨진 예수에게 또 다시 하얀 옷을 입은 사람이 나타나서 사제 앞으로 안내하였다. 사제는 아무 말도 하지 않고 '공정(公正)'이라고 적혀 있는 두루마리를 예수의 양 손에 쥐어주었다. 그래서 예수는 거기서 편견(偏見)과 환영(幻影)을 극복한 지배자가 되었다.

로고스는 3일간을 기다린 후에 명예의 방으로 안내를 받아 들어갔다. 그곳은 호화찬란한 온갖 보석들과 예술품들로 꾸며져 있었다.

예수는 이러한 기품 있는 우아함과 사상의 명백한 표현에 매료되었고, 그가 깊은 명상에 잠겨 있을 때 한 승려가 가까이 다가와서 말했다.

"형제여, 이곳의 장관(壯觀)을 보시오. 당신은 참으로 축복을 받은 사람입니다. 당신같이 젊은 나이에 그렇게 높은 명성을 얻은 사람은 세상에서 무척 드뭅니다. 이제 만일 당신이 사람들이 결코 이해할 수 없는 숨겨진 것들을 찾아서 자신의 일생을 헛되이 소비하지 않는다면, 당신은 후세까지 불후(不朽)의 명성을 남길 사상계(思想界)의 한 학파의 창시자가 될 것입니다. 내가 그대에게 충고하고 싶은 것은 불확실한 것을 추구하는 것을 단념하고 확실한 명성에 이르는 길을 선택하라는 것입니다."

예수는 오랫동안 명상(瞑想)에 잠기며 그가 말한 것을 곰곰이 생각하였다. 40일 동안 보다 높은 자아(自我)와 보다 낮은 자아는 서로 무섭게 싸웠고 결국 야망의 왕이 패배하였다.

　이것이 장차 성경(聖經)의 광야 시험의 원형이 아닌가 생각한다. 마귀가 나타나서 발아래 세상을 다스릴 권세를 주겠다고 한 부분이다.
　예수는 말했다.
　"부귀(富貴)·명예(名譽), 그리고 지상의 모든 명성(名聲)은 단지 일시적인 뜬 구름에 불과하노라. 그렇습니다. 인간이 바로 자신의 이기적인 자아를 위하여 행동하는 것은 생명의 크레디트 카드에는 기록이 되지 않습니다. 나의 아버지 하늘께서 이 시간을 마련해주셔서 감사하나이다. 당신 자신의 영광을 구하지 아니하며, 오히려 하늘의 왕국의 문지기가 되어 나의 형제들을 위해 기꺼이 봉사하겠습니다."
　또 다시 사제 앞에 불리워 간 예수는 '신앙(信仰)'이라고 쓰여진 두루마리를 받았다. 예수는 머리를 숙여 경건하게 감사의 인사를 하며 자리를 떠났다.

26. 영예의 그리스도

　며칠이 지난 뒤 예수는 '환락(歡樂)의 방'으로 안내되었다. 방안은 무척 호화스러운 장식들과 탐나는 것들, 온갖 산해진미, 달콤한 포도주로 가득했으며, 화사하게 차려 입은 아가씨들이 우아하고 명랑하게 시중을 들고 있었다. 고귀하게 차려 입은 남녀들이 그곳에 모여 있었고 모두 즐거움에 들떠 술잔을 기울이고 있었다.

예수가 말없이 지켜보는데 성자의 옷차림을 한 사람이 말했다.

"가장 행복한 사람은 꿀벌과 같은 온갖 꽃 속에서 꿀을 모을 수 있는 사람입니다. 현명한 사람은 쾌락을 추구하며, 어디에서나 그것을 찾을 수 있는 사람입니다. 다른 사람을 위하여 인생을 낭비한다는 것은 단지 어리석은 짓일 뿐입니다."

예수는 아무런 대답도 하지 않고 사람들을 바라보며 명상에 잠겼다. 손님들 가운데 옷차림이 허름한 사람이 있었는데, 그의 얼굴과 손은 고생(苦生)과 기아(飢餓)로 찌들어 주름투성이였다. 흥에 겨워 들떠 있는 무리들은 그에게 욕을 퍼붓고, 벽에다 밀어붙이고 당황해 하는 모습을 비웃고 즐겼다.

이번에는 보기에도 가난하고 허약한 부인이 들어왔는데, 그녀의 얼굴과 몸매에는 죄와 수치심의 표시가 드리워져 있었다. 그녀는 자비심도 없이 가엾게도 침 세례를 받고 조롱감이 되어 쫓겨났다. 그러고 나자 이번에는 가엾은 어린아이가 허기진 모습으로 들어와서 먹을거리를 구걸하였다. 그 아이 역시 몰인정하게 쫓겨나고 유쾌한 분위기는 계속되었다.

예수가 자기들과 어울리기를 권하는 그들에게 말했다.

"다른 삶들이 곤궁에 빠져 있는데 어찌 내 스스로 즐거움을 추구할 수 있겠습니까. 아이들이 소리 높여 빵을 구하려 외치고, 죄의 소굴에 있는 자가 동정심과 사랑을 외치고 있는 때에 어찌 내 자신이 사치스러운 환락을 구가하리라 생각할 수 있겠습니까. 내가 그대들에게 말하노니, 나는 절대로 싫습니다. 우리들은 모두 하나의 핏줄을 이어받은 동족입니다. 우리 각자 모두는 훌륭한 인간동포(人間同胞) 마음의 한 부분(部分)입니다. 내가 그대들에게 말하노니 그대들이 이들 불쌍한

나의 혈족들에게 행한 일은 곧 나에게 행한 것이나 다름없습니다. 당신네들이 추구하는 소위 환락이라고 하는 것은 단지 하룻밤의 환상에 지나지 않습니다. 관능적 욕구의 불꽃은 단지 시간의 벽 위에 그려진 환영의 그림에 지나지 않습니다."

　로고스가 말하고 있는 동안 흰 옷을 입은 승려가 나타나 명상도가 회원들이 예수를 기다리고 있다고 말했다. 사제는 아무 말 없이 '박애(博愛)'라고 적혀져 있는 두루마리를 그의 양 손에 들려주었다.

　성전(聖殿)이 있는 숲에는 조상(彫像)·기념비(記念碑)·사당(祠堂)이 많이 있었고, 예수는 여기에서 산보를 즐기며 명상에 잠겼다.

　어느 날 안내원이 손과 발을 쇠사슬로 채워 결박하여 굶주린 야수와 더러운 새들과 파충류가 득실거리는 소굴로 집어 던졌다. 동굴 속은 밤과 같이 어두웠으며, 짐승들은 울부짖고, 새들은 요란스럽게 지저귀고, 뱀들이 쉬이 쉬이 하고 소리를 내었다.

　예수는 혼자 말했다.

　"누가 나를 이같이 결박지었는가? 어째서 나는 쇠사슬에 묶여 고분고분히 앉아 있는 것일까? 내가 너희에게 이르노니 아무 것도 사람의 영혼을 붙잡아 매는 힘은 없느니라. 발을 묶는 족쇄는 무엇으로 만들어졌는가?"

　예수는 벌떡 일어났고 쇠사슬이라고 생각했던 것은 하잘 것 없는 약한 줄이어서 조각조각 풀어졌다.

　예수는 크게 웃으며 말했다.

　"땅위의 시체를 사람들이 붙잡아 매는 쇠사슬은 환상(幻想)의 공장에서 주조(鑄造)한 것이고 공기(空氣)로 만들어져서 환각(幻覺)의 불로 용접(鎔接)한 것이로구나. 나를 둘러싼 이 암흑(暗黑)은 무엇일까? 이것은 단지 빛이 없다는 것이노라. 그렇다면 빛이란 무엇인가? 이곳은 단지 신속(迅速)하게 전파되는 사상의 리듬 안에서 율동하는 하느님의 숨결일 뿐이노라."

그는 강력한 마음의 의지(意志)를 투사시켜 우주공간(宇宙空間)에 편재해 있는 창조의 조화생명(調和生命)을 진동(震動)시키며 '빛이여 나타나라!' 하고 말하자, 진동이 빛의 수준(水準)에 도달하자 빛이 환하게 나타났다.

예수가 굶주린 야수들과 파충류를 바라보자 모두 사라졌다.

"영혼(靈魂)이 두려워하는 것은 무엇인가. 공포는 인간을 죽음으로 태우고 가는 꽃수레다."

예수는 황금으로 만들어진 사다리를 보고 밟고 올라가니 흰옷을 입은 사제가 기다리고 있었다. '의열(義烈)'이라고 쓰여진 두루마리를 예수의 손에 쥐어 주었다.

로고스가 공포(恐怖)와 일체의 환상(幻想)을 만나 승리를 거두었다.

이 나라의 모든 곳 중에서 '태양의 사원'에 있는 아름다운 면회실만큼 화려하고 멋지게 꾸며진 곳은 없었다. 승려들은 이에 경외심(敬畏心)을 가져 '신비(神秘)의 방'이라고 불렀다.

예수가 공포를 극복하였을 때, 이 방에 들어갈 수 있는 권한을 갖게 되었다. 안내원이 길을 안내하여 '조화(調和)의 방'에 도착하였다. 여러 가지 많은 악기 가운데 하프시코드가 있었다. 그것을 바라보며 조용히 명상에 잠겨 있을 때, 매혹적인 아가씨가 방안으로 조용히 들어왔다. 그녀는 예수를 알아차리지 못한 채, 하프시코드를 연주하며 이스라엘의 노래를 불렀다.

예수는 혼자 자문자답(自問自答)하였다.

"이 사건의 참된 의미가 무엇일까. 이처럼 황홀하게 하는 아름다운 여인, 여왕과 같이 사랑스러움을 가진 매혹적인 여인을 나는 사람의 자식 가운데서 일찍이 찾아보지를 못했노라. 나는 일찍이 그와 같은 천사의 목소리가 이토록 사람의 모습에 광채를 주어 은총(恩寵)을 내리며 그와 같이 아름답고 황홀한 목소리가 사람의 입술에서 나오리라고는 생각을 못했노라."

예수는 며칠 동안이나 넋을 잃고 멍하니 앉아 있었고, 그의 사상의 흐름이 변하여 단지 그 매혹적인 아가씨와 아름다운 노랫소리만 눈에 아른거리고 귀에 쟁쟁했다. 며칠 뒤에 그녀는 다시 나타났고 예수에게 말을 걸며 아름다운 손을 예수의 머리에 얹었다. 그녀의 감미로운 손길은 잠시 그의 넋을 완전히 빼앗아 그의 과업을 완전히 잊게 하였다. 그 아가씨는 사라지고 예수의 마음은 크게 흔들리며 사랑의 불꽃이 그의 영혼 속에 활활 타올라 인생에 있어 최고의 시련에 직면하였다.

그는 상사병에 걸려 잠도 잘 수 없었고, 먹을 수도 없었으며, 오직 그의 관능적 애욕은 소리 높여 그녀의 관능적 애욕과 해후하기를 희구하였다.

그때 예수가 말하였다.

"보라, 나는 지금까지 만났던 모든 적들과 싸워 이겼었노라. 이제와서 이러한 관능적 애욕 앞에 무릎을 꿇을 수 있겠는가. 이러한 순수하고도 우주(宇宙) 보편적인 사랑이 인간의 관능적인 애욕에게 흡수되어 무릎을 꿇어야 할 것인가. 비록 그녀가 미((美)와 순결(純潔)과 사랑에 있어 최고의 전형(典型)이라 할지라도 다른 모든 피조물(被造物)들을 잊고 이 매혹적인 처녀에게 내 인생을 던질 수 있을까."

그의 영혼의 내면세계는 동요하여 혼잡하였고 오랫동안 자신이 이상향(理想鄕)의 상징으로 믿어 오던 이 매혹적인 우상천사(偶像天使)와 싸웠다. 싸움의 날이 거의 종결에 임박했을 때, 그의 보다 높은 자아가 힘있게 말했다.

"설사 내 가슴이 터진다 할지라도 나는 나의 가장 어려운 과제에 실패하지 않으리라. 나는 관능적 애욕의 승리자가 되리라."

그러자 그 아름다운 아가씨가 다시 나타나서 그에게 그녀의 매력적인 손과 풍만한 가슴을 내어 맡기자, 예수가 말했다.

"아름다운 아가씨여, 당신의 아름다운 자태는 나를 환희속에 몰아넣어 숨막히게 하는구려. 당신의 목소리는 나의 영혼을 축복하여 열락(悅樂)으로 인도합니다. 그러나 온 세상은 내가 보여주고자 하는 사랑을 간절히 열망하고 있습니다. 그러므로 나는 사랑스러운 그대에게 떠나달라고 말해야만 하는 것입니다. 그러나 우리는 또 다시 만나게 될 것입니다."

그녀는 사랑의 슬픔에 흐느껴 울며 자리를 떠나갔다. 그 순간 사원 안의 거대한 종(鐘)이 울리면서 성가대(聖歌隊)들이 들어와 축가를 불렀고, 방안은 빛으로 환하게 빛났다.

이번에는 그 사제가 몸소 나타나서 말했다.

"축하합니다. 승리의 로고스여, 진심으로 축하합니다. 관능적 애욕의 정복자는 높은 곳에 섭니다."

그는 예수의 손에 '성애(聖愛)'라고 적혀 있는 두루마리를 들려주었다. 연회장에서는 축제가 베풀어지고 예수는 그 연회의 주빈이 되었다. 이제 보다 수준이 높은 고급과정의 공부가 시작되어 예수는 그 사제 밑에서 수련생이 되었다. 그는 애굽에 전승되어 내려오는 신비한 밀교(密敎)의 비밀을 배우고, 삶과 죽음의 신비, 태양계 너머의 세계에 대해서도 배웠다.

모든 수련과정이 끝났을 때, 사자(死者)의 방에 들어갔다. 그곳에서 시체를 썩지 않게 하는 방법을 배우기 위해 일했다. 한 과부의 아들의 시체가 실려 왔고 어머니는 목 놓아 흐느껴 울었다.

예수가 말했다.

"부인, 눈물을 거두시오. 당신은 단지 빈집을 따라왔을 뿐입니다. 당신의 아드님은 시신 안에 없습니다. 그런데 이제 만일 당신이 슬픔을 가득히 품고 슬픈 한탄의 통곡을 하고 있노라면 그 슬픔의 깊이는 날이 가면 갈수록 더해 갈 것입니다. 의무(義務)를 다하면 행복과 기쁨이 뒤이어 따라옵니다. 그리고 기쁨은 이미 세상을 떠난 사람들의 마음을 위로해 줍니다."

그 여인은 남에게 봉사하는 기쁨 속에서 자신의 기쁨을 깊이 묻기 위하여 찾아 나섰다. 그때 한 어머니의 시신이 사자의 방으로 옮겨왔고 어린 소녀가 따라왔다. 이 행렬이 입구에 다가왔을 때, 소녀는 화살이 가슴을 관통한 새 한 마리가 심하게 퍼덕이는 것을 보았다. 소녀는 온 정성과 사랑을 다하여 새를 안은 뒤에 급히 돌아왔다.

예수가 소녀에게 말했다.

"어찌하여 상처 입은 새를 구하기 위하여 어머니 곁을 떠났느냐?"

"이 생명이 끊어진 육신은 더 이상 나의 도움이 필요 없기 때문입니다. 그러나 아직 살아 있는 생명은 도와서 구할 수가 있습니다. 어머니께서는 살아생전에 저에게 그렇게 가르쳤습니다. 어머니께서는 슬픔과 이기적인 사랑, 그리고 희망과 공포는 단지 보다 낮은 자아로부터 나오는 반영에 불과하다고 말씀하셨으며, 또한 우리가 느끼는 것은 커다란 생명의 물결이 요동치는 것 중에서 단지 아주 작은 물결에 불과하다고 가르쳤습니다. 완전한 행복은 우리가 이러한 것을 극복할 때까지는 우리의 것이 될 수 없다고 말씀하셨습니다."

예수는 소녀에게 경의를 표하여 절을 하고 말했다.

"지금까지 나는 오랜 세월에 걸쳐서 지상에서 인간이 배울 수 있는 최고의 진리를 배우기 위하여 찾고 있던 중, 뜻하지 않게 이곳에서 젊디젊은 소녀에게서 그 모든 것을 들었노라. 어린 아이와 젖먹이의 입을 통하여 당신은 힘을 명하시는도다."

예수는 손을 소녀의 머리위에 얹고 말했다.

"어린 소녀여, 나의 하늘의 축복이 영원히 그대 위에 있을 것이니라."

사자의 방에서 그의 모든 수행이 끝난 예수는 신전에 있는 화려한 자줏빛 방안의 사제 앞에 섰다. 예수는 자줏빛 예복을 입었으며, 모든 형제들은 일어섰다. 신비의식의 사제가 말했다.

"오늘은 이스라엘 전체의 민족에게 최고로 경사스러운 날입니다. 우리는 그들의 선택된 아들을 위하여 유월절(逾越節)의 잔치를 축하하는 바입니다. 그대, 형제여! 그대는 사람들 가운데서 가장 탁월하며, 성전에서 베푼 모든 시험에 통과하였노라. 여섯 번이나 그대는 정의의 심판대 앞에서 판결을 받았었노라. 여섯 번이나 그대는 인간이 받을 수 있는 최고의 영예를 받았었노라. 그리고 이제 그대는 그 마지막 칭호를 받기 위해 이렇게 서 있는 것이니라. 이제 그대의 갈 길로 가시오. 그대는 사람들에게 선의의 복음과 땅 위에 평화의 복음을 전해야만 되기 때문입니다. 그리고 또한 감옥의 문을 활짝 열고 죄인들을 풀어 주어야만 하기 때문입니다."

사제가 말을 끝내기도 전에 성전의 종소리가 은은하게 울려 퍼졌으며, 하얀 비둘기가 위에서 내려와 예수 그리스도의 머리 위에 앉았다.

어디선가 성전까지도 진동시킬 만한 큰 소리가

"이 분은 그리스도이십니다."

"아멘."

예수 그리스도는 탐음진치(貪淫嗔癡)의 정복자로서 여행길에 올랐다.

이것은 마치 석가 부처님이 6년 고행을 통해 마치 항마성도(降魔成道)하는 장면을 연극화 한 것과 같다. 오랜 궁중의 환락 속에 물들어 있던 실달태자가 설산에 들어가 자연숭배자 발가바선인과 사상의 정복자 알라알라 우드라카 라마푸타사를 만나 전통적인 관념교육을 거쳐 자기욕망의 해탈을 위해 6년 동안 수행한 뒤 마지막 보리수 밑에서 다미(多眉)/·희소(喜笑)·열비(悅妃)와 그의 아버지 마왕과 그의 권속 마군들을 물리치고 천안통(天眼通)·누진통(漏盡通)·신족통(神足通)을 얻어 위없는 깨달음을 얻음으로써 자리이타(自利利他) 각행원만(覺行圓滿)의 대불타가 된 것과 같다.

참되고 한결같은 진리로부터 오신 이(如來)

모든 사람들의 공경과 사랑을 받을 자격이 있는 이(應供)

바로 모든 세계를 두루 깨달아 아신 이(正遍知)
말과 행이 일치한 이(明行足)
잘 왔다가 잘 가신 이(善逝)
세간에서 일어나는 일들을 잘 아신 이(世間解)
스승 없이 최고의 스승이 된 이(無上師)
모든 사람들을 잘 조절하시는 이(調御丈夫)
인간이나 천인들의 스승이 되신 이(天人師)
보는 것마다 깨달음을 주신 이(佛)
그래서 이 세상 모든 사람들의 존경을 받을 만한 이(世尊)

27. 세계 칠대 성현과 종교회의

천지가 창조된 이후로 각 시대마다 7명의 성자들이 살았다. 모든 시대의 처음에 이들 성자들은 국가·민족·종족·언어의 변동과정(變動過程)을 기록하기 위하여 모여서, 인류가 공정·사랑·정의를 향하여 얼마만큼이나 진보했는지 기록하고 이 당시 세계에서 제일가는 사상의 중심지인 알렉산드리아의 파일로(Philo)의 집에 그 성자들이 모였다.

중국의 멘구스테, 인도의 피자빠지, 페르시아의 카스파아, 앗시리아의 아시비나, 희랍의 아폴로, 애급의 맛세노였고, 파일로는 희랍사상의 거두였다.

회의는 시작되었고 일동은 7일 동안 명상에 잠겼다.

그리고 먼저 멘구스테가 일어나 말했다.
"시간의 바퀴가 한 번 더 돌아 인류는 이제 보다 높은 사상의 수준에 머물러 있습니다. 사람들은 보다 큰 빛을 희구(希求)하고 있습니다. 그들은 더 이상 나무로 깎아 새긴 신이나 흙으로 만든 신을 좋아하지 않습니다. 이제 때가 무르익었습니다. 그러므로 우리는 인류를 위하여 이 시대에 알맞은 패션의 의복을 만들어야 합니다."

피자빠지가 말했다.

"우리의 승려들은 모두 머리가 돌았습니다. 그리고 인도인의 마음은 진리의 빛을 구하고 있습니다. 승려제도(僧侶制度)가 개혁될 리는 없습니다. 새로운 시대에는 모든 사람이 수도승(修道僧)이 되어 혼자서 하늘의 성전에 나아가 자신의 정성을 바칠 수 있게 될 것입니다."

카스파아가 말했다.

"페르시아에서는 사람들이 두려움 속에서 살아가고 있습니다. 우리나라에서는 악마가 제일 큰 권세를 얻고 있습니다. 악의 공포는 꾸미어 조작된 것이며 환상이며 함정에 지나지 않지만, 무엇인가 커다란 권능이 나타나서 우주의 보편물질(普遍物質)인 에테르를 ─ 빛은 입자성(粒子性)과 파동성(波動性)을 가진 Photon이라는 물질(物質)의 흐름이다. 이러한 현실적(現實的)인 상대성(相對性)의 세계로 변화하게 하는 창조의 모태는 일태극수(一太極水)이며 일태극수가 있게 되는 조화(調和)의 바탕은 십무극(十無極)이다 ─ 빛의 수준으로 끌어올리기까지 공포는 살아남을 것이기 때문입니다. 페르시아의 영혼은 빛을 희구하고 있습니다."

아시비나가 말했다.

"앗시리아는 의혹(疑惑)이 많은 나라입니다. 한때 신앙이 바빌론으로 유입되어 충만했던 시대가 있었습니다. 사람들은 형식적으로만 유일하신 하늘을 섬기고 있으며, 마음으로는 하느님의 존재를 의심하고 있습니다."

아폴로가 말했다.

"희랍인에게 가장 필요로 하는 것은 하늘에 대한 확실한 개념입니다. 희랍의 신통계보(神統系譜)는 키(方向舵)가 없습니다. 왜냐하면, 모든 사상이 신이 되어 신으로서 받들어지고 있기 때문입니다. 사상의 폭이 넓어서 신랄한 반대론자로 가득차 있습니다. 우리는 빛이 언덕너머에서 지금 오고 있다는 것을 알고 있습니다. 하늘이여! 빛이 빨리 오기를 빕니다."

맛세노가 말했다.

"이 신비(神秘)의 나라, 사자(死者)의 나라인 애굽을 보시오. 우리의 신전들은 오래 전에, 시간으로 모든 것이 감추어진 비밀의 무덤으로 변했었습니다. 우리의 신전(神殿)·지하실·동굴 등은 어둡습니다. 우리들은 기꺼이 빛을 환영합니다. 모든 애굽인은 빛을 갈망하고 있습니다."

파일로가 말했다.

"히브리의 사상과 생명이 필요로 하는 것은 자유입니다. 그러나 세속적인 인간의 마음이 신성함을 거부하여 승려제도는 이기심으로 가득 차게 되어 마음속에 있는 순수한 정신은 한갓 신하로 채색되어 버리고 사람들은 노예로 전락하게 됩니다. 그 분에게 이른 새벽의 문을 여는 열쇠가 주어졌으며, 그리고 사람으로서 지금 우리와 함께 걸어오고 있습니다."

바로 그때, 회의실 문이 열리더니 로고스가 세상의 성현들 사이에 나타났다. 또 다시 성현들은 일주일간 앉아서 명상에 잠겼다.

명상에서 깨어난 성현들은 생명의 책을 펼쳐서 읽었다. 그들은 인간생활(人間生活), 인간사회(人間社會)에서 벌어지고 있는 모든 투쟁, 이해득실에 대한 이야기를 읽고 가거에 벌어졌던 사건과 필요성에 비추어, 앞으로 다가오는 시대에 인간들에게 가장 적합한 것이 무엇인가를 생각하였다.

이들 성현들은 이제부터 명문화(明文化)하려는 일곱 가지의 근본원리(根本原理)에 바탕을 두고, 다가오는 시대의 생활과 철학에 대한 훌륭한 골격을 짜야만 했다. 가장 연로한 멘구스테가 의장직을 맡아서 말했다.

"인간은 아직 신앙에 의하여 생활할 수 있을 만큼 충분히 진화되어 있지 않습니다. 인간은 아직 어린아이의 수준을 벗어나지 못하기 때문에 앞으로 다가올 모든 시대를 통하여 그림과 상징(象徵), 의식(意識)과 형태(形態)로써 가르침을 받지 않으면 안 됩니다. 그들이 받드는 하늘은 인간적인 모습을 지닌 하늘이어야만 합니다. 그들은 신앙에 의해서 하늘을 볼 수가 없습니다. 그리고 인간은 아직 자기 자신을 다스리지 못하기 때문에, 왕이 지배를 해야만 하고 인간은 왕을 위하여 봉사를 해야만 합니다. 지금 우리가 돌입(突入)하려는 시대는 과도기(過渡期)입니다. 그리고 인간은 창작(創作)할 수가 없기 때문에, 그가 본 모형(模型)에 의하여 모든 것을 세웁니다. 그러므로 이 모든 모임에서, 우리는 다가올 시대를 위한 모형을 만들어 내지 않으면 안 됩니다. 성현(聖賢) 제위(諸位) 여러분께서는 각기 하나의 근본원리의 모형을 만들어 주시기 바랍니다. 그리고 이들 모형은 완전히 시대가 도래할 때까지 모든 사람들의 신조(信條)의 기초가 될 것입니다."

멘구스테가 그 첫 번째 조항을 썼다.

'만물(萬物)은 사상(思想 : thought)이다. 모든 생명은 사상의 활동이다. 수많은 실존(實存)의 형태들은 단지 하나의 커다란 사상이 명확히 표현된 하나의 국면일 뿐이다. 보라! 하늘은 사상이며, 사상은 곧 하늘이다.'

피자빠지가 그 두 번째 조항을 썼다.

'영원(永遠)한 사상은 하나이다. 그러나 본질적으로 그것은 지성(知性)과 힘의 두 가지이다. 이것이 숨을 쉬어 자식이 태어났는데 그 자식이 바로 사랑이다. 이와 같이 하여 삼위일체(三位一體)의 신이 정립되어, 사람들은 이들을 아버지·어머니·자식이라고 이름 지어 부른다. 이러한 삼위일체의 하느님은 한 분이시다. 그러나 빛은 하나이면서 빛줄기는 여럿이듯이 본질적으로 하늘은 일곱이다. 그리하여 삼위일체의 하늘이 숨을 내쉰 즉, 보라! 일곱 성령(聖靈)이 그의 면전에 나타난다. 이들이 바로 창조적(創造的) 속성(屬性)들이다. 사람들은 그들을 보다 덜 중요한 신들이라고 불렀다. 그리고 그들의 형상대로 인간을 빚어 만들었다.'

카스파아가 그 세 번째 조항을 썼다.

'인간은 하늘의 사상으로서 제칠위(第七位)의 형상으로 만들어져, 영혼(靈魂)의 실체(實體) 위에 육신의 옷을 입혔다. 인간의 소망은 강하였으므로, 생명의 모든 단계에 명확히 나타나기를 원하였다. 그리고 그들은 인간 스스로를 위하여 지상형태(地上形態)의 에테르체(體)를 만들었으며, 그리하여 땅 위의 낮은 단계로 내려갔다. 이와 같이 낮은 단계로 내려간 것으로 말미암아 인간은 태어날 때부터 가지고 있었던 천부적(天賦的)인 권리를 잃게 되었으며, 하늘과의 조화를 잃고, 생명의 온갖 것을 부조화의 상태로 만들었다. 부조화와 악은 같은 것이다. 그러므로 악은 인간이 만들어낸 수공품(手工品)이다.'

아시비나가 네 번째 조항을 섰다.

'씨는 빛 속에서는 발아할 수가 없다. 종자는 그들이 빛을 찾아서 빛으로부터 몸을 숨기기 전에는 성장하지 않는다. 인간은 영생의 종자로 진화발전(進化發展)한다. 그러나 삼위일체 하늘의 에테르 속에서는 빛이 너무나 강렬하여 종자가 성장하지를 못했다. 그리하여 인간은 육신의 생명의 토양을 구하여, 어두운 땅 속에서 그가 싹트고 성장할 수 있는 곳을 찾아내었다. 그들 인간의 종자는 뿌리를 내려 충분히 잘 성장했다. 인간의 나무는 지물(地物)인 토양에서 발육하여 자연법(自然法)에 순응하여 완전한 형태로 도달해 가고 있는 중이다. 인간을 육(肉)의 생활로부터 영적인 축복으로 승화시킬 수 있는 하늘의 초자연적(超自然的)인 작용은 없다. 인간은 식물이 자라나듯 자라서 때가 이르면 완성이 된다. 인간을 영적인 생활로 승화시켜주는 영혼의 본질은 순결(純潔)이다.'

아폴로가 그 다섯 번째 조항을 썼다.

'영혼은 네 마리의 백마에 의하여 완전한 빛으로 끌려간다. 이들은 의지(意志)·신앙(信仰)·협조(協助)·사랑의 말이다. 인간이 무엇인가 이루고자 하는 의지가 있으면, 그는 그러한 일을 당할 수 있는 권능을 갖는다. 그러한 권능(權能)의 지식(知識)이 신앙(信仰)이다. 그리고 신앙이 움직일 때, 그 영혼도 따라서 날기 시작한다. 이기적인 신앙은 빛으로 인도하지 않는다. 빛을 향해 가는 도중에 외로운 순례자(巡禮者)란 없는 것이다. 인간이 가장 높은 정상에 오르기 위해서는 다른 사람들이 그러한 정상에 오를 수 있도록 도와주는 상생(相生)의 정신(精神)을 통해서만이 가능하기 때문이다. 영적인 생활로 길을 인도하는 준마(駿馬)는 사랑이다. 그것은 순수한 비이기적인 사랑이다.'

맛세노가 여섯 번째 조항을 썼다.

'아폴로가 말한 우주보편적(宇宙普遍的) 사랑은 지혜(智慧)와 신의(神意) 자식(子息)이다. 그리하여 하느님께서는 이를 인간에게 알리기 위해 육신으로서 땅위에 보내셨다. 성현들이 말하는 보편애(普遍愛)란 그리스도를 말하는 것이다. 모든 시대에 있어 최대의 신비는 그리스도를 어떻게 하면 마음속에 거하게 하느냐에 있다. 그리스도는 육(肉)에 속하는 냉습(冷濕)한 동굴 속에서는 살 수가 없다. 공포(恐怖)·자아(自我)·감정(感情)·욕망(慾望) 등의 온갖 세속적인 것이 버려질 때까지 일곱 번 싸워서 일곱 번 이겨야 한다. 이것이 이루어지면 그리스도가 영혼의 소유물을 얻을 것이며, 그러한 일이 성취되면 인간과 하늘은 하나가 될 것이다.'

파일로가 일곱 번째 항목을 썼다.

'완전한 인간이여! 그대는 삼위일체의 하늘에게 데려가기 위하여 자연이 만든 존재이다. 이러한 완성은 신비한 생명의 최고의 계시이다. 모든 세속의 육적(肉的)인 진수(眞髓)가 하늘의 성(聖)스러운 숨결로 변하여 인간이 완전한 신으로 변모되어질 때, 창조의 드라마는 종결을 짓게 되는 것이다. 그리고 이것이 천지창조(天地創造) 완성의 모든 것이다.'

모든 성자들이 '아멘' 하고 말하였다.

멘구스테가 말하였다.

"성(聖)스러운 하늘께서는 사람들의 사상을 인도하기 위하여 무수한 세월을 각고 끝에 계발된 한 사람을 우리에게 보내주셨습니다. 하늘과 땅의 모든 성현들에 의해서 입증된 바 있는 이 사람, 갈릴리에서 온 예수를 세상에 있는 모든 성자들의 큰 스승으로 우리 다같이 기쁘게 인정하는 바입니다. 우리들은 세상의 일곱 성현 일동의 모든 축복으로써 그를 전송(餞送)합니다."

모든 성현들이 일어나 예수의 머리 위에 손을 얹고 한데 입을 모아 '하늘을 찬양할지어다'라고 말했다.

"지혜(智慧)・명예(名譽)・영광(榮光)・권력(勸力)・부귀(富貴)・축복(祝福)・힘 등이 그대의 것입니다. 오오! 그리스도여, 영원 무궁하소서!"

모든 생명체들이 '아멘'하고 이어서 성현 일동은 일주일 동안 명상에 잠겼다.

7일 동안의 명상이 끝난 뒤 예수는 성현들과 더불어 말을 나누었다.

"생명의 역사는 이들 불후의 근본원리(根本原理) 속에 잘 요약되어 있습니다. 이들 7개 조항의 세계적 보편원리(普遍原理)는 7개의 커다란 언덕이어서 그 위에 성스러운 도시가 세워져야 합니다. 나는 나에게 주어진 과업을 착수하는데 있어서 뒤따르는 위험들을 충분히 인식하고 있습니다. 내가 들어야 할 잔(盞)은 쓸 것이며, 인간적인 마음으로는 피하고 싶은 것이 당연합니다. 나는 단지 모델을 만드는 사람일 뿐입니다. 나는 다가오는 시대의 사람들이 이해할 수 있는 교회의 모형을 만들기 위하여 온 사람입니다. 모델을 만드는 사람으로서 나의 과업은 나의 고향에서 출발합니다. 그리고 낮은 신분 신분의 사람들로부터 열둘의 불멸의 사상을 대표하는 열두 명의 사람을 고르고자 합니다. 그리하여 이들이 모델 교회가 될 것입니다. 그들은－유태민족(猶太民族)－나를 발길로 차서 콧방귀나 뀔 것이며, 내가 행하는 성스러운 과업을 경멸하고, 나를 거짓 기소(起訴)하여 붙잡아 맬 것이며, 인간의 재판관에게 데려가 나를 유죄선언(有罪宣言)하여 십자가 위에서 매달아 죽일 것입니다. 그러나 나는 결코 죽지 아니할 것입니다. 때가 무르익었으므로 나는 예루살렘으로 들어갑니다. 평화의 왕자가 힘의 권좌(權座)에 앉게 될 것이며, 그 때에 성(聖) 삼위일체의 하늘은 모든 것 중의 모든 것이 될 것입니다. 체(體)・상(相)・용(用), 두 개의 눈, 두 개의 귀, 두 개의 코, 하나의 입에서는 일곱 개의 별(七星)이 빛나게 될 것입니다. 중생의 근기는 천차만별(千差萬別) 합니다. 그러나 저 진리의 꽃나무를 보니 빛과 그림자 속에 정직・선행・인과・인연・무상(無相)・깨달음의 순서가 있습니다. 아직 사람들에게 인과・인연・무상 깨달음을 가르치기는 이르고, 우선 정직과 선행을 가르치는 것도 힘이 들 것 같으나 나는 이미 하늘에 바쳐진 몸, 이 두 가지를 위해서 우선 희생하면 장차 거듭날 시대에 가서는 나머지 모든 깨달음이 이루어져 온 세상이 빛으로 충만하게 될 것입니다."

모든 성현들이 '아멘'하자 예수는 여행길에 올라 며칠 후 예루살렘에 도착하여 갈릴리에 있는 그의 집을 찾아갔다.

28. 세례요한의 예언

사가랴와 엘리사벳의 아들인 요한은 애굽에 있는 여러 학교에서 그의 모든 공부를 마치고 헤브론으로 돌아와 며칠간 머문 후 수년 전에 애굽의 성자로부터 가르침을 받은 적이 있었던 광야(曠野)에 있는 다윗의 동굴을 찾아내어 머물렀다.

사람들은 그를 예비(豫備)된 은둔자(隱遁者), 혹은 광야의 언덕에 사는 야인(野人)이라고 불렀다. 그는 짐승의 털가죽 옷을 입고, 상록교목(常綠喬木)의 열매・꿀・메뚜기・호두・과일 등을 먹고 살았다.

그가 30세가 되었을 때, 예루살렘으로 들어가서 시장 바닥에 앉아 7일간 명상에 잠겼다. 일반 시민과 제사장 그리고 율법학자(律法學者)들과 바리새인들이 그에게 몰려왔으나 아무도 그에게 용기있게 말을 거는 사람은 없었다. 단식기도(斷食祈禱)가 끝나자, 그는 모든 사람들 사이에 서서 말했다.

"보라! 왕이 오셨도다. 예언자(豫言者)는 지금까지 그를 말하여 왔었으며, 슬기로운 자는 지금까지 오랫동안 그를 찾고 있었노라. 준비하라! 오, 이스라엘이여 그대의 왕을 맞을 준비를 하라."

그리고 그는 사라졌고 아무도 그의 행방을 몰랐다. 예루살렘의 전역은 민심이 흉흉해져서 지배자들은 그에 대해서 이야기는 들었다. 며칠 후 다시 그가 돌아와서 말했다.

"근심하지 마시오. 그대, 나라를 다스리는 지배자여! 앞으로 오실 왕은 반항자가 아니오. 그분께서는 지상의 어떠한 왕좌를 차지하려는 사람이 아니오."

또, 다시 그는 종적을 감추었다.

유태의 축제일이 다가오자 예루살렘은 유태인과 팔레스타인의 모든 지방으로부터 모여든 개종자(改宗者)들로 가득 찼다. 요한이 성전의 뜰에 서서 말했다.

"준비하라! 오오 예루살렘이여, 그대의 왕을 맞을 준비를 하라! 보라, 그대들은 죄악 속에서 살아 왔노라. 가난한 자들이 길거리에서 소리를 쳐도 이를 외면하고 있더라. 그대들은 입으로만 하느님을 받들었을 뿐, 마음은 하느님으로부터 멀리 떨어져 황금에만 눈이 어두워 있도다. 그대의 제사장들은 자신이 감당하기에는 너무도 힘든 짐을 사람들에게 지게 하고 자신들은 가난한 자들이 힘들게 번 것으로 편안하게 살고 있다. 그들은 단지 나라라는 육체에 생긴 종창(腫脹)일 뿐이다. 그리고 그들 강도들은 신성한 성전에서 그들의 소임인 착취에 열을 올리고 있다. 들으라! 들으라! 예루살렘의 사람들이여! 회개(悔改)하라. 그렇지 않으면 하느님께서 그대들을 외면하실 것이며 멀리에서 이교도(異教徒)들이 와서 아직 남아 있는 그대의 명예와 명성을 순식간에 없애 버리고 말 것이다."

　제사장·박사·율법학자들은 모두가 분개하여 요한을 찾아내어 보복하려고 했으나 그를 찾지 못했다. 일반 백성들은 요한을 변호하여 그 은둔자가 말한 것은 진리라고 말하며, 그들은 몹시 두려워 멀찌감치 숨었다.

　다음날 요한은 성전의 뜰에 다시 가서 어제와 같은 메시지를 외쳤다. 대제사장과 율법학자들은 그에게 그 말의 의미를 묻기 위해 말했다.

　"당돌(唐突)한 젊은이여, 그대가 이스라엘에 전하고자 하는 바의 취지가 무엇인가? 만일 그대가 선지자(先知者)이고 예언자(豫言者)라면 누가 그대를 이곳에 보냈는지 분명히 말해 주시오."

　"나는 광야에서 외치는 사람의 목소리이니라. 길을 예비하라. 길을 똑바로 고르게 만들라. 보라! 평화의 왕이 사랑으로써 통치하시기 위해 오고 있도다. 예언자 말라키가 하느님의 말씀을 기록해 놓았도다.

　'보라, 최후의 심판이 이르기 전에 내가 엘리야를 너희에게 보내어 다시금 사람들의 마음을 돌리게 하리라.'

　내가 그대들에게 이르노니, 그대들의 가공(可恐)할 죄악은 부정의 시궁창이 되어 바야흐로 하늘까지 더러운 악취가 뻗쳐오르고 있노라."

　요한이 떠나며 말했다.

　"보라! 7일 후에 나는 요단강 나루터 변(邊)에 있는 길갈(Gilgal)에 서 있겠노라. 그곳은 이스라엘이 언약(言約)된 땅으로 돌아올 때 처음 지나온 곳이로다."

　사람들은 그를 찾아서 베다니까지 쫓아갔고 요한은 그의

혈족인 나사로의 집에 머물렀다. 사람들은 걱정이 되어, 모두 그의 집 주위로 모여들어 가지 아니하므로, 마침내 요한이 말했다.

"회개(悔改)하라! 오오, 이스라엘이여, 회개하라! 그대의 왕을 맞을 준비를 하라. 이스라엘의 죄는 제사장이나 율법학자들에게만 있는 것이 아니노라. 유태의 죄인이 모두 지배자나 부유한 사람들 가운데 있다고만 생각해서는 안되노라. 세상의 모든 걸쩍지근하고 속수무책(束手無策)의 주변머리 없는 부랑자들은 거의 대부분이 가난하고 구걸하는 처지이노라. 그대들, 아무 것도 모르고 그저 순박(淳朴)하게 살아가는 백성들이여! 그대들이 설혹 나를 따른다 할지라도, 그대들의 죄는 제사장이나 율법학자들의 죄보다 하등 가벼울 것이 없노라."

요한은 나사로와 그의 누이들과 함께 여러 날을 머물렀다. 나사렛 사람들을 위한 잔치가 벌어져, 모든 사람들이 자리에 앉고 그 지방의 유지들이 빛나는 포도주를 요한에게 한 잔 받쳤다. 요한은 잔을 받아 높이 공중에 올리며 말을 했다.

"나는 어렸을 적에 나사렛 사람으로서의 서약을 한 이래로 한 방울도 입에 대본 일이 없노라. 그리고 그대들이 만일 앞으로 오실 왕을 기쁘게 하려면 마치 사약(賜藥)을 피하듯이 술잔을 피하는 것이 좋으리라."

그리고 그 포도주를 거리에다 쏟아 버렸다.

요한은 여리고로 내려가서 알패오와 함께 머물렀다. 때가 임박하자 요단강가로 내려가서 군중들에게 말했다.

"회개하라! 그리하여 순결의 샘물에서 그대의 모든 죄를 씻어내도록 하라. 왕국이 가까웠도다. 내게로 오라. 그리하여 이 요단강의 생명의 물로 깨끗이 씻도록 하라."

수많은 군중들이 요단강으로 내려와서 몸을 씻고 죄를 고백하였다. 몇 달 동안 요한은 주위의 모든 지방을 순회하면서 순결과 정의에 대하여 설파를 하고, 또 다시 베다니에 돌아와서 사람들을 가르쳤다.

처음에는 비록 극소수에 불과했지만 정직한 구도자들이 찾아 왔는데, 차차 날이 지나자 이기적이고 사악한 무리들이 찾아왔다. 그들은 단지 많은 사람들을 따라온 사람들이었다. 요한은 바리새인과 사두개인들이 오는 것을 보고 말했다.

"그대, 독사의 자손들이여! 기다려라. 그대들은 다가올 진노(震怒)의 소식 때문에 마음이 혼란한가. 이방인(異邦人)과 똑같이 나쁜 짓을 행하면, 아브라함의 자손도 하느님이 보는 견지(見地)에서는 똑같이 사악하다. 도끼를 보라! 온전한 열매를 맺지 못하는 나무는 모조리 밑둥까지 잘리어 불속에 던져지노라."

군중들이 자신들은 무엇을 해야 하는지 묻자 요한이 이에 대답하였다.

"모든 인류를 위하여 도움이 될만한 일을 하도록 하라. 자기가 가진 모든 소유물(所有物)도 이기적으로 써서는 안되노라. 두 벌의 외투를 가진 자는 한 벌도 갖지 못한 자에게 나누어 주도록 하라."

세리(稅吏)가 와서 자신들은 어떻게 해야 하는지 묻자 요한이 대답했다.

"그대가 하는 일에 정직하라. 이기적(利己的)인 목적으로 세금을 부당하게 올리어 거두어들이면 안 되느니라."

군인들이 와서 묻자 요한이 대답했다.

"아무에게도 무력을 행사하지 말라. 부당한 것을 강요하지 말라. 그리고 자기가 받은 보수에 만족하라."

유태인들 중에는 그리스도가 올 것을 기대하고 있었으므로, 그들은 요한을 그리스도라고 생각했다. 거기에 대해 요한이 말했다.

"나는 영혼을 깨끗하게 씻는 상징으로 물로써 세례(洗禮)를 준다. 그러나 앞으로 오실 분은 성령(聖靈)으로써 세례를 주실 것이며 불로써 씻어 주리라. 그는 왕이시다. 나는 그분의 구두끈 하나를 풀기에도 부족한 사람이다."

그 소문이 갈릴리 전역에 퍼졌을 때 예수는 선구자 요한이 있는 나루터로 갔다. 예수가 그 선구자를 보고 말했다.

"하늘께서 내려 보내신 사람을 보시오! 가장 훌륭한 예언자를 보시오! 엘리야가 돌아왔습니다. 하늘의 왕국이 다가오고 있습니다."

그때 요한이 군중과 함께 서 있는 예수를 보고 말했다.

"하늘의 거룩한 이름으로 인(因)하여 오신 왕을 보라!"

예수가 그에게 말했다.

"나의 영혼을 깨끗이 씻는 의미로 물로 깨끗이 씻어주기 바라오."

요한이 말했다.

"그대는 사상과 말과 행동이 깨끗하므로 씻을 필요가 없습니다. 그리고 저는 그 의식을 행할 자격이 없습니다."

"나는 사람들의 모범이 되기 위해 왔소. 그리고 내가 그들에게 명한 것을 내 스스로 먼저 해야만 하오. 이와 같이 물로써 깨끗이 하는 것을 의식(儀式)으로 정(定)하고, 이제 우리는 그것을 세례의식(洗禮儀式)이라고 이름지어 앞으로도 그렇게 부르게 되리라."

요한은 예수를 강가에 있는 나루터로 인도하여 세례를 주었다. 세례의식을 마치고 강물에서 올라오니까 성령의 숨결이 비둘기의 형태로 변하여 예수의 머리위에 앉았다.

이때, 하늘에서 한 목소리가 있어 말하기를,

"이는 하늘이 가장 사랑하시는 아들 그리스도이니라."

요한은 그 소리의 뜻을 알아들었다. 예수는 그곳을 떠나고 요한은 군중들에게 설교(說敎)를 계속하였다.

29. 예수의 봉사

(1) 예비기간

선구자(先驅者) 요한은 이미 길을 닦았고 로고스는 군중들에게 소개됐으므로 성스러운 임무를 수행해야만 했다. 예수는 자신의 내적인 마음을 지켜보고 그 힘과 가치를 시험해 보고자 홀로 광야에 들어가 하늘에 고하고 속삭였다.

"나의 낮은 자아(自我)는 강하다. 나는 많은 끈에 의하여 육신의 생명에 연결이 되어 있다. 나는 과연 이 낮은 자아를 극복하여 사람들을 위해 기꺼이 희생(犧牲)할 수 있는가. 내가 사람들 앞에 서 있을 때, 그들이 구세주인 증거를 대라고 요구하면 과연 무엇이라고 대답할 것인가."

그러자, 유혹자(誘惑者)가 나타나서 말했다.

"만일 그대가 하늘의 아들이라면 이 돌을 빵으로 변하도록 명하여 보라."

"나를 시험하는 자가 누구인가? 단지 기적(奇跡)을 행했다는 이유만으로는 하늘의 아들이라는 증거(證據)가 될 수 없다. 악마도 그러한 큰일을 할 수 있기 때문이다. 검은 마술사(魔術師)도 파라오 앞에서 큰일을 하지 않았던가. 내가 걸어가는 인생의 모든 말과 행동은 메시아의 증거가 되어야만 한다."

"만일 그대가 예루살렘의 성전 꼭대기에서 땅위로 뛰어내린다면 사람들은 그대가 메시아라고 믿게 될 것이다. 이것은 그대가 틀림없이 할 수 있는 일이다. 하늘이 그대를 두고 천사들에게 명하여 그대가 떨어지지 않도록 손으로 그대를 부축하리라고 다윗이 말하지 않았던가."

"나는 만군(萬軍)의 주(主) 하느님을 시험하지 않을 것이다."

"세상을 바라보라. 그것의 명예(名譽)와 명성(名聲)을 바라보라! 그것의 환락(歡樂)과 부유(富裕)함을 바라보라! 만일 그대가 이들을 위하여 생명을 바친다면 그들이 모두 그대의 것이 되리라."

"나를 유혹하는 일체의 생각이여 물러나라. 나는 이제 마음을 정했노라. 나는 일체의 헛된 야심과 교만이 깃든 세속적인 것을 물리쳤노라."

40일 동안 예수는 육(肉)의 자아(自我)와 싸웠는데 보다 높은 자아가 마침내 이겼다. 그는 몹시 허기(虛飢)를 느꼈고 그의 벗들이 그를 찾아내어 몸조리를 잘해주었다.

예수는 광야(曠野)를 떠나 성령의 인도로 요한의 은거처(隱居處)로 와서 가르쳤다.

요한의 추종자들 중에는 갈릴리 출신이 많았는데 그 중에서도 가장 독실한 사람이 안드레·시몬·야고보·빌립과 벳세다의 형제였다.

어느 날 안드레·빌립과 벳세다의 아들이 선구자와 이야기를 하고 있는데 로고스가 오니 요한은 '그리스도를 보라!' 하고 외쳤다.

그러자 세 명의 사도들이 예수를 따라 왔으므로 예수가 '무엇을 찾고 있습니까?' 하고 물으니 도리어 사도들이 물었다.

"어디에 사십니까?"

"와서 보도록 하시오."

안드레는 그의 형제인 시몬을 불러 그리스도를 발견했으니 함께 가자고 말했다. 예수가 시몬의 얼굴을 들여다보고 말했다.

"바위를 바라보라! 베드로가 너의 이름이니라."

빌립은 나다나엘이 무화과나무 아래에 앉아 있는 것을 보고 말했다.

"형제여, 와 보시오. 내가 그리스도를 발견했소. 그는 나사렛에 살고 있소."

다니엘이 말했다.

"나사렛에서 뭐 좋은 것이 나오겠소?"

빌립이 말했다.

"와서 한 번 보시구려."

예수가 나다나엘이 오는 것을 보고 말했다.

"보라. 이야말로 전혀 속임성이 없는 순수한 이스라엘 사람이로다."

다니엘이 말했다.

"어찌하여 저에 대해서 그렇게 말씀하실 수 있습니까?"

"빌립이 그대를 부르기 전에 저 건너 큰 무화과나무 밑에 그대가 앉아 있는 것을 보았노라."

다니엘은 그의 양 손을 들어 올리며 말했다.

"이 분은 틀림없는 그리스도, 왕이시다. 이 분에 대하여 선구자가 자주 증언해 왔었다."

요한은 앞으로 나가 그의 형제인 야고보를 찾아 그리스도에게로 데려 왔고 6명의 사도들은 예수와 함께 그가 유숙(留宿)하고 있는 곳으로 갔다.

베드로가 말했다.

"우리들은 오랫동안 그리스도를 찾고 있었습니다. 우리는 갈릴리로부터 요한에게 왔습니다. 우리 모두는 그가 그리스도라고 생각했지요. 그러나 그는 자신이 그리스도가 아니라고 했습니다. 그리고 당신이 오시자 '그리스도를 보라' 하였습니다. 그러므로 저희들은 당신, 주님이 가는 곳이라면 어느 곳이라도 따라 가겠습니다. 주여. 무엇을 해야 할지 가르쳐 주십시오."

"땅위의 여우는 살 집이 있으며 나는 새들도 보금자리를 가지고 있다. 그러나 나에게는 머리 하나 누일 장소가 없노라. 나를 따르려 하는 자는 모든 자아의 욕망을 포기하고 참된 생명을 구하기 위해 자신의 세속적인 삶을 버려야만 하느니라. 나는 길을 잃고 헤매는 사람들을 구하기 위하여 왔노라. 그리고 사람은 자기 자신부터 구해야 구원을 받을 수 있게 되노라."

그러나 사람들은 이러한 그리스도의 원리(原理)를 쉽사리 이해하지 못했다.

베드로가 말했다.

"다른 사람에 대해서는 말할 수 없으나 제 자신에 대해서는 말씀 드릴 수 있습니다. 저는 모든 것을 버리고 주님이 가시는 곳이라면 어디든 따르겠습니다."

그러자 다른 사람들이 입을 열어 말했다.

"당신께서는 진리의 말씀을 가지고 있습니다. 당신은 하느님께서 보내신 분입니다. 그러므로 저희들이 설령 당신의 발자취만 따라간다 하더라도 길을 잃을 염려가 없습니다."

여섯 자들과 예수는 아주 오랫동안 앉아서 명상에 잠겼다.

이튿날 아침, 예수가 다시 와서 요한과 함께 부둣가에 갔다. 요한이 자꾸 권하여 예수가 앞에 나서서 말했다.

"이스라엘 사람들이여, 들으시오! 하느님의 왕국이 다가오고 있습니다. 다인들 가운데 서 있는 시대의 열쇠지기를 보시오. 그는 엘리야의 영을 지니고 왔습니다. 보시오. 그가 열쇠를 돌렸습니다. 그 큰 문이 활짝 열려서 누구든지 왕을 기꺼이 만날 수 있습니다.

그러나 안에 들어가려는 사람은 자신의 모든 사악한 생각을 떨쳐 버려야만 합니다. 보다 낮은 자아를 만족시키려는 욕망을 극복해야만 합니다. 그리고 길을 잃고 방황하는 사람들을 구하기 위해서는 자신의 삶을 버려야만 합니다. 당신들이 하느님의 왕국의 문으로 가까이 가면 갈수록 방은 더욱 더 넓어지지만 군중들은 떠나가고 말았습니다.

보시오. 요한은 사람의 혼(魂)을 낚는 훌륭한 어부입니다. 그는 큰 그물을 사람의 바다에 던져서, 그것을 끌어 올리게 되면 그물은 가득할 것입니다. 그러나 어쩌면 이다지도 잡동사니들만 걸렸단 말입니까? 게・새우・상어・파충류들만 가득 잡히고 때때로 여기저기에 물고기다운 것이 조금 있을 따름입니다.

그들은 무리를 지어 와서 맑은 강물에 몸을 씻고, 그들의 입술로 그들의 죄를 고백합니다. 그러나 다음날 아침이면 그들은 또 다시 악의 소굴에 빠져서 요한을 욕하고 하느님을 저주(咀呪)하며, 왕에게 무례한 모욕의 말을 퍼부었습니다.

"아아, 이스라엘 사람들이여! 이 예언자가 말한 것에 귀를 기울이시오. 의지(意志)를 강하게 가질 것이며, 마음을 순수(純粹)하게 하고 항상 사람들을 도와주도록 하시오. 하느님의 왕국이 다가 왔습니다."

예수는 이와 같이 말한 뒤에 그곳을 떠나 그의 6제자들과 함께 베다니로 가서 며칠 동안 나사로와 함께 머물렀다.

이스라엘의 왕인 예수가 베다니에 왔다는 소식이 널리 퍼지자 마을의 모든 사람들은 왕을 반겨 맞이하기 위해 나왔다. 예수가 그들 사이에서 외쳤다.

"보라. 진실로 왕이 왔습니다. 그러나 나 예수는 왕이 아니오. 하느님의 왕국은 틀림없이 다가오고 있습니다. 그러나 사람들은 그것을 육안(肉眼)으로 볼 수 없습니다. 그들은 옥좌(玉座)에 계신 왕을 볼 수가 없습니다. 이는 영혼의 왕국이며 그 왕좌는 지상의 왕좌가 아닙니다. 그 왕은 사람이 아닙니다. 인간의 왕이 이 세상에 왕국을 세운다면 그들은 무력으로 다른 왕을 정복하고, 하나의 왕국은 또 다른 왕국의 폐허 위에 세워집니다.

하느님께서 멸하시려 하는 것은 지배권(支配權)이 아니라, 부정(不正)·방종(放縱)·죄악(罪惡)을 향해 그의 칼을 휘두르는 것입니다.

로마의 왕들이 정의를 행하고 사랑과 자비를 중히 여기어 그들의 하느님과 함께 경건하게 거니는 동안 성(聖) 삼위일체의 하느님의 축복은 그들 모두에게 임할 것입니다. 그들은 하느님께서 지상에 보내신 사자를 두려워할 필요가 없습니다. 나는 시저가 세상을 지배하듯이 왕위에 오르려고 이 세상에 온 것이 아닙니다. 그리고 당신들은 유태의 지배자들에게 내가 그의 왕좌를 요구하는 자가 아님을 말해주기 바랍니다.

사람들은 나를 그리스도라고 부릅니다. 그리고 하느님께서도 그 이름을 인정해 주셨습니다. 그러나 원래의 그리스도는 사람이 아닙니다. 그 그리스도는 우주보편적(宇宙普遍的)인 사랑이며 사랑은 바로 왕입니다. 나 예수는 단지 인간에 불과하지만 갖가지 형태의 시련을 통하여 많은 유혹을 극복하여 그리스도가 사람들에게 나타날 수 있는 하느님의 성잔(聖盞)이 되기에 가장 적합한 사람일 뿐입니다.

당신들이 신앙으로 마음을 깨끗이 정화(淨化)했을 때 왕이 그 안에 들어와서 당신들은 그 용안(龍顔)을 볼 수 있습니다."

그러자 사람들이 물었다.

"우리의 몸에 왕이 거하기 쉽게 하려면 어떻게 해야만 합니까?"

예수가 말했다.

"사상과 말과 행동을 순수하게 하는 것은 무엇이든지 육신의 성전(聖殿)을 깨끗이 할 것입니다. 모든 사람들에게 적용될 수 있는 규칙은 없습니다. 왜냐하면 사람들은 죄에 대해서는 일가견이 있는 전문가이기 때문이며, 모든 사람 각자에게는 그 사람에게만 유난히 잘 따라 다니는 죄가 있습니다. 그러므로 사람들은 각자가 어떻게 하면 죄악으로 기울어지는 성질을 정의와 사랑의 성질로 바꿀 수 있을까 연구해야만 합니다. 사람들이 보다 높은 수준에 이르러 이기심으로부터 벗어날 때까지는 다음과 같은 법칙이 가장 좋은 결과를 가져다줍니다. 다른 사람들이 그대에게 해 주기를 바라는 대로 다른 사람에게 행하시오."

그러자 많은 사람들이 말했다.

"우리는 예수가 그리스도이시며, 오기로 예정되었던 왕이심을 압니다. 그의 이름에 축복이 있을지어다."

예수와 그의 6제자들은 예루살렘으로 발길을 돌렸고 많은 사람들이 그들을 따랐다. 알패오의 아들 마태가 먼저 예루살렘으로 달려가 말했다.

"보시오! 그리스도인들이 오고 있습니다."

그러자 많은 군중들이 왕을 보기 위해 나왔다. 예수는 아무 말도 하지 않다가 예루살렘 성전의 뜰에 도착하자 책을 열어 읽었다.

"보라, 내가 내 사자를 보내도다. 그리고 그가 길을 마련하리라. 그리고 그대들이 기다리는 그리스도가 청함을 받지 않고 그의 성전에 오리라."

그는 책을 덮고 아무 말도 없이 성전을 떠나서 그의 6대제자들과 함께 나사렛으로 갔다. 나사렛에 도착하여 그들은 예수의 어머니 마리아 그리고 마리아의 누이동생 미리암과 함께 지냈다.

다음 날, 베드로가 나사렛의 마을 어귀를 거닐고 있을 때, 그는 회당 관리를 만났는데 그는 예수가 어떤 사람이냐고 물었을 때 베드로가 대답했다.

"예수라는 사람으로 말할 것 같으면, 우리들의 예언자들이 기록한 바의 그리스도이시며 이스라엘의 왕이십니다. 그 분은 그의 어머니 마리아와 마미온 거리에 살고 있습니다."

관리는 그 말을 듣고 예수의 말을 듣고 싶으니 회당으로 오라고 전해 달라고 했다. 베드로는 예수에게 그 말을 전해 주었으나 예수는 대답하지 않았고 회당에도 가지 않았다.

저녁 무렵, 그 관리가 마미온 동네에 와서 마리아의 집에 마리아와 예수 단 둘이 있는 것을 발견하였다. 관리는 그가 구세주인 증거와 회당으로 오지 않은 이유를 묻자 예수가 말했다.

"나는 누구의 종도 아닙니다. 나는 그대들 사제들에 의하여 하느님의 성스러운 소명(召命)을 받은 것이 아니오. 나는 하느님의 그리스도로 왔습니다. 그러므로 단지 하느님에게만 대답할 뿐입니다. 나의 증거는 나의 말과 행동에 있습니다. 그러므로 당신이 나를 따라 온다면 증거를 찾기에 부족함이 없을 것이오."

관리는 돌아가며 혼자 반문했다.

'회당의 관리도 안중에 없는 듯이 말하는 이 젊은 친구는 도대체 어찌된 연고(緣故)일까.'

마을 사람들이 그리스도를 보고 말씀을 듣기 위해 몰려오자 예수가 말했다.

"예언자는 그의 친족들 사이에 있는 고향에서는 존경을 받지 못합니다. 나는 내가 다른 마을에서 가르친 말과 행동이 사람들을 신앙의 승리로 이끌 때까지는 나사렛에서 말하지 않을 것입니다. 사람들이 하느님께서 영원한 사랑을 증명하기 위해서 나를 그리스도로 선택하신 사실을 알 때까지, 나는 나사렛에서 말하지 않을 것이오. 그대들 나의 모든 친척들에게 축복있으라. 나는 한량없는 사랑으로 당신들을 축복하고, 그대들에게 풍족한 즐거움과 행복을 언약하는 바입니다."

그는 더 이상 말하지 않았으며 사람들은 그가 나사렛에서 말하지 않을 것이라는 말에 무척 놀랐다.

(2) 가나의 혼인 잔치에서 기적을 보이다

갈릴리의 가나에서 혼인잔치가 열렸다. 마리아와 그의 누이동생 미리암, 그리고 예수와 그의 6제자들도 손님들 틈에 끼어 있었다. 잔치집 주인은 예수에게 한 말씀을 부탁하였다.

예수가 말했다.

"결혼의 결합보다 더 신성한 결합은 없습니다. 두 개의 영혼을 하나의 사랑으로 맺는 사슬이 하늘에서 만들어지기 때문입니다. 그리고 사람은 결코 그것을 둘로 갈라놓을 수 없습니다. 둘 사이의 천한 육감(肉感)이 둘의 결합을 맺게 할 수도 있습니다. 그러나 그러한 결합은 마치 물과 기름이 만난 것 같은 결합에 불과합니다. 그 때, 한 사제가 사슬을 위조하여 두 사람을 맺어 놓을지 모르지만 이러한 결합은 진정한 결혼이 아닙니다. 그것은 가짜에 불과합니다. 두 사람은 간음을 범한 것입니다. 사제에게도 일부의 책임이 있습니다."

이것이 예수가 말한 전부였다. 예수가 혼자 떨어져 서서 명상에 잠겨 있을 때, 어머니 마리아가 들어와서 말했다.

"포도주가 떨어졌는데 어찌하면 좋겠니?"

그러자 예수가 말하기를,

"포도주란 무엇입니까. 그것들은 단지 포도의 향미(香味)가 깃든 물에 불과합니다. 포도(葡萄)란 무엇입니까. 그것들은 단지 어떤 종류의 사상이 표현된 것에 불과합니다."

그는 하인을 불러 말했다.

"돌로 만들어진 물항아리 6개를 가져와서 그곳에 물을 가득히 넣으시오."

하인들은 물항아리를 가득 채웠고 예수는 그것들에 힘이 미치어 변화가 일어날 때까지 강력한 사상을 집중하여 에테르를 흔들었다. 이윽고 점차 물이 빨개지며 포도주로 변하였다. 하인들은 그 포도주를 들고 주인에게 주었고 주인은 신랑을 불러 말했다.

"이 포도주는 가장 좋은 술이다. 사람들은 대개 처음에 가장 좋은 술을 가져오는 법인데, 보라! 그대는 끝까지 가장 좋은 술로 대접하지 않았는가."

그리고 주인과 손님들은 예수가 사상의 힘에 의하여 물을 포도주로 바꾸었다는 말을 듣고 깜짝 놀랐다. 그들이 말하기를,

"이분은 보통 사람이 아니다. 그는 확실히 예전부터 장차 오리라고 말해진 이상적인 예언자이다."

그리하여 손님들은 대부분이 그를 믿고 기꺼이 따르려고 하였다.

가버나움은 갈릴리강가의 호반(湖畔)에 위치하고 있었고, 베드로의 집이 그곳에 있었으며, 안드레·요한·야고보의 집도 그 근처에 있었다.

이들은 어부였기 때문에 그물을 돌보기 위해 돌아가야 했으므로 그들은 예수와 그의 어머니도 함께 가기를 권유하였다. 일동은 빌립과 나다나엘과 함께 바닷가에 있는 베드로의 집에서 쉬고 있었다. 그 소식을 들은 해변가의 모든 사람들은 그의 손을 만지기 위해 몰려왔다.

예수가 그들에게 말했다.

"나는 당신들이 영혼의 눈으로 보지 않는다면 그 왕을 보여줄 수 없습니다. 그 왕이 통치하는 왕국은 영혼 안에 있기 때문입니다. 그리고 모든 영혼은 왕국이며 모든 사람에게는 왕이 있습니다. 이 왕이 사랑이며 이 사랑이 생명의 가장 큰 힘이 된다면, 그것이 그리스도며 그리스도는 왕입니다.

자신의 살아있는 육(肉)의 형태를 깨끗이 하여 순수하게 하는 사람은 사랑과 정의가 나란히 더럽혀지지 않고 그 안에 깃들게 되어 그가 바로 왕이 되는 것입니다. 지상의 왕들은 왕의 옷을 몸에 걸치고 사람들이 두려워할 만한 자리에 앉습니다. 천상의 왕은 어부의 옷을 입고 시장 바닥에 앉아 있을지도 모릅니다. 그는 땅을 일구고 밭에 떨어진 이삭을 줍는 사람인지도 모릅니다. 그는 아마 도덕적 쇠사슬을 두르고 있는 노예인지도 모릅니다.

사람들에게 죄인이라고 판정을 받아 감옥 속에서 초췌하게 고뇌하고 십자가에 매달려 죽을는지도 모릅니다. 사람들은 거의 남의 진면목(眞面目)을 볼 수가 없습니다. 사람의 감각은 있는 듯한 것은 느끼지만, 있는 듯이 보이는 것과 있는 것은 모든 면에서 다를 것입니다.

육(肉)의 인간은 왕의 성전인 겉껍데기의 인간을 바라보고 그 성전 밖에서 이를 우러러 보고 있습니다. 하느님의 사랑은 마음이 순수하여 왕을 영혼의 눈으로 바라봅니다. 그리고 그리스도의 의식수준(意識水準)에 이르면 자신이 왕이며 사랑이며 그리스도임을 알게 됩니다. 이가 바로 하느님의 아들입니다. 그대, 갈릴리의 사람들이여, 그대의 왕을 맞을 준비를 하라."

그리고 예수는 사람들과 함께 바닷가를 거닐면서 많은 가르침을 전했다.

(3) 진정한 봉사

유월절(逾越節) 축제가 다가 왔으므로 예수는 어머니를 가버나움에 남겨두고 예루살렘으로 떠났다. 그는 유다라는 사두개 사람의 집에 머물렀다. 예수가 성전의 뜰에 도착하니 군중들은 로마의 속박으로부터 이스라엘을 구원할 왕이라고 생각되는 예언자를 보기 위해 몰려왔다. 사람들은 예수를 보고 '왕을 보라!'라고 환성을 지르며 외쳤다.

그러나 예수는 성전에 있는 환전상(換錢商)을 보고 슬퍼하였다. 성전은 시장바닥으로 변하여 사람들은 희생제물(犧牲祭物)을 위한 양이나 비둘기를 팔고 있었다.

예수는 제사장을 불러 말했다.

"보라. 너희들은 하찮은 소득을 위하여 하느님의 성전을 팔아 버렸도다. 이 집은 기도(祈禱)하는 곳으로 규정된 곳인데 지금은 도적의 소굴이다. 선(善)과 악(惡)이 함께 하느님의 성전에 거할 수 있는가. 내가 그대에게 이르노니 안 되노라."

그는 줄로 채찍을 만들어 상인들을 내쫓고 그들의 진열장(陳列樻)을 뒤엎으며 그들의 돈을 내던졌다. 그는 잡혀 있는 새장 문을 열어 주었으며 어린 양의 고삐를 풀어주었다.

제사장들과 율법학자들은 뛰어가서 제지하려고 했으나 민중들 때문에 오히려 쫓기어 되돌아갔다.

제사장들이 말했다.

"그대들이 왕이라 일컫는 예수란 자는 누구인가?"

사람들이 대답했다.

"그분은 우리의 예언자가 기록한 그리스도, 이스라엘을 구원할 왕이십니다."

제사장들이 예수에게 말했다.

"젊은이여, 만일 그대가 왕이거나 그리스도라면 증거를 보여라. 누가 그대에게 이 상인들을 내쫓을 권리를 주었는가?"

"충직(忠直)한 유태인치고 이 성전을 더럽히지 않기 위해 자기의 생명을 바치지 않을 사람이 없을 것입니다. 나는 단지 충직한 유태인으로 행동했을 뿐입니다. 그리고 그대들 자신이 나를 위하여 이러한 사실에 대한 증인이 될 것입니다. 내가 메시아란 증거는 나의 언행으로 뒷받침이 될 것입니다. 그리고 당신들은 성전을 무너뜨릴지도 모릅니다. 그러면 3일만에 전보다 더 훌륭하게 다시 세워질 것입니다."

예수가 말한 이 말의 참 뜻은 훗날의 부활(復活)을 말함이었으나, 유태인들은 알아듣지 못하고 그를 비웃었다.

"수많은 사람들이 46년에 걸쳐 만든 이 집을 이 젊고 이상한 친구가 60시간 안으로 세운다고 말하는데 허황되고 쓸데없는 헛소리이다."

그리고 나서 그들은 예수를 오히려 그 채찍으로 내쫓으려고 하였고, 그 때 축제에 참석하기 위해 애굽에서 온 파일로가 일어서서 말했다.

"이스라엘 사람들이여, 들으시오. 이 분은 보통 분이 아닙니다. 그대들의 행동을 조심하시오. 나는 친히 그가 말하는 것을 들었는데 모든 바람이 잠잠해졌습니다. 그리고 그가 병자들에게 손을 대자 모든 이가 나았습니다. 이 사람은 세상의 성자들 이상 가는 성자입니다. 사람들이여, 너무 성급히 굴지 마시오. 잠시만 기다리면 그가 메시아라는 증거를 얻게 될 것입니다."

그러자 사제들은 회초리를 내려놓았고, 예수가 말했다.

"준비하시오. 오, 이스라엘 사람들이여, 그대의 왕을 맞을 준비를 하시오. 그러나 그대들은 죄를 그들의 마음속에 소중한 우상(偶像)으로 깊이 간직하는 한, 결코 왕을 볼 수가 없을 것입니다. 그 왕은 하느님이며 마음이 순수한 자만이 하느님을 볼 수가 있으며 살 수가 있을 것입니다."

그러자 제사장들이 외쳤다.

"이 친구는 자신이 왕이라고 주장하고 있소. 이것은 신성모독(神聖冒瀆)이오. 다 같이 그를 내쫓아 버립시다!"

"아무도 내가 왕이라고 말한 것을 들은 사람이 없습니다. 우리의 아버지 하느님이 왕이십니다. 나는 모든 충직한 유태인과 함께 하느님을 경배합니다. 나는 길을 밝히기 위해 타오르고 있는 하느님의 촛불입니다. 그리고 당신들은 빛이 있는 동안 빛속을 거니는 것이 좋을 것입니다."

다음날 사람들은 예수의 말을 듣기 위해 성전의 뜰로 몰려왔다. 예수가 다가오자 그들은 '모두 만세!' 하며 환호하였다.

예수가 비유(譬喩)를 들어 말했다.

"어떤 왕이 광대한 영토를 가지고 있었습니다. 민중은 모두 그의 혈족으로서 평화롭게 살고 있었습니다. ―그 왕은 영토를 백성들에게 나누어 주고 각자의 국가를 세워 통치자를 뽑았는데, 마음이 악하여진 왕들은 급기야 '힘의 정의(正義)'라는 모토아래 전쟁을 하게 되었고, 백성들은 비참한 전쟁의 소용

돌이에 빠지게 되어서, 그 왕은 자기의 독생자(獨生子)를 세상에 보내었으나 사람들은 그를 오히려 십자가에 매달았고, 그 독생자는 다시 부활하여 사람들에게 사랑과 평화와 정의를 가르쳤습니다."

한 율법사(律法司)가 와서 물었다.
"메시아란 무엇을 의미하며 누가 사람을 메시아로 만들 권리를 가졌습니까?"
"메시아란 길을 잃고 방황하는 친자를 찾아 구원하기 위하여 하느님께서 보내신 사람입니다. 메시아는 사람에 의하여 만들어진 것이 아닙니다. 메시아와 그리스도는 하나입니다. 사람들이 자기가 그리스도라고 주장한다고 하여 그가 그리스도인 것은 아닙니다.

모든 자연은 사람의 의지에 따르는 것으로, 선과 마찬가지로 악인도 모든 마음의 힘을 가지고 있으며, 자연력(自然力)을 제어할 수 있는 것입니다. 두뇌로는 참된 메시아의 증거를 제시하지 못합니다. 왜냐하면, 인간은 지능에 의해서는 결코 하느님을 알 수 없으며, 빛 속에서도 결코 거닐 수 없습니다. 메시아는 머리에 거하지 않으나 자비와 사랑의 자리인 마음에 거하고 있습니다.
메시아는 결코 왕이 되려고 노력하거나 관(冠)을 쓰려고 하거나 지상의 왕조에 앉으려고는 하지 않습니다. 그 왕은 지상의 것이며, 메시아는 하늘에서 보낸 사람입니다."

율법사가 물었다.

"그러면 어찌하여 당신은 왕으로서 행세합니까?"

"내가 왕이라고 한 말을 들은 사람은 아무도 없습니다. 내가 시저의 자리에 앉아 있으면서 그리스도가 될 수는 없습니다. 시저에게 속하는 것은 시저에게 주고 그대의 마음의 보물(寶物)은 하늘에 바치십시오."

(4) 안식일(安息日)에 병을 고치다

안식일(安息日)날 예수가 성전의 뜰과 신성한 내실에 운집해 있는 관중들 틈에 섰다. 눈먼 자·귀먹은 자·말 못하는 자·신들린 자들이 그곳에 있었고, 예수는 거룩한 말씀을 통해 그들을 고쳤다.

예수는 그들의 병을 여러 가지 방법으로 고쳤는데 어떤 의사가 어찌하여 그렇게 되었는지 물었고 그에 대하여 예수가 답했다.

"병이란 몸의 부조화를 이룬 상태이며, 그 부조화는 여러 가지 방법으로 나타납니다. 인간의 육체는 현악기(絃樂器)로서 때로는 그 줄이 너무 이완(弛緩)되어 부조화한 음으로 되기도 하며, 때로는 너무나 팽팽하여 또 다른 부조화의 음이 나옵니다. 병은 그 형태가 여러 가지로 잡다하여 그 신비한 현악기를 조정하는 치료의 방법도 여러 가지로 다양합니다."

이때 바리새인들은 예수가 안식일에 병을 고쳤다는 말을 듣고 몹시 분개하여 그곳을 떠나라고 했다.

예수가 말했다.

"안식을 위하여 인간이 생긴 것입니까. 아니면 인간을 위하여 안식일이 생긴 것입니까. 만일 그대가 구덩이에 빠져 안식일이 되었는데, 내가 그 앞을 그대로 지나간다면 그대들은 괜

찮겠습니까. 바리새인들이여, 위선자들이여! 그대들은 안식일이든지 또 다른 날이든지 기꺼이 나의 도움을 받는 것이 좋다는 것을 알고 있을 것이다. 이들은 모두 구덩이에 빠져서 나에게 도와 달라고 소리를 지르는데, 내가 그냥 지나친다면 이들은 하느님과 함께 날 저주할 것입니다."

그러자 바리새인들은 돌아가서 기도를 드리며 자기들의 말을 전혀 무시해 버렸다고 하느님의 사람을 저주하였다. 저녁이 되어 예수가 웅덩이 근처에 있는데 한 어린아이가 물에 빠져 익사하여 친구들이 그 시체를 운반해갔다. 그러나 예수는 아이들을 세우고 시체에 몸을 굽혀 그 아이의 입에다 생명의 숨결을 불어 넣었다.

그리고 나서 소리를 높여 떠나간 영혼을 불렀더니 그 영혼이 돌아와서 아이는 소생하였다. 그리고 예수는 부상(負傷) 당하여 움직일 수 없는 개를 보고는 그 개를 안고 자신이 머물고 있는 집으로 가서 상처를 치료하고 나을 때까지 돌봐주었다. 그리고 예수는 집 없는 소년이 굶주리고 있는 것을 보고 빵을 주며 자신의 따뜻한 외투로 감싸주고 그 소년이 거처할 곳을 찾아주었다.

그는 따라온 사람들에게 말했다.

"만일 사람이 자신의 잃어버린 재산을 되찾고자 한다면 모든 생명 있는 것의 형제관계를 존중하지 않으면 아니 됩니다. 누구든지 생명의 모든 형태에게 – 사람으로부터 짐승·새·파충류에 이르기까지 – 친절히 대하지 않는 자는 성스러운 하느님의 축복을 기대할 수 없습니다. 왜냐하면 하느님께서는 우리가 베풀어 주는 것같이 우리에게 베풀어 주기 때문입니다."

니고데모는 열성적(熱誠的)이고 경건(敬虔)한 학자이며, 유태의 관리였다. 그는 예수의 얼굴에서 스승의 상을 보았으나 공개적으로 고백할 용기가 없었다. 그리하여 그는 밤중에 예수를 방문하였고 예수는 그가 오는 것을 보고 말했다.

"마음이 순결한 자는 축복이 있도다. 두려움이 없고 마음이 순결한 자는 두 배로 축복이 있도다. 두려움이 없고 마음이 순결하여 최고 법정(法廷) 앞에서 자신의 신앙을 고백할 수 있는 자는 세 배로 축복이 있도다."

그러자 니고데모가 말했다.

"안녕하십니까? 선생님. 저는 선생님께서 하늘로부터 보내진 분이란 걸 알고 있습니다. 사람은 결코 선생님이 가르친 것과 같은 것을 가르칠 수가 없습니다. 선생님께서 행하신 놀라운 일들도 결코 행할 수 없습니다."

"사람이 거듭나지 않고는 왕을 볼 수가 없습니다. 거듭나지 않는 사람은 내가 한 말의 의미를 이해할 수 없습니다."

"어떻게 하여야 거듭날 수 있습니까? 어머니의 자궁 안으로 들어갔다가 또 다시 태어날 수가 있겠습니까?"

"내가 말하는 거듭남은 육신의 탄생이 아닙니다. 사람은 물과 성령으로 거듭나지 않고는 성스러운 하늘의 나라로 들어갈 수 없습니다. 육신에서 나는 것은 사람의 자녀이며 성령으로 나는 것은 하느님의 자녀입니다. 바람은 마음대로 불어 사람은 이 소리를 듣고 주시를 하지만 그들이 어디로 와서 어디로 가는지 알지 못합니다. 무릇 성령의 기운으로 거듭나는 자도 이와 같습니다."

"저는 이해를 하지 못하겠습니다. 제발 알기 쉽게 설명하여 주십시오."

"성스러운 하늘의 왕국은 영혼 속에 있습니다. 인간은 육안으로는 그것을 볼 수가 없습니다. 그리고 그들의 모든 이성적(理性的)인 힘으로도 그것을 이해할 수가 없습니다. 그것은 하늘 속에 깊이 숨겨진 생명입니다. 그것을 인식하는 것은 내적 인식(認識)의 작용입니다.

모세가 광야에서 육신의 병을 고치기 위하여 뱀을 바친 것과 같이 사람의 아들로 바쳐져야만 합니다. 그것은 육적(肉的)인 생명의 뱀인, 티끌속의 뱀에게 물린 모든 사람들이 살기 위한 것입니다.

이제 진리를 사랑하는 사람은 모두 빛으로 옵니다. 그들은 자기가 행한 것이 드러나도 두려워하지 않습니다."

빛이 왔다. 그리고 니고데모는 떠났고 그는 성령으로 거듭나는 의미를 알았다. 그는 그의 영혼 속에서 성령의 존재를 느꼈다.

예수는 예루살렘에 며칠 동안 머물며 사람들을 가르치고 병자들을 고쳤다. 민중들은 기꺼이 그의 말에 귀를 기울였고, 그들의 모든 세속적인 것을 버리고 많은 이들이 그를 따랐다.

로고스는 베들레헴으로 갔고 많은 이들이 그곳에서 따랐다. 그가 어린 아기였을 때, 요람에서 잠을 잤던 그 양치기의 집을 찾아 머물렀다.

그는 30년 전쯤에 양치기가 목자가 되어 양떼를 지키면서 평화의 사도가 다음과 같이 외치는 것을 들은 언덕 위로 올라갔다.

'한밤중에 베들레헴의 한 동굴에서 평화의 님이 탄생하셨다.'

양치는 목자는 아직도 그곳에 있었으며, 양도 아직 거기에서 풀을 뜯고 있었다. 근처 골짜기에서는 눈같이 흰 비둘기떼가 무리를 지어 이리저리로 날고 있었다. 양치는 목자들은 예수가 왔다는 소식을 듣고 사방에서 모여왔다.

예수가 말했다.

"순결하고 평화스러운 정경을 보십시오! 흰색은 미덕(美德)과 순결(純潔)의 상징(象徵)이며 어린 양은 순진무구(純眞無垢), 비둘기는 평화의 상징입니다. 그것은 사랑이 이러한 광경 가운데에 있는 인간의 모습 속에 나타나 조화가 되어 만난 것입니다.

우리의 조상 아브라함은 이 골짜기를 걸으면서 그리고 이 언덕을 오르면서 그 양이나 소떼들을 둘러보았습니다. 그리고 여기에 평화의 님 살렘왕이 왔습니다. 이는 인간의 모습을 한 그리스도로서 아브라함보다 훨씬 위대한 사람이었습니다. 그리고 이곳에서 아브라함은 그가 가지고 있는 모든 소유물의 10분의 1을 살렘왕에게 주었습니다. 이 평화의 님은 도처에서 벌어지고 있는 전장(戰場)터로 나갔습니다. 그는 칼을 지니고 있지도 않았으며 갑옷을 입지도 않았으며, 아무런 무기도 없었습니다. 그럼에도 불구하고 그는 사람들을 정복하였으며, 모든 나라들은 그의 발밑에서 떨었습니다. 애굽의 왕들은 그의 머리 위에 그들의 왕관을 얹어주고 그에게 모든 통치권을 쥐어 주었습니다.

그런데도 그는 한 방울의 피도 흘리지 않았고 한 사람의 포로도 쇠사슬로 묶지 않았습니다. 오히려 그는 도처에서 감옥 문을 활짝 열고 죄수들을 석방하였습니다. 그리고 다시 평화의 님이 돌아와서 이 축복받은 언덕으로부터 내려와 다시금 전쟁터로 출정했습니다. 그는 흰 옷을 입었으며 그의 칼은 진리이며 방패는 신앙입니다. 그리고 그의 투구는 순결이며 그의 숨결은 사랑이며, 그의 암호는 평화입니다. 그래서 사랑은 반드시 승리하게 되어 있습니다."

그때, 또 다시 베들레헴의 언덕이 빛으로 가득차며 사자가 외쳤다.

"평화(平和), 지상에는 평화가, 사람에게는 선의(善意)가 있으라!"

예수는 사람들을 가르치며 병자들을 고치고 성스러운 하늘의 왕국에 대한 신비한 내용을 가르쳤다. 그러자 많은 사람들이 말했다.

"그 분은 그리스도이시다. 오기로 예정된 왕이시다. 하늘을 찬양(讚揚)할지어다."

(5) 헤브론에서의 포교

예수는 세 제자들과 함께 헤브론으로 가서 7일 동안 머물며 가르치고 다시 베다니로 가서 나사로의 집에서 가르쳤다. 저녁이 되자 군중들은 물러나고 예수와 나사로, 예수의 자매인 마르타와 룻, 그리고 마리아만 남았다.

룻의 집은 여리고에 있었고 그녀의 남편은 '아셔 벤'이라는 여관집 주인으로 엄격하고 꼼꼼한 풍채(風采)와 사상(思想)을 지닌 바리새인이었는데, 예수를 경멸하고 있었다.

그는 아내가 그리스도를 믿는 고백을 하자 그녀를 내쫓아 버렸다. 룻은 이에 당당하게 말하였다.

"만일 예수가 그리스도라면 길을 알 것이다. 나는 그 분이 그리스도란 것을 확신한다. 나의 남편이 화가 나서 나의 육체를 죽인다 해도 나의 영혼은 죽일 수 없다. 또 내 아버지가 사는 집에는 거할 곳이 많다."

그리고 예수에게 말했다.

"저는 어떻게 해야 하나요?"

"그대의 남편은 고의로 잘못을 범하는 것이 아닙니다. 그는 신앙이 깊어 마음이 경건하여 우리의 아버지 하느님에게 기도를 드립니다. 그의 종교에 대한 열망은 강렬하여 신실합니다. 그러나 그러한 열망이 그를 제 정신이 아니게 만들었으며, 그는 이단의 그리스도에 의하여 그의 집을 더럽히지 않는 것이 옳다고 믿고 있습니다. 편협(偏狹)한 불관용(不寬容)의 정신은 무지(無智)가 자란 것입니다. 빛이 언젠가 그를 비출 것이며 그 때가 되면 그는 당신의 모든 마음의 열병인 슬픔과 눈물을 보상할 것입니다.

그리고 그대 룻이여, 그대는 자신이 전혀 비난받을 일이 없다고 생각해서는 안됩니다. 만일 그대가 슬기롭게 행동하고 그대의 평화로움을 유지하고 있었더라면 이와 같은 슬픈 일은 일어나지 않았을 것입니다. 빛이 편견의 껍질 속으로 들어가기까지에는 너무도 오랜 세월이 걸리므로……

단지 경건한 생활을 할 뿐, 심한 말을 삼가시오. 그리하면 그대는 남편을 빛으로 인도하게 될 것입니다."

그리하여 그 일은 그와 같이 되었다.

여리고로 간 예수는 아셔의 여관에 머물렀다. 그 여관의 한 여종이 의사도 고칠 수 없는 중병에 걸려 있었다. 예수가 그 여종에게 손을 대고

'마론 일어나라!'

하니 순식간에 고통은 사라지고 여종은 나았다. 그때부터 사람들이 병자들을 데리고 와서 병 고침을 받았다.

그러나 예수는 여리고에 오랫동안 머물지 않고 요한이 늘 가르치던 요단강가로 갔다. 운집한 군중을 보고 예수가 말했다.

"보시오! 때가 임박하였습니다. 하늘의 왕국이 가까웠습니다. 마음이 순수하지 않은 사람은 아무도 신성한 하늘의 왕국에 들어갈 수 없습니다. 모든 인류의 아들, 딸들은 악을 피하여 마음이 순수해지도록 초대되었습니다.

요한은 성스러운 왕국으로 들어가기 위한 그리스도의 문호를 열고 왕의 미워하는 마음(惡心)을 준비하기 위하여 그 영혼을 정결히 하는 상징으로서 강가에서 그대들의 몸을 깨끗이 씻었습니다.

그대들, 모든 민족의 사람들이여! 내게로 오시오. 그리스도의 문이 활짝 열려 있습니다. 죄로부터 회개하여 돌아와 세례를 받으시오. 그리하면 그리스도의 문을 통하여 들어가 왕을 뵙게 될 것입니다."

예수를 따르던 여섯 제자들이 가까이에 있었으므로 그들을 앞으로 인도하여 그리스도의 이름으로 세례를 베풀고 그들에게 말했다.

"나의 친구들이여! 그대들은 그리스도의 문을 통하여 신성한 하늘의 왕국으로 들어가는 최초의 사람들입니다. 내가 그리스도의 이름으로 그대들에게 세례를 베푼 것과 같이 그대들도 이 성스러운 이름으로써 그리스도를 믿고 죄를 버릴 것을 고백하는 모든 남녀에게 세례를 베푸시오."

그랬더니 보란 듯이 군중들이 내려와서 죄를 버리고 그리스도 안에서 그들의 신앙을 고백하고 모두 세례를 받았다.

한편 선구자 요한은 물이 풍부한 싸알림의 샘터에 있었는데, 그곳에서 사람들에게 설교하고 세례를 주고 있었다. 한 유태인 율법학자가 요한에게 말했다.

"당신이 세례를 베푼 이 갈릴리 사람은 당신의 적이 아닙니까? 그도 요단강가에서 회당을 짓고 당신처럼 사람들에게 세례를 준다고 합니다."

요한이 말했다.

"예수님은 내가 길을 닦고 예비하던 바로 그 진정한 그리스도이십니다. 그 분은 나의 적이 아닙니다. 나는 나에게 주어진 사명을 수행하였습니다. 이제부터는 예수의 일이 시작됩니다."

그리고 요한은 군중을 향해 말했다.

"그리스도는 정의의 왕이십니다. 그리스도는 신의 사랑이십니다. 그렇습니다. 지금 요단 강가에서 설교하고 계시는 예수께서는 인생에 있어 최대의 시험을 받으셨으며 육신의 몸으로서 식욕(食慾)과 정욕(情慾)을 극복했습니다.

그리고 모든 사람은 자신이 이기적인 자아의 모든 정욕을 극복했을 때, 어떻게 될지를 그를 통해 볼 수 있습니다.

그리하여 예수께서는 사람들에게 세계의 구조자(救助者)를 데려 오기 위하여 왔습니다. 사랑이 세계의 구조자입니다.

그러나 그리스도를 믿지 않고 마음을 정결(淨潔)히 하지 않아서 그리스도가 그 안에 거하지 않는 사람은 생명으로 결코 들어갈 수가 없습니다."

브라만의 승려 라마아스는 예수가 쟈간나스 사원에 있을 때 친구였는데, 여러 나라에서 그의 소문을 듣고 예수를 찾아서 멀리 팔레스타인까지 왔다.

그는 또한 살아있는 신의 예언자로서 추앙받고 있는 선구자 요한의 이야기를 들었다. 라마아스는 싸알림의 샘에서 그 선구자를 발견하고 며칠 동안 그가 가르치는 자극적(刺戟的) 진리에 묵묵히 귀를 기울였다. 이윽고 라마아스는 요한에게 말했다.

"그대가 그리스도라고 부르는 예수님에 대해 좀 더 이야기를 해주기를 간절히 부탁드립니다."

요한이 말했다.

"그리스도는 하느님의 명확한 사랑의 표현입니다. 보시오! 사람들은 탐욕적이고 보다 이기적인 낮은 수준에서 생활하고 있습니다. 자아를 위하여 싸우고 검(劍)으로써 승리를 거두고 있습니다. 왜냐하면, 그들에게는 힘이 왕이기 때문입니다. 주 예수님은 힘의 냉엄한 철칙을 타파하고 사랑을 힘의 왕좌에 앉히려고 왔습니다.

무력(武力)에 의해 얻은 승리는 죄악입니다. 모든 가치 있는 목적은, 평화의 왕자인 하늘의 제사장 멜기세덱이 한 방울의 피흘림도 없이 당당한 승리를 쟁취한 것처럼, 온유(溫柔)함과 사랑에 의하여 이루어질 것입니다.

그 분은 사람들에게 칭찬받기 위하여 인형같이 멋있게 차려입은 제사장이 아닙니다. 왜냐하면 모든 사람의 아들은 사랑의 제사장이기 때문입니다. 사람이 신앙으로 그의 마음을 순수하게 하면, 그를 중개할 중매자가 필요 없습니다.

그리하여 사람은 누구나 제사장이며 살아있는 희생물(犧牲

物)입니다. 그대는 그리스도를 찾을 필요는 없습니다. 그대의 마음이 정결해지면 그리스도가 임할 것이며 영원히 그대와 함께 거할 것이기 때문입니다."

라마아스는 여행을 계속하여 예수가 있는 강가로 왔다. 그를 보고 예수가 말했다.

"인도(人道)의 별을 보시오!"

라마아스가 말했다.

"정의의 태양을 바라보시오!"

그리고 그는 그리스도 안에서 그의 신앙을 고백하고 그리스도의 뒤를 쫓았다.

(6) 우물가의 사마리아 여인

신성한 하느님의 왕국으로 들어가는 그리스도의 문이 활짝 개방되었다. 예수와 그의 여섯 제자와 라마아스는 요단강을 떠나서 갈릴리로 갔다. 도중에 그들은 사마리아를 통하여 야곱이 요셉에게 준 조그마한 땅 가까이에 있는 쉬카(Sychar)에 다다랐다. 그곳에 있는 야곱의 우물가에서 예수는 조용히 명상을 하고 있었으며, 그의 제자들은 빵을 구하기 위해 마을 안으로 들어갔다.

마을의 한 여인이 우물로 항아리를 채우러 오자 예수는 여인에게 물을 청했다.

여인이 말했다.

"나는 사마리아 여자이고 그대는 유태인입니다. 사마리아 사람과 당신들 사이에는 적개심이 있다는 걸 모르세요? 그들은 서로 왕래도 하지 않습니다. 그런데 어찌하여 나에게 물을 청하십니까?"

312 예수님은 티베트 스님이었다.

예수는 마등가와 아난존자를 생각하면서 말했다.

"사마리아 사람과 유태 사람은 모두 한 하늘, 곧 한 아버지의 자녀들입니다. 그리고 그들은 친족입니다. 이러한 적개심과 미움을 낳은 것은 단지 육신의 마음이 낳은 편견입니다. 나는 유태인으로 태어났지만 생명의 형제관계를 인정합니다. 사마리아 사람은 나에게 유태인이나 희랍인만큼이나 정다운 것입니다. 그리고 만일 그대가 우리의 아버지 하늘이 나로 하여금 사람들에게 보내준 축복을 알고 있다면, 그대는 나에게 물을 마시도록 청할 것입니다. 그러면 나는 기꺼이 생명의 샘으로부터 한 컵의 물을 드릴 것이며 그대는 결코 다시는 목마르지 않을 것입니다."

"이 우물은 깊습니다. 당신은 물을 길을 아무것도 가지고 있지 않습니다. 그런데 당신이 말한 바와 같이 물을 길을 수 있겠습니까?"

"내가 말하는 것은 야곱의 우물에서 나오는 것이 아닙니다. 결코 마르지 않는 샘에서 흘러나오는 물입니다. 보시오! 야곱의 우물에서 물을 마시는 자는 누구든지 다시 목마를 것입니다. 그러나 내가 주는 물을 마시는 사람은 결코 다시 목마르지 않을 것입니다. 왜냐하면 그들 자신 스스로가 샘이 되어 속으로부터 시원한 물이 넘쳐흘러서 영원한 생명이 되기 때문입니다."

"선생님, 저는 그 풍족한 생명의 샘물을 마시고 싶습니다. 더 이상 목마르지 않도록 마시게 하여 주십시오."

"그대의 남편을 부르러 마을로 가시오. 그래서 그와 함께 이 생명의 물을 마시도록 하시오."

"선생님, 저에게는 남편이 없습니다."

"그대는 남편이 무엇을 의미하는 것인지 거의 모르고 있습니다. 그대는 꽃과 꽃 사이를 훨훨 날아다니는 금빛 날개의 나비와 같이 보입니다. 그대에게는 결혼의 결합에 있어서의 신성함이 없습니다. 그리고 그대는 어느 남자와도 쉽게 친합니다. 그리고 그대는 남편으로 추측되는 5명의 사내와 같이 동거했습니다."

"내가 예언자나 선지자와 이야기하고 있는 것이 아닐까? 그대가 누구인지 저에게 말씀해 주시지 않겠습니까?"

"나는 내가 누구라는 것을 말할 필요가 없습니다. 왜냐하면 그대는 나에 대해서 언급한 율법이나 예언서 또는 시편(詩篇)을 읽었기 때문입니다. 나는 사람의 자손들을 갈라놓고 있는 장벽(障壁)을 무너뜨리기 위하여 왔습니다. 성령에 있어서는 희랍인도, 유태인도, 사라리아인도 없으며 구속도 자유도 없습니다. 모두가 하나이기 때문입니다."

"왜 예루살렘에서만 사람들이 기도해야 하며, 우리의 성스러운 산에서는 숭배(崇拜)할 수 없다고 말하십니까?"

"나는 그대가 말한 것과 같이 말한 바가 없습니다. 어느 곳이나 신성한 곳입니다. 사람들의 마음의 성전 안에서 하늘께 경배해야 할 때가 왔습니다. 그것은 하늘이 마음의 성전에 거하지 않으면 예루살렘에도 그 어떤 신성한 산에도 계시지 않기 때문입니다. 우리의 하늘은 영(靈)이십니다. 하늘을 경배하는 사람은 누구든지 신령과 진정으로 경배해야 합니다."

"우리들은 메시아가 오시면 그분이 진리의 길로 우리를 인도해 주실 것을 알고 있습니다."

"보시오! 그리스도가 막 왔습니다. 메시아가 그대에게 말하고 있습니다."

예수가 여인과 말하고 있는 동안 여섯 제자가 음식을 가지고 돌아왔다. 그들은 예수가 사마리아 여인, 그것도 창녀처럼 보여지는 여인과 말하고 있는 것을 보고 놀랐다. 그러나 아무도 그 이유를 묻지 않았다. 여인은 예수의 말에 너무도 감동하여 넋을 잃고 망연해져서 항아리도 놓아둔 채 황급히 마을로 뛰어갔다.

여인은 야곱의 우물가에서 만난 예언자에 대해 모두에게 말했다. 그러자 사람들은 그 선지자에 대해 더욱 알고 싶다고 했고 여인이 말하기를, '와서 보세요!'라고 하여 군중들은 야곱의 우물로 달려갔다.

예수는 그들이 오는 것을 보고 제자들에게 말했다.

"그대들은 추수(秋收) 전까지 4개월이 남았다고 말할 필요가 없습니다. 보시오! 추수기(秋收期)는 지금입니다. 눈을 뜨고 바라보시오. 그들은 익은 곡식(穀食)으로 누렇게 되어 있습니다. 보시오. 많은 씨 뿌리는 자들이 종자를 뿌리기 위하여 떠났습니다. 씨는 자라났습니다. 심은 것은 여름의 햇볕으로 강해지고 곡물은 익었으며 주인은 사람들에게 수확(收穫)하라고 명합니다. 그대들은 들에 나가서 다른 사람들이 뿌린 것을 수확해야 합니다. 그러나 심판(審判)의 날이 오게 되면 씨 뿌린 자와 거두어들인 자 모두가 기뻐할 것입니다."

빌립이 말했다.

"잠시 일을 멈추시고 이 오리나무 그늘에 앉아 음식을 좀 드시지요. 아침부터 아무 것도 드시지 않아서 시장하실텐데요."

예수가 말했다.

"나는 시장하지 않느니라. 나에게는 그대들이 모르는 식량

이 있느니라."

제자들은 '누가 그에게 먹을 것을 가져다 주었는가' 하며 서로 의아해 했다. 그들은 예수가 에테르로 빵을 만들 수 있는 권능을 가지고 있는 것을 몰랐다.

예수가 말했다.

"추수의 주인이 추수자를 보내고서 굶기는 일은 없습니다. 사람의 생명을 추수하는 들로 나를 보내신 하늘은 결코 나에게 굶주리는 고통을 겪게 하시지 않습니다. 또한 그대들은 봉사하도록 불렀을 때에는 보시오, 하늘은 그대들에게 먹고 입고 안주할 곳을 주실 것입니다."

예수가 사마리아 사람들에게 말했다.

"유태 사람인 내가 그대들에게 말하는 것을 이상히 생각해서는 안 됩니다. 나는 그대와 함께 하나이기 때문입니다. 과거에도 있었고, 현재에도 있고, 미래에도 영원하실, 어디에서나 존재하시는 그리스도는 내 안에 분명히 존재합니다. 그리고 그리스도는 모든 사람에게 속합니다.

하늘은 한 아이도 버리지 않습니다. 유태인도 희랍인도 사마리아인도 하늘의 눈에는 같은 것입니다.

사람의 아들들을 갈라놓은 한계는 짚으로 만들어져 있습니다. 그래서 단 한 번의 사랑의 숨결로 이것을 불어 없앱니다."

사람들은 그 이방인이 말하는 것을 보고 놀랐다. 그리고 많은 사람들이 그를 오시기로 예정했던 그리스도라고 하였다. 그들과 함께 예수는 마을로 들어가서 며칠 동안 머물렀다.

(7) 쉬카의 악령

예수가 쉬카의 시장에서 사람들을 가르쳤다. 악령에 사로잡힌 사람이 그에게 인도 되었는데, 그 사람을 사로잡고 있는 악령은 흉포함과 욕망으로 가득 찼으며, 때때로 그 희생자들을 땅위에 집어 던졌다. 이때 예수가 소리를 높여 말했다.

"천한 영혼아! 이 사람의 몸을 떠나 너의 갈 곳으로 돌아가라!"

그러자 그 영혼은 가까이에 있는 개의 몸으로 들어가겠다고 애원했다.

예수가 말했다.

"어찌하여 의지할 곳 없는 개를 괴롭히는가? 그의 생명은 나의 생명이 소중한 것과 같이 그에게도 소중한 것이다. 너의 죄의 무거운 짐을 살아 있는 어떤 것에게도 짐지우는 것은 네가 할 일이 아니다. 너 자신의 행위와 사악한 생각에 의하여 이러한 모든 위험 속으로 그대 자신을 떨어뜨렸다. 너는 풀어야 할 어려운 문제를 가지고 있다. 그러나 너는 그것을 스스로의 힘으로 풀어야 한다. 너는 이와 같이 네가 만든 사람에 의하여 너 자신의 조건을 이중으로 나쁘게 하고 있다. 네 자신의 영역으로 돌아가라. 그리고 어떤 것을 해롭게 하는 것을 삼가라. 그리하면 차차 너 자신이 자유로와질 것이다."

악령은 그 사람을 떠나서 그 자신의 거처로 갔다. 그 사람은 감사하는 마음에서 얼굴을 들어 하늘을 찬미하였다. 이때부터 많은 사람들이 병자들을 데리고 왔고 예수는 말을 하고 병자들은 나았다.

그 공화당(共和黨)의 통치자와 모든 제사장들은 예루살렘에서 온 예수가 마을에서 설교하는 것을 들었을 때 크게 걱정하였다. 그들은 그가 사마리아인들 가운데 개종자를 만들어서 투쟁을 일으키러 왔다고 생각하였다.

그리하여 그들은 회당으로 그를 불러다가 마을에 와 있는 이유를 들으려고 관리를 보냈다.

예수가 그 관리에게 말했다.

"돌아가시오. 제사장과 회당의 관리들에게 내가 죄를 범하는데 가담하고 있지 않다고 전해주시오. 나는 고통받는 마음을 위로하고 병자를 고쳐주며 악령에 사로잡힌 사람을 풀어주려고 왔습니다. 내가 온 것은 율법을 깨트리기 위해서가 아니라 도리어 최상의 율법을 성취하기 위하여 왔음을 그들의 예언자가 나에 대해서 말하고 있다고 전해주시오."

그는 돌아가서 그렇게 전했고 제사장들과 관리들은 깜짝 놀라서 예수가 설파하고 있는 시장으로 갔다.

예수가 그들을 보고 말했다.

"모든 사마리아인들에게 존경받는 사람들을 보라! 그들은 사람들을 옳은 길로 인도하도록 명령받은 사람들입니다. 그리고 내가 온 것은 그들을 도와주기 위해서지 방해하기 위해서가 아닙니다. 사람의 아들 가운데에는 두 가지의 부류가 있습니다. 공정·진리·평등·정의의 기반 위에 인류를 세우려고 하는 자와, 영혼이 머무는 성스러운 사원을 파괴하고 그들의 친구들을 빈궁과 죄악으로 빠뜨리려는 자로서, 정의의 성스러운 형제단들은 단결하여 지금의 혼미스러운 갈등에 대처하여야 합니다. 그들이 유태인이건 사마리아인이건 앗시리아인이건 희랍인이건 일체의 투쟁, 모든 불화, 질투, 증오를 그들의 발아래 짓밟아버리고 인간의 동포주의를 증명해야만 합니다."

그리고 예수는 회당의 관리들에게 말했다.

"정의를 위하여 뭉치면 살고 흩어지면 망합니다."

예수가 관리의 손을 잡자 사랑의 빛이 그들의 영혼에 충만

했으며 모든 사람들이 놀랐다.

그리스도인들이 갈릴리지방을 향하여 행군하였으나 그들이 사마리아에 도착했을 때 군중들이 밀려와서 일행을 둘러싸고 잠시 동안 자신들의 마을에 머물기를 간청하였다. 이에 일동은 회당으로 함께 가서, 예수가 모세의 책을 펼치고 말했다.

"그대와 그대의 자손에 의하여 세상의 모든 백성이 축복받을 것이니라."

그는 책을 덮고 말했다.

"이 말은 만군(萬軍)의 주 여호와에 의하여 우리의 아버지 아브라함에게 이르신 말씀이니라. 그리고 이스라엘은 전세계에 대한 축복이 되었느니라. 우리들은 그 자손들입니다. 그러나 우리에게 명하여진 대업의 십분의 일도 아직 이루지 못하였습니다.

모든 사람에게는 이와 같은 신성한 속성이 싹트고 있습니다. 그리고 때가 오면 그러한 속성들은 꽃을 피우게 될 것이며 그러한 논증(論證)이 완결될 것입니다. 그리고 사람들은 일체감(一體感)의 사실을 이해하게 될 것입니다.

세상의 모든 사람들은 삶의 방식에 있어서 그대들의 안내를 기다리고 있습니다. 모범은 제사장들에 대한 또 다른 이름입니다. 그러므로 사람들이 마땅히 해야 한다고 생각하는 것을 먼저 그대들이 행해야만 합니다. 한 사람의 경건한 신앙생활은 만인의 영혼을 순수하고 정의로운 길로 인도합니다."

모든 사람들이 '아멘'하고 복창하였다.

예수는 회당을 떠나서 저녁 기도 시간에 신성한 숲속으로 올라갔다. 모든 사람들은 얼굴을 그들의 신성한 산상으로 돌리고 기도하였다.

　예수가 명상 속에서 앉아 있을 때, 한 영혼의 목소리가 애원하며 그의 영혼에게 도움을 청했다. 예수는 죽음이 임박하여 심한 고통 속에서 웅크리고 있는 한 여인을 보았다. 그녀는 말을 할 수가 없었지만 예수가 하늘의 사람이란 것을 듣고 마음 속에서 그의 도움을 청했다.

　예수는 말을 하지는 않았지만 섬광과 같은 권능이 죽어가는 그녀의 육신으로 보내어져서 그녀는 일어나서 기도하고 있는 친척들과 합류하였다. 그녀의 친척들은 깜짝 놀라서 어떻게 완쾌되었느냐고 물었다. 그녀가 말했다.

　"모르겠어요. 나는 단지 하늘의 사람에게 병치료의 권능을 염원했더니 순식간에 완치 되었어요."

　사람들이 말했다.

　"하늘이 확실히 이 땅에 오셨다. 왜냐하면 이 사람은 사상에 의하여 병 고칠 권능을 가지고 있지 않으니까."

　예수가 말했다.

　"하늘과 땅에서 가장 위대한 권능은 사상입니다. 하늘은 사상으로 우주를 만드셨으며 사상으로 백합(百合)이나 장미를 장식 하셨습니다. 내가 병 고침의 사상을 보내어 병과 죽음의 에테르를 건강과 생명의 에테르로 바꾼 것을 왜 이상하게 생각하십니까? 보시오! 그대들은 이보다 더 위대한 것들을 보게 될 것입니다. 신성한 사상의 권능에 의하여 나의 몸이 육체로부터 영체로 변할 것입니다. 그리고 그대들도 이렇게 할 수가 있을 것입니다."

　예수가 말을 끝내고 곧 사라졌다. 아무도 그가 가는 것을 본 사람이 없었다. 제자들조차도 그 변화를 이해하지 못하여 그들의 선생님이 어디로 갔는지 알 수가 없었다. 그들은 여행을 계속 하였고 그 이상한 일에 대해서 얘기하며 걸어가고 있을 때 예수가 와서 갈릴리의 나사렛까지 함께 갔다.

(8) 마케루스의 감옥에 갇힌 요한

파라카와 갈릴리의 영주 헤롯 안티파스 왕은 예수 탄생시 헤롯왕의 아들이었다. 방탕하고 이기적인 폭군으로 그는 가까운 한 친척의 처로서 자신과 똑같이 부도덕한 여자인 헤로디아를 처로 맞아들이기 위해 자기 아내를 내쫓았다.

헤롯은 갈릴리의 해변가에 위치한 티베리우스의 도시에서 살았다. 이때, 선구자 요한은 갈릴리의 해변에서 사람들을 가르치기 위해 싸알림의 샘터를 떠났다.

그는 나쁜 짓을 일삼는 왕과 그 빼앗은 처의 모든 죄악을 질책하였다. 헤로디아는 이 설교자가 아무 거리낌 없이 자기들을 비난함으로 매우 분개하여 그 선구자를 체포하여 사해(死海) 곁에 있는 마케루스의 토굴감옥에 가두라고 헤롯왕에게 권했고 헤롯은 그렇게 했다. 그녀는 감히 자기를 책망하는 사람이 다시는 없었으므로 마음 편하게 살았다.

요한의 제자들은 요한의 고난에 대해 입밖에 내지 말도록 경고를 받았고 군중이 모이는 곳에서 가르치는 것을 금지 당하였기 때문에 헤롯의 한 층 사치한 생활에 대해서 말할 수 없게 되었다.

요한이 분봉왕(分封王) 헤롯의 명으로 투옥된 것이 알려졌을 때 예수의 친구들은 그가 갈릴리에 머물러 있지 않는 것이 최상이라고 생각하였다.

예수가 말했다.

"나는 두려워할 필요가 없습니다. 아직 나의 때는 오지 않았습니다. 나의 일이 끝나기 전까지는 아무도 나를 막을 수 없습니다."

사람들이 어찌하여 하늘께서 요한의 투옥을 허락했는지 묻자, 예수가 말했다.

"저기 밀짚을 보시오! 그것은 알곡이 충분히 익게 되면 더이상 쓸모가 없게 되어 땅에 쓰러져 다시 땅의 일부가 됩니다. 요한은 황금과 같은 밀짚입니다. 그는 지상에서 가장 풍성한 알곡을 익혔습니다. 그것으로 그의 일은 끝이 났습니다. 만일 그가 또 다른 말을 한다면 지금의 고귀한 생애의 균형이 깨어질지도 모릅니다. 그리고 나의 일이 끝날 때 지배자들은 요한에게보다 더한 것을 나에게 행할 것입니다. 이와 같은 일은 하늘 자신의 계획의 일부입니다. 순수한 사람은 사악한 사람들이 권력을 잡을 때 고통을 당할 것입니다. 그러나 죄 없고 순수한 사람들을 고통스럽게 하는 그들에게 화 있을 것입니다."

그리스도인들이 나사렛에 있을 때 안식일이 되자 예수가 회당으로 갔다. 서적 관리인이 예수에게 한 권의 책을 주어서 그것을 읽었다.

"여호와의 영이 내게 임하도다. 그가 나에게 기름을 부으시고 가난한 자에게 복음을 설파하고 포로를 해방하고 안 보이는 자의 눈을 뜨게 하고 학대받은 자, 상처받은 자를 구원하고 은총의 해가 오는 것을 선언하시도다."

예수가 책을 덮고 말했다.

"이 책은 그대들의 면전에서 오늘날 성취되고 있습니다. 이스라엘이 전세계를 축복할 은총의 해가 왔습니다.”

예수는 신성한 하늘의 왕국에 대하여, 보이지 않는 생명의 양식에 대하여, 죄의 용서에 대하여 많은 것을 말하였다. 많은 사람들은 그가 누구인지 몰라 어떤 사람들은

“이 사람은 요셉의 아들이 아닌가? 그의 어머니는 마미온 거리에 살고 있지 않는가?”

하자, 또 다른 사람들은

“이 사람은 가나, 가버나움, 예루살렘에서 아주 놀라운 권능있는 일을 하실 분입니다.”

라고 하였다.

사람들이 말하였다.

“의사(醫師)여! 그대 자신을 고쳐 보시오. 그대가 다른 마을에서 행한 모든 권능의 일들을 그대의 친척들이 있는 여기에서도 행하여 보시오.”

예수가 말하였다.

“어떠한 예언자도 고향에서는 존경을 받지 못합니다. 그리고 예언자는 모든 사람에게 보내진 것이 아닙니다. 엘리야는 하늘의 사람이어서 권능을 가졌으므로 하늘의 문을 닫아서 40개월 동안 비가 오지 않았고, 그가 말을 하면 비가 왔으며 땅은 생기를 찾았습니다. 나라 안에 과부가 있었지만 엘리야는 사르밧(Zarephath)에게만 갔고 그녀는 축복받았습니다. 또한 엘리야가 살았을 때, 이스라엘에는 많은 나병환자가 있었으나 깨끗해진 사람은 단 한 사람이었습니다. 보시오! 그는 신앙을 가진 시리아인이었습니다. 그대들은 신앙을 가지고 있지 않습니다. 단지 변덕스러운 호기심을 만족시키기 위한 징조를 찾습니다. 그러나 그대들은 신앙의 눈을 뜰 때까지 보지 못할

것입니다. 그러나 그대들은 신앙의 눈을 뜰 때까지 보지 못할 것입니다."

이에 사람들이 격노해서 예수에게 달려들어 줄로 묶고 멀지 않은 절벽으로 끌고 갔다. 그러나 예수는 갑자기 사라졌고 성난 사람들 사이를 빠져서 갈 길로 갔다. 사람들은 어안이 벙벙하여 말하였다.

"이게 도대체 무슨 조화일까?"

그들이 나사렛에 다시 왔을 때 회당에서 여전히 가르치고 있는 예수를 보았다. 심히 두려워진 그들은 더 이상 예수를 건드리지 못하였다.

예수가 나사렛에서 더 이상 가르치지 않고 그의 제자들과 더불어 가나로 갔다. 이곳은 어린양 혼인잔치 때 물을 포도주로 만든 곳이었다. 이곳에서 가버나움에 살고 있던 귀족 출신의 사람을 만났는데 그의 아들은 병들어 있었다. 그 사람은 예수가 병 고칠 권능이 있음을 굳게 믿고 갈릴리로 오는 것을 알고 급히 만나러 오다가 도중에서 예수를 만났다.

그는 일곱 시에 예수를 만나 그의 아들을 살리기 위해 가버나움으로 가기를 재촉하였다. 예수는 가지 않고 잠시 말없이 서 있다가 말했다.

"그대의 믿음이 병치료의 향유(香油)가 되어 아들은 깨끗이 나았습니다."

그 사람은 이 말을 믿고 가버나움의 집으로 가는 길에 그의 하인을 만났다.

"주인님. 그렇게 서두실 필요가 없습니다. 아드님은 말끔히 나았습니다."

그가 말했다.

"언제부터 내 아들이 낫기 시작했느냐?"

하인이 말했다.

"어제 7시쯤 열이 내렸습니다."

그러자 그 아버지는 그것이 예수가 보낸 병구원의 향유 때문이라는 걸 알았다. 예수는 가나에서 더 이상 지체하지 않고 그의 제자들과 더불어 가버나움으로 가서 어머니 마리아와 함께 살 수 있는 공간이 넓은 집을 마련하였다. 그곳에서 제자들은 예수의 가르침을 듣기 위해 종종 모였다.

예수는 주 안에서 그들의 신앙을 고백하는 사람들에게 그의 집에서 모이도록 명하였고, 제자들은 명명하기를 '그리스도의 학교'라고 하였다. 그들이 왔을 때 예수가 말했다.

"그리스도의 이러한 복음은 반드시 전세계에 전해야 합니다. 이 그리스도의 포도의 나무는 강력한 나무가 되어 그 가지는 지상 위의 모든 민중과 종족과 언어를 포함할 것입니다. 나는 포도나무이며 열두 사람은 그 줄기가 될 것입니다. 그리고 이들 줄기는 도처에서 가지를 뻗을 것입니다 .그리고 나를 따르는 사람들 가운데 열두 사람을 성령의 기운이 부를 것입니다. 이제 돌아가서 지금까지 해 왔던 일을 하시오. 그러나 부름에 귀기울이도록 하시오."

제자들은 각자 일상의 일들로 돌아갔으며, 예수는 기도하기 위하여 혼자 함모스 언덕으로 들어갔다. 사흘 낮, 사흘 밤 동안 예수는 무언의 형제들과 영적으로 교통하고 성령의 권능 속에서 열두 명의 제자를 선정하기 위해 내려왔다.

(9) 열두 사도(使徒) 선정

갈릴리 해변가를 예수가 거닐 때 많은 군중들이 따라왔다. 어선이 막 들어오고 있었으며 베드로와 그의 아버지는 그들의 배를 기다리고 있었고, 심부름하는 사람들은 해변에서 그물 손질을 하고 있었다.

예수가 배에 오르자 베드로가 바다쪽으로 조금 밀어 주었고 예수는 배에 서서 군중들에게 몇 마디하고는 베드로에게 말하였다.

"그물을 가져와서 깊은 곳에 던지라."

베드로는 그대로 했으나 의구심에서 말하였다.

"이거 헛수고일 것 같습니다. 오늘 갈릴리 해변에는 고기가 없습니다. 안드레와 함께 밤새도록 고생했지만 한 마리도 못 잡았습니다."

그러나 예수는 바다 밑으로 고기들이 떼지어 다니는 것을 보고 베드로에게 말하였다.

"배의 오른쪽으로 그물을 던져 보아라."

베드로는 그대로 했는데 그물이 가득 차서 잡아당기기 어려울 정도로 고기가 많이 잡혔다. 베드로는 도움을 청하려고 근처에 있는 요한과 야고보를 불렀고, 두 배 모두가 생선으로 가득 찼다. 베드로는 이 풍어를 보고 새삼 부끄러워져서 예수의 발밑에 엎드려 말하였다.

"주여! 저는 믿습니다."

예수가 말하였다.

"잡은 것을 보라. 이제부터 그대는 고기를 잡을 필요가 없느니라. 그대는 배의 오른쪽에서 인간의 바다에 그리스도인의 그물을 던져서 군중을 잡아다가 그들을 신성함, 축복, 평화 속으로 잡아넣어야 하리라."

그들이 해변에 도착하니 예수가 베드로·안드레·요한을 불러서 말하였다.

"그대들 갈릴리의 어부들이여, 그대들의 주인들은 우리를 위하여 해야 할 큰일을 가지고 있느니라. 나는 가노라. 그대들은 나를 따르는 것이 좋으니라."

그들은 모든 것을 버리고 예수를 따랐다. 그 후 예수는 해변을 걷다가 빌립과 나다나엘을 보고 말하였다.

"그대들 벳세다의 교사들이여, 그대들은 오랫동안 사람들에게 희랍의 철학을 가르쳤습니다. 우리의 주인은 그대들과 내가 해야 할 더 큰 일을 가지고 있습니다. 나는 떠나갑니다. 그대들도 나를 따르는 것이 나을 것입니다."

좀 더 멀리 가니 로마의 세관이 있었는데 거기에서 책임을 맡고 있는 마태라는 관리를 만났다. 그는 한 때 여리고에서 산 적이 있었고 그 전에 예수보다 먼저 예루살렘에 들어가 '보시오! 그리스도께서 오십니다'라고 한 적이 있었다. 그는 재산가였으며 유태인이나 희랍인, 시리아인의 지혜를 알고 있었다.

예수가 그에게 말하였다.

"안녕하시오. 시저의 충실한 하인인 마태여. 우리의 주인이 우리를 영혼의 세관으로 부르고 있습니다. 나는 가려니와 그대도 나를 따라오는 것이 좋습니다."

마태도 예수를 쫓아갔다. 이름이 유다인 이스가룟과 그의 아들은 마태에게 고용되어 있었으며, 그들은 세관에 있었다. 그에게 예수가 말하였다.

"그대의 일을 그만두시오. 우리의 주인께서 영혼의 저축은행(貯蓄銀行)에서 일을 하라고 우리를 부르고 있습니다. 나는 가려니와 그대는 나를 따르는 것이 좋습니다."

유다가 예수를 따랐다. 그리고 예수는 그리스도에 대해서 들은 적이 있으며 그리스도의 학교에서 배우기 위해 안티오크에서 온 한 율법학자를 만났다. 그는 도마라고 하는데 의심이 많았으나 교양있고 능력있는 희랍 철학자였다.

예수가 그에게서 일말의 신앙심을 보고 말하였다.

"우리의 주인께서는 율법을 해석할 수 있는 사람을 필요로 하고 있습니다. 나는 가려니와 그대는 나를 따르는 것이 좋습니다."

도마가 예수를 따라 갔다. 저녁이 되어 예수가 집에 있는데 그곳에 그의 친척들인 알패오와 미리암의 아들 야고보와 유다가 왔다. 그들은 모두 신앙심이 있는 나사렛의 목수들이었다.

예수가 그들에게 말했다.

"보시오! 그대들은 나와 함께 고되게 일하였으며, 인간의 안주처(安住處)를 위하여 나의 아버지 요셉과 함께 집들을 지었습니다. 우리의 주인이 영혼의 집을 세우는데 우리를 부르고 있습니다. 이것은 망치·도끼·톱 소리가 없이 짓는 집입니다. 나는 가려니와 그대들은 나를 따르는 것이 좋습니다."

야고보와 유다는 '주여, 우리가 당신을 쫓겠습니다'라고 감복하여 말하였다.

다음날 예수는 열성당(熱誠黨)의 지도자이며 유태교 율법의 엄격한 해석자인 시몬에게 메시지를 보냈다. 그 메시지는 이러했다.

'우리들의 주인께서 아브라함의 신앙을 증명할 사람을 구하고 있습니다. 나는 가려니와 그대도 나를 따르는 것이 어떨지.'

안식일 전날 부름을 전해 받은 12사도가 예수의 집에 모였다. 예수가 그들에게 말하였다.

"오늘은 그대들 자신을 하늘의 사업에 봉헌하는 날이므로 다함께 기도합시다. 밖으로부터 내적인 자아를 향하여 육체적 자아의 모든 문을 닫고 기다리는 것이 좋습니다. 성령이 이곳을 가득 채울 것이며 그대들은 성령 안에서 세례를 받을 것입니다."

그들은 기도하였고 대낮의 태양보다 더 밝은 찬란한 빛이 온 방을 가득히 채웠고 모든 사람의 머리로부터 불꽃이 하늘 높이 올라갔다. 갈릴리의 대기가 동요하고 멀리서 천둥같은 소리가 가버나움 너머로 울려 퍼졌고 마치 일만명의 천사들이 함께 합창하는 듯한 노랫소리가 들려왔다.

그리고 12제자는 나직하면서도 아주 조그만 음성을 들었는데 의로운 한 단어가 말해졌다. 그 단어는 그들이 함부로 말할 수 없었는데 그것은 하느님의 신성한 이름이었다.

예수가 그들에게 말하였다.

"이 전지전능(全知全能)한 단어에 의하여 그대들이 만유(萬有)와 하늘의 모든 권능을 제어하게 될 것입니다. 그대들이 영혼 속에서 이 단어를 말하면 그대들은 현재와 과거·미래에 있을 생과 사의 열쇠를 갖게 됩니다. 보시오. 그대들은 그리스도 포도나무의 거대한 열두 가지이며, 열두 개의 초석이며, 그리스도의 열두 사도입니다. 나는 그대들을 어린 양으로서 야수(野獸)들 사이로 보냅니다. 그러나 그 전지전능한 말은 그대들의 작은 방패와 큰 방패가 될 것입니다."

그러자 하늘은 다시 노랫소리로 충만했으며 온갖 생물은 마치 '하느님을 찬양하라! 아멘' 하는 듯하였다.

그 다음날은 안식일이었고 예수는 그의 제자들과 더불어 회당으로 가서 가르쳤다. 사람들이 말하였다.

"그는 율법학자나 바리새인처럼 가르치지 않고 무엇이든지 알고 있는 권위 있는 사람처럼 가르치고 있다."

예수가 말하고 있을 때 악령에 사로잡힌 사람들이 들어왔다. 그에게 빙의(憑依)된 악령은 아주 비천한 종류의 것으로 가끔 희생자를 땅위에 내동댕이치거나 불속에 집어던지기도 하였다. 그 악령이 회당에 있는 예수를 보고 말하였다.

"그대, 하느님의 아들이여! 왜 여기에 있는가? 아직 때도 안 되었는데 우리를 멸망시키려 하는가? 우리는 그대와 아무 상관이 없다. 부디 내버려두기 바란다."

예수가 그들에게 말하였다.

"이 전지전능한 말씀에 의하여 나는 말하노라. 나오너라! 더 이상 이 사람을 괴롭히지 말고 너희들의 거처로 가라!"

그러자 그 부정한 영들이 그 사람을 마루 위에 내동댕이치고 분한 소리를 내며 갔다. 예수가 그 사람을 들어 세우며 말하였다.

"만일 그대가 선으로써 마음을 충만히 하여 지킨다면 악령이 머무를 것을 발견할 수가 없습니다. 그들은 단지 텅빈 머리에나 마음대로 침범합니다. 그대 갈 길로 가서 더 이상 죄를 짓지 마시오."

사람들은 예수가 하는 말이나 그의 행함을 보고 놀라 서로 말을 하였다.

"이 사람이 누구인고?"

부정한 영까지도 무서워서 도망치는 이 모든 권능이 어디로부터 왔는가?

예수는 베드로·안드레·요한과 더불어 회당을 떠나서 베드로의 집으로 갔는데 그곳에는 가까운 친척 중 한 사람이 앓고 있었다. 베드로의 아내가 들어왔는데 병자는 그녀의 어머니였다. 그녀가 침상에 누워있을 때 예수가 손을 대고 성스러운 말을 하니 열이 멈추고 그녀는 일어나서 그들을 대접하였다. 이웃들이 이 일을 듣고 병자와 귀신들린 사람을 데리고 왔다.

예수가 그들을 누이시고 그들 위에 손을 대면 그들은 나았다.

예수가 사라졌다. 아무도 그가 간 것을 본 사람이 없었으며, 베드로와 야고보, 요한이 찾으러 가서 함모스 언덕의 집회에서 그를 만났다.

베드로가 말하였다.

"가버나움의 거리는 아주 야단법석(野壇法席)입니다. 거리마다 인파로 꽉 차서 남녀노소 할 것 없이 저들의 병을 고칠 수 있는 사람을 구하고 있습니다. 선생님의 집도 우리집도 만원입니다. 그들은 그리스도라 불리우는 예수님을 찾고 있는데 그들에게 무어라고 말하면 좋겠습니까?"

예수가 말하였다.

"다른 많은 마을에서도 우리를 찾고 있습니다. 우리는 그들에게 생명의 빵을 가져가야 합니다. 다른 사람들도 데리고 와서 함께 갑시다."

그리하여 예수와 열두 제자는 빌립과 나다나엘이 거하고 있는 벳세다로 가서 사람들을 가르쳤다.

군중들은 예수그리스도를 믿었으며 그들의 죄를 고백하고 세례를 받고 신성한 하느님의 왕국으로 들어갔다.

예수와 십이 사도는 갈릴리의 모든 마을을 돌아다니며 신앙을 가지고 그들의 죄를 고백하는 사람들을 가르치고 세례를 주었다. 그들은 장님의 눈을 뜨게 했고 귀먹는 자를 듣게 하고, 귀신들린 자의 악령을 내쫓았으며, 모든 종류의 병을 낫게 하였다.

그들이 바닷가의 티베리우스에서 가르치고 있을 때 한 나병환자가 가까이 와서 말하였다.

"주여, 주께서 말씀만 하시면 저는 깨끗해지리라 믿습니다."

예수가 말하였다.

"그렇게 하마. 깨끗해져라."

그 나병환자는 깨끗해졌고 예수가 그에게 말하였다.

"아무에게도 이야기하지 마시오. 그러나 가서 제사장들에게 그대 자신을 보여 주시오. 그리고 그대가 깨끗해진 것에 대하여 율법이 요구하는 대로 베푸시오."

그러나 그 사람은 기뻐서 어쩔 줄을 몰라 하며 제사장에게 가지 않고 시장의 곳곳을 다니며 자기가 병 고침 받은 사실을 이야기하였다. 이에 병자들이 예수와 제자들에게 떼를 지어 몰려 왔다. 그들은 너무나 끈질겨서 일부는 고쳐주고 그들을 떠나 광야로 갔다. 그곳에서 예수와 제자들은 따르는 군중들을 가르쳤다.

얼마 후 그리스도인들이 가버나움으로 돌아왔다. 예수가 집에 있을 때 주위가 시끄러워지며 사람들이 몰려와서 방과 입구를 꽉 채웠다. 거기에는 갈릴리와 예루살렘의 모든 방면에서 온 율법학자, 바리새인, 박사들이 와 있었으므로 예수는 그들에게 생명의 길을 밝혀주었다.

그때 네 사람이 중풍환자를 작은 침대에 싣고 와서는 입구로 들어갈 수 없자 병자를 지붕으로 올려서 통로를 열고 예수 앞에 내려놓았다.

예수가 그들의 믿음을 보고 중풍환자에게 말하였다.

"나의 아들아! 기운을 내라. 너의 죄가 사하였느니라."

이 말을 들은 율법학자들과 바리새인들이 말하였다.

"어찌하여 이 사람에게 그렇게 말하는 것입니까? 하느님 외에 누가 죄를 용서할 수가 있습니까?"

예수가 그들의 마음을 헤아리고 말하였다.

"어찌하여 그렇게 서로 간에 말이 많습니까. 내가 그대의 죄가 소멸되었다든가, 일어나시오! 그대의 침상을 들고 걸의시오! 라고 말했다고 해서 그것이 어쨌다는 겁니까? 사람이 죄를 용서해 줄 수 있는 것을 지금 증명하기 위해서 나는 말하겠습니다."

예수가 중풍환자에게 말하였다.

"일어나시오! 침상을 거두고 그대의 갈 길로 가시오."

그러자 그 사람은 일어나더니 침상을 거두고 갈 길로 갔다. 사람들은 그들이 보고 들은 것을 이해할 수가 없어 하며 수군거렸다.

"오늘은 결코 잊을 수가 없는 날이야. 오늘 아주 경이로운 것을 보았어."

사람들이 돌아간 후 12사도가 남았고 예수가 그들에게 말하였다.

"유태인의 축제가 다가오고 있느니라. 다음 주에 우리는 예루살렘으로 가서 먼 곳에서 온 우리의 형제들을 만나서 그들이 왕과 만날 길을 열어주도록 하자."

그리스도인들은 그들의 조용한 집으로 가서 며칠 동안 기도를 드렸다.

제 3 편 예수의 어록

1. 마태복음

(1) 우리가 이와 같이 하여 모든 의를 이루는 것이 합당하다. 〈마태 3:15〉

(2) 사람이 떡으로만 살 것이 아니요, 하나님의 입으로부터 나오는 모든 말씀으로 살 것이다. 〈마태 4:4〉

(3) 회개하라. 천국이 가까이 왔느니라. 〈마태 4:19〉

(4) 나를 따라 오너라. 내가 너희를 사람을 낚는 어부가 되게 하리라. 〈마태 4:19〉

(5) 심령이 가난한 자는 복이 있나니 천국이 저희 것이요, 애통하는 자는 복이 있나니 저희가 위로를 받을 것이요, 온유한 자는 복이 있나니 저희가 땅을 기업으로 받을 것이요, 의에 주리고 목 마른 자는 복이 있나니 저희가 배부를 것이요, 긍휼히 여기는 자는 복이 있나니 저희가 긍휼히 여김을 받을

것이요, 마음이 청결한 자는 복이 있나니 저희가 하나님을 볼 것이요, 화평케 하는 자는 복이 있나니 하나님의 아들이라 일컬음을 받을 것이요. 의를 위하여 핍박을 받는 자가 복이 있나니 천국이 저희 것임이라. 〈마태 5:3~10〉

(6) 너희는 세상의 소금이요, 빛이다. 〈마태 5:13~14〉

(7) 나는 율법을 완전케 하는 자다. 〈마태 5:17〉

(8) 살인하지 말고, 성내지 말며, 송사하지 말고, 간음하지 말며, 이혼하고 보복하지 말라. 거짓 맹세하지 말고 화합하라. 원수를 사랑하고 가난한 자를 구하라. 〈마태 5:21~48〉

(9) 기도할 때는 「주기도문」처럼 하되 남을 의식해서 하지 말고 골방에서 은밀히 하되 이방인과 같이 중언부언하지 말라. 〈마태 6:1~15〉

(10) 금식할 때는 세수하고 머리에 기름을 바르며, 슬픈 기색을 내지 말고 흉하게 보이지 않게 하라. 너 자신을 위해 보물을 쌓지 말고 하늘에 쌓아 두어라. 〈마태 6:16~20〉

(11) 눈은 몸의 등불이니 한 사람이 두 주인을 섬기지 말고, 먼저 하나님을 생각하며 남을 비난하지 말라. 〈마태 6:22~34〉

(12) 남을 비난하지 말고 욕되게 하지 말라. 구하는 것이 있으면 문을 두드려라. 〈마태 7:1~11〉

(13) 남에게 대접받고자 하면 먼저 남을 대접하라. 멸망의 문은 넓고 생명의 문은 좁다. 〈마태 7:12~14〉

(14) 열매를 보면 나무를 안다. 나를 찾기 전에 하늘의 뜻대로 하라.

말씀대로 듣고 행하면 어떤 비바람도 너를 넘어뜨리지 못할 것이다. 〈마태 7:24~27〉

(15) 좋은 땅에 씨를 뿌리면 백배, 천배의 결실을 얻는다.
〈마태 13:3~8〉

(16) 교회는 기도하는 집이요, 장사하는 집이 아니다.
〈마태 21:12〉

2. 마가복음

(1) 나를 따르라. 내 너희로 하여금 사람을 낚는 어부가 되게 하리라. 〈마가 1:17〉

(2) 온 천하를 얻어도 제 목숨을 잃으면 이익 될 것이 없다.
〈마가 8:36〉

(3) 가이사의 것은 가이사에게 바치고, 하나님의 것은 하나님에게 바쳐라. 〈마가 12:17〉

(4) 누구나 첫째가 되고자 하면 뭇 사람의 끝이 되어 뭇 사

람을 섬겨야 할 것이다. 〈마가 9:35〉

(5) 외식(外飾)하는 자는 입으로는 나를 가까이 하되, 마음으로는 멀리 떨어진 자이니라. 〈마가 7:6〉

(6) 선지자라도 자기 고향과 친척과 자기 집에서 존경받지 못한다. 〈마가 6:4〉

(7) 믿음이 있는 자는 구원을 받는다. 〈마가 5:34〉

(8) 누구든지 하늘의 뜻대로 하는 자는 나의 형제요, 자매요, 부모다. 〈마가 3:35〉

(9) 분쟁하는 사람은 망하고 화합하고 받드는 자는 성한다. 〈마가. 3:23〉

(10) 새 포도주는 낡은 가죽 푸대에 넣지 아니 한다. 〈마가 2:22〉

3. 누가복음

(1) 가난한 자에게 복음을 전하고, 눈 먼 자에게 보게 하시며 눌린 자를 풀어 주어라. 〈누가 4:18〉

(2) 건강한 사람에게는 의사가 필요없다. 〈누가 4:18〉

(3) 안식일에도 선을 행하고 생명을 구하라.　　〈누가 6:9〉

(4) 원수를 사랑하고, 미워하는 자를 선대하고, 저주자를 축복하고, 모욕하는 자를 위해 기도하라.　　〈누가 6:27~28〉

(5) 이 뺨을 치는 자에게 저 뺨을 돌리주고, 겉옷을 빼앗는 자에게 속옷까지 주라.　　〈누가 6:29~30〉

(6) 못된 열매 맺는 좋은 나무 없고, 좋인 열매 맺는 못된 나무 없다.　　〈누가 6:43〉

(7) 반석 위에 짓는 집은 흔들리지 않는다.　　〈누가 6:48〉

(8) 감추인 것이 드러나지 아니 한 것이 없고, 숨은 것이 알려지지 아니 것이 없다.　　〈누가 12:2〉

(9) 까마귀는 심지도 않고 거두지도 않는데 죽지 않고 살고 있다.　　〈누가 12:24〉

(10) 하나님의 나라가 무엇과 같을까 내가 무엇으로 비교할까 마치 사람이 자기 채소밭에 갖다 심은 겨자씨 한 알 같으니 자라 나무가 되어 공중의 새들이 그 가지에 깃들였느니라
　　〈누가 13:19~20〉

(11) 자기 부모와 처자, 형제 자매를 미워하지 아니하면 나의 제자가 될 수 없다.　　〈누가 14:26〉

(12) 자기 십자가를 지고 나를 쫓지 않는 자도 나와 같이 되지 못하리라. 〈누가 14:27〉

(13) 무릇 그 아내를 버리고 새 장가 드는 자는 간음하는 자이다. 〈누가 16:18〉

4. 요한복음

(1) 썩은 양식을 위하여 일하지 말고 영생을 위하여 일하라. 〈요한 6:27〉

(2) 나는 생명이 떡이니 나를 먹는 자는 영생하리라. 〈요한 6:46~50〉

(3) 내 살을 먹고 내 피를 마시는 자는 항상 내 안에 거하리라. 〈요한 6:56~57〉

(4) 살리는 것은 영이나 육은 무익한 것이다. 〈요한 6:63〉

(5) 외모로써 판단하지 말고 공의로써 판단하라. 〈요한 7:24〉

(6) 나를 믿는 자는 그 배에서 생수가 흐르리라. 〈요한 7:38〉

(7) 너희 중에 죄 없는 자가 먼저 돌로 치라. 〈요한 8:7〉

(8) 나는 세상의 빛이니 나를 따르는 자는 어두움에서 벗어

나리라. 〈요한 8:8~12〉

(9) 내가 그를 보았거니와 지금 너와 말하는 자가 그이니라.
〈요한 9:37〉

(10) 나는 부활이요 생명이니 나를 믿는 자는 죽어도 산다.
〈요한 11:25〉

(11) 밀알은 썩어야 산다. 〈요한 12:24〉

(12) 내가 너를 씻어 주지 아니하면 네가 나와 상관이 없느니라. 〈요한 13:8〉

(13) 너희는 서로 사랑하라. 내가 너희를 사랑하는 것 같이.
〈요한 13:34〉

(14) 네가 나를 위하여 네 목숨을 바치겠느냐. 닭 울기 전에 세 번 부인하리라. 〈요한 13:38〉

(15) 나는 길이요 진리요 생명이다. 〈요한 14:6〉

(16) 내 너희에게 평안을 주노니 마음에 근심도 말고 두려워하지 말라. 〈요한 14:27〉

(17) 나는 참 포도나무요 아버지는 농부다. 〈요한 15:1〉

5. 도마복음서

(1) 너희들을 인도하는 사람과 왕국이 하늘에 있다고 말한다면 하늘의 새들이 너희보다 먼저 갈 것이고, 바다에 있다고 한다면 물고기가 먼저 갈 것이다. 차라리 왕국은 너희 안팎에 있다. 너희가 자기 자신을 알게 된다면 바로 아버지의 자식들임을 깨달을 것이다.

(2) 눈에 보이는 것을 잘 살펴라. 그러면 숨어 있는 것이 너희에게 드러날 것이다.

(3) 거짓말을 하지 말라. 미워하는 행동을 하지 말라. 왜냐하면 하늘 나라에서는 모든 것이 다 보이기 때문이다.

(4) 사람에게 먹혀서 사람이 되는 사자는 축복 받는다. 그러나 사자가 사람을 잡아 먹고 사람이 될 때는 저주를 받는다.

(5) 여자에게서 태어나지 않는 분, 그 분이 바로 너희 아버지이다.

(6) 시작과 끝을 아는 사람은 죽음을 맛보지 않는다.

(7) 형제의 눈에서 티끌을 보면서 네 눈의 대들보는 보지 못하느냐.

(8) 높은 산에 짓고 요새화한 도시는 함락되지도 숨겨지지

도 않는다.

(9) 소경이 소경을 인도하면 둘 다 구렁텅이에 빠진다.

(10) 아버지나 아들을 거스려 모독하는 사람은 누구든지 용서받을 것이나, 성령을 거스린 자는 땅 어느 곳에서도 용서받을 수 없다.

(11) 가시나무에서는 포도를 추수할 수 없고, 엉경퀴에서는 무화과를 추수할 수 없다.

(12) 죽은 자들은 이미 생각 속에서 와 있지만 너희가 그것을 알고 있지 못한다.

(13) 할례가 유익하다면 어머니 뱃속에서부터 하고 나올 것이다.

(14) 고난을 당하고 생명을 발견한 사람은 축복 받는다.

(15) 오른손이 하는 일을 왼손이 모르게 하라.

(16) 미움과 박해를 받는 사람이 축복 받는 사람이다.

(17) 추수할 들판은 넓은데 일손이 부족하다.

(18) 모든 것 위에 빛이 곧 나다. 모든 것 속에서 내가 나왔

고, 나는 모든 것과 이어져 있기 때문이다.

(19) 다른 육체에 의존하는 육체는 비참하다.

(20) 거룩한 것을 개에게 주지 말라. 개들이 똥 무더기에 거룩한 것을 던질 것이다.

(21) 천국이 땅위에 있는데 사람들이 알아보지 못한다.

(22) 자기 자신을 남자로 만드는 여자는 모두가 천국에 들어갈 것이다.

6. 보병궁복음서

(1) 부처님의 말씀이 곧 성기교육이다. 〈보 11:12〉

(2) 진제는 변하지 않는 유일한 것이고, 인간은 진리와 허위의 혼합체이며, 그것을 아는 것이 영지(靈知)이다.

(3) 신앙은 인간이 신적인 것에 도달하는 확증이다.
〈이사전. 4:12~13〉

(4) 구원은 신념과 신앙을 통해 자신이 진리가 되는 것이다.
〈보 22:31〉

(5) 인류는 한 동포요, 만민은 평등하다. 〈보 23:25〉

(6) 자연 법칙이 건강의 법칙이다. 〈보 23:5~9〉

(7) 영혼이 위대한 사람은 힘이 있는 사람이다. 사람은 영혼 안에서 믿음과 희망을 주기 때문이다. 〈보 23:14~15〉

(8) 모든 생명은 향기로운 숨 하나에 달려있다. 〈보 28:4~14〉

(9) 천국을 구하는 자는 먼저 마음의 문을 열어라. 그러면 빛이 환히 들어올 것이다. 〈보 8:6〉

(10) 인간은 우주의 놀라움이다. 그것은 인간이 온갖 생명의 단계를 거쳐 왔기 때문이다. 〈보 135:23〉

결어(結語)

　이상이 예수님 29세까지의 역사이다. 이로써 보면 예수님은 기원전 4, 5세기 유럽의 다문화 시대 로마 병정 판다바와 애굽 여인 마리아의 사이에서 하늘의 빛으로 태어나 적어도 어려서 2, 3개국 언어에 정통한 총명 소년이었다.

　12살까지 어머니 마리아 부인과 애굽 랍비(율사)의 성서강의와 천재교육을 받고 열세 살에 인도로 유학하여 바라문교의 시바신앙과 5명(明) - 베다, 마누법전, 우도라카의 자연의학과 천문학 그리고 대승불교사상 - 을 섭렵한 뒤 티베트에 이르러 낭가스테의 신통교육으로 만능인간이 된다.

　그래서 고향으로 돌아가면서부터 페르시아, 앗시리아, 희랍 등에서 많은 환자들을 치료하고 애굽에서 포교하다가 영예의 그리스도가 되고 세계의 여러 성현들과 만나 미래세계의 모든 문제들을 의논한다.

　세계는 탐욕에 물들고 인류는 사상 때문에 망할 것이란 말을 듣고 무엇보다도 우선 자기 자신의 인종(忍從)을 위해 40일 동안 단식한 뒤 세례요한을 만나 장차 있어야 할 일들에 대해 의논한다.

어찌 보면 이것은 하늘의 계시이며 선지자들의 예언이라 할 수 있으나, 예수는 시대사상에 걸맞게 종교와 철학, 의학을 배우고 국제사회에서 문제 되었던 것들을 단 3년 동안에 자기 희생으로 완수하였다.

첫째, 예수는 구약 속에서 살아왔으나 이스라엘의 선민사상(選民思想)을 버리고 모든 인류를 평등한 가운데서 가르쳤다.

둘째, 하나님은 희생물을 좋아하지 않고, 참 마음 속에서 우러난 사랑을 좋아한다 하여 3천년 이상 내려온 조상의 율법을 사랑으로 바꾸었다.

셋째, 누구나 좋은 일을 하면 하나님의 사랑을 받아 건강하고 죽은 뒤에는 천당에 가 보상을 받는다는 것을 인과응보로써 밝혔다.

그리고 모든 병은 악으로부터 비롯되니 탐·진·치 3독을 버리고 자비봉사로 세상을 복되게 살라 권장하셨다.

예수님의 사상은 인천인과(人天因果)를 통해 세상을 복되게 사는 법을 가르쳤는데, 그의 계율은 온통 사랑 하나로 집약된다. 아무리 계율을 잘 지키고 설교를 잘 한다 하더라도 세상을 사랑하고 인류를 구제하려는 마음이 없는 사람은 위선자요, 불미(不美)한 사람이라 하였다.

가난한 자를 구하고 무지한 자를 가르쳐 주며 병든 자를 구원하는 일, 이 일이 종교인이 해야 할 일이며 후배들에게 가르쳐야 할 사명이라 하였다.
부처님처럼 빈손으로 거리에서 나서 거리에서 떠나가신 예수님, 그 분의 박애정신과 부처님의 자비가 없이는 이 세상의 참된 평화는 이룩될 수 없다.

로마 패권주의와 유대사람들의 선민사상이 아직도 예수교 속에 물들어 있어 남을 업신여기고 꾸짖고 욕하는 풍습이 세계전쟁을 일으키고 있으니 진실로 한심한 일이다. 이는 진실로 예수님의 참된 사랑 속을 이해하지 못한 사람들이다.

나는 제1차 니케아 회의로부터 콘스탄티노플 회의, 에베소 회의, 칼케돈 회의에서 하늘이 무너지는 소리를 들었다. 십자군 전쟁과 신구양교의 투쟁, 기독교인들의 원주민 학살이 하나님의 눈에 피를 흘리게 하고 예수님의 손에 땀을 쥐게 하였는데, 요즈음 와서는 이슬람주의와 시오니즘간의 중동 분쟁을 통해 모든 선지자들의 가슴을 아프게 하고 있으니 이 어찌 하늘이 무너지지 않고 땅이 진동하지 아니 하겠는가.

세계를 이끌어가는 일선 지도자들은 종교를 앞세워 약육강식하는 패권주의를 정지하고 진정한 마음으로 돌아가 참회하고 화해하라. 그렇게 하면 이 세상은 신의 심판을 받지 아니하고도 지상 천국이 나타날 것이다.

 아무쪼록 이 글을 통하여 동서가 하나 되고 세상이 평화롭게 되기를 손 모아 빈다.

예수님은 티베트 스님이었다

印刷日 | 2012년 3월 1일
發行日 | 2012년 3월 5일

發行處 | 한국정신문화원
편   저 | 활안 한 정 섭
편   찬 | 항 순 법 사
인   쇄 | 이화문화출판사
　　　　　　02-738-9885~6

발행처 | 477-810 경기도 가평군 외서면 대성리 산 185번지
전 화 | (031)584-0657, (02)962-1666
등록번호. 76. 10. 20. 경기 제 6 호

값 15,000원